AF600220

UNIVERSIDAD CATOLICA DE AMERICA
ESTUDIOS CANONICOS
Número 92

LEGISLACION ECLESIASTICA SOBRE EL AYUNO Y LA ABSTINENCIA

SINTESIS HISTORICA *Y* COMENTARIO

DISERTACION

Presentada a la Facultad de Sagrados Cánones de la Universidad Católica de América Según los Requisitos para Obtener el Grado de

DOCTOR EN DERECHO CANONICO

Por

FRAY ANTONIO PARRA HERRERA, O. C. D., J. C. L.
Carmelita Descalzo de la Provincia de S. José de Cataluña.

THE CATHOLIC UNIVERSITY OF AMERICA
WASHINGTON, D. C.
1935

Nihil Obstat:

Fr. Joseph Dominicus a P. Iesu, O. C. D.
Fr. Paschasius a V. Carmeli, O. C. D.
Censores Deputati.
Washingtonii, D. C., die III Maii, 1935.

Imprimi potest:

R. Adm. P. Joseph Salvator a I. M., O. C. D.
Provincialis.
die VIII Maii, 1935.

Nihil Obstat:

Ludovicus Motry, S. T. D., I. C. D.
Censor Deputatus.
die XIII Maii, 1935.

Imprimatur:

Michael J. Curley, D. D.,
Archiepiscopus Baltimorensis.
die XIII Maii, 1935.

Printed by

REVISTA  PRESS

El Paso, Tex.
U. S. A.

DEIPARAE VIRGINI MARIAE

DE MONTE CARMELO

INDICE

PARTE II

COMENTARIO

CAPITULO IV

CAPITULO V

CAPITULO VI

CAPITULO VII

CAPITULO VIII

INTRODUCCION

El ayuno es una de las más venerables prácticas religiosas por su antigüedad. Este ha exsitido en los primitivos pueblos y en los modernos; en las diversas religiones y en la mayoría de las sectas;[1] por esta razón un Doctor establecía como principio, que entre las prácticas de todo culto divino sistematizado, el ayuno debe tener un lugar muy señalado.[2]

La causa de haber sido el ayuno tan universalmente apreciado y propagado se debe a su característica de institución santa y al mismo tiempo saludable; santa, por los innumerables bienes que reporta al espíritu; y saludable, por las ventajas higiénicas que proporciona, según la Escritura Sagrada refiere y los fisiólogos comprueban. Por otra parte, la experiencia de veinte centurias enseña que la transgresión del ayuno, ni promueve salud ni prolonga la vida.

El ayuno en la Iglesia de Cristo surgió al mismo tiempo que ésta era constituida, de ahí que cierto autor afirmara ser el ayuno eclesiástico tan antiguo como la misma Iglesia,[3] y también, el que los Superiores Eclesiásticos ya desde el principio se hayan ocupado con tan gran solicitud y cariño en afirmar dicha observancia penitencial, recordando a todos los Obispos tuvieran vigilancia especial en su cultivo.[4]

Todos los Santos Padres han hablado acerca del ayuno en términos laudatorios, baste aducir las palabras de San Basilio: "El ayuno hace que los hombres sean semejantes a los ángeles;" las de S. J. Crisóstomo: "es el alimento del alma;" y las que escribió S. Atanasio: "Ved lo que hace el ayuno, cura las enfermedades, calma la impetuosidad de

1 Cf Gunning, The Paschal or Lent Fast Apostolic and Perpetual.
2 Breen, Harmonized Exposition of the Gospels, II, 204.
3 Probst, Kirchliche Disziplin, p. 269.
4 Conc. Trident., sess. XXV, de ref., c. 21.

la sangre, ahuyenta los demonios, arroja los malos pensamientos, da más belleza y blancura al alma, más pureza al corazón y hace que el cuerpo esté más sano y robusto. El ayuno eleva al hombre hasta el trono de Dios."

Hay que reconocer, no obstante, que la práctica del ayuno también ha sufrido en algunas épocas, gran decaimiento y cierto olvido por parte de los fieles, descenso más pronunciado en el último siglo, debido en parte a la multiplicidad de reglas que los Moralistas dieron sobre el ayuno, envolviendo esta ley en aparente confusión.

Al nuevo Código le tocaba simplificar esta ley, aboliendo los ayunos que ya estaban en desuso general y dando reglas más determinadas y específicas, las cuales, aunque mitiguen algún tanto su austeridad, le vuelven su primitivo esplendor, afirmándola entre los preceptos graves de la Iglesia, puesto que las palabras de Jesucristo: "Si no hiciereis penitencia todos pereceréis igualmente", y la respuesta que dirigió a los fariseos: "Ya vendrá el tiempo en que les será arrebatado el esposo, y entonces ayunarán," [5] tienen tanta fuerza y autoridad en nuestros tiempos, como en el primer siglo de la era cristiana.

De tan urgente necesidad era la nueva ley sobre ayuno y abstinencia, que Benedicto XV accedió benignamente a los ruegos de gran número de Obispos que le suplicaban entraran en vigor los cánones del nuevo Código que contienen la legislación acerca del ayuno y abstinencia, sin esperar a que pasara un año a la promulgación del mismo Código. [6]

El objeto de la presente disertación es, estudiar la legislación actual de la Iglesia acerca del ayuno y abstinencia; mas, habiendo sido esta ley introducida por la costumbre, será de gran utilidad el recordar, aunque sea sucintamente, las diversas prácticas que en materia de abstinencia diver-

5 Mt 9, 15.
6 Véase AAS IX (1917), 475.

sos pueblos se impusieron a sí mismos y la Iglesia sancionaba.

Sin hacer referencia a los ayunos voluntarios y particulares que, como es natural, en todo tiempo han tenido lugar según la devoción y carácter de las diversas regiones e individuos, sólo se tratará aquí de los ayunos *públicos* o *solemnes* que han existido desde el comienzo de la Iglesia. Se omiten igualmente, los diferentes ayunos guardados en las Ordenes y Congregaciones religiosas, por ser éstos de carácter particular. Tampoco será objeto de este estudio, el ayuno en sentido *penal,*[7] ni el *patriótico,* conocido por "Huelga del Hambre", sino tan sólo el ayuno *propiamente eclesiástico.*

La presente disertación se titula "Legislación Eclesiástica sobre el Ayuno y la Abstinencia" por ser el uso común de expresarse en castellano. El Código usa "De Abstinentia et Jeiunio", o sea, antepone la Abstinencia al Ayuno, por empezar a obligar la Abstinencia antes que el Ayuno y perdurar sin limitación alguna, y por ser también de mayor mortificación.

El autor agradece sinceramente a sus Superiores Mayores, por su autorización y facilidades otorgadas para llevar a cabo este trabajo; a los miembros de la Facultad de la Escuela de Derecho Canónico, por su sabia dirección y ayuda; a los Bibliotecarios de la Universidad, por proporcionarle los libros necesarios; y finalmente, a todos los que le han ayudado y animado en la preparación de este estudio.

7 Una de las penas que desde muy antiguo se impuso a los delincuentes, era el ayunar, y todavía el Código la enumera entre las diferentes penitencias o castigos. Cf. Can. 2313, § 1, 3o.

PARTE PRIMERA

NOTAS HISTORICAS

CAPITULO I

NOCIONES ACERCA DEL AYUNO Y LA ABSTINENCIA

El vocablo *ayuno* es derivado del latín *ieiunus,* nombre que se da a cierto intestino de animal que es muy delgado y está siempre vacío;[8] y significa abstinencia de comida y bebida,[9] o más ampliamente, abstención de todo lo que puede ser agradable al sentido.[10]

Cuatro clases de ayunos hay que distinguir: Primero *espiritual,* que consiste en la abstención de vicios y apetitos desordenados.[11] Este ayuno muy impropiamente puede llamarse tal, sólo en sentido metafórico.[12] Segundo *moral,* (conocido también por el nombre de filosófico),[13] en cuanto se refiere a la temperancia de manjares y bebidas según los dictámenes de la razón natural.[14] Tercero *natural,* el cual es la abstinencia absoluta de todo alimento, lo mismo

---

8 S. Isidoro, **Etymologiarum,** L. 1, n. 131 y L. 6, n. 65-MPL 82, 413 y 258; Hostiense, **Commentaria in III Decretalium Librum,** tit. 46, n. 1; Billuart, **Summa Sancti** Thomae, V, 158.

9 Guntero, Monje Cisterciense, **de oratione, ieiunio et eleemosina,** L. 12, c. 2-MPL 212, 207; **Summa,** 2, 2, q. 147, art. 2 ad primum; Belarmino, **De Ieiunio,** c. 1; Reiffenstuel, **Th. M.,** tr. 10, dist. 2, n. 2; Schmalzgrueber, **Jus Ecclesiasticum,** L. 3, tit. 46, n. 1; Laymann, **Th. M.,** L. 4, tr. 8, c. 1, n. 1.

10 **Summa,** 2, 2, q. 147, nota.

11 Ferraris, **Prompta Bibliotheca,** v. **ieiunium,** art. 1, n. 3. S. Agustín, citado por Graciano en el c. 25, D. V **de cons.,** llama a este ayuno "ieiunium magnum et generale, perfectum ieiunium", **in Joannis Evangelium,** c. 5, tr. 17-MPL 35, 1529.

12 **Summa,** 2, 2, q. 147, art. 2 ad primum; Belarmino, **De Ieiunio,** c. 1; Salmanticenses, **Cursus Th. M.,** tr. 23, c. 2, n. 1; Berti, **De Theologicis Disciplinis,** VII, 181.

13 Ferraris, **Prompta Bibliotheca,** v. **ieiunium,** art. 1, n. 5.

14 **Summa,** 2, 2, q. 147, nota; Laymann, **Th. M.,** L. 4, tr. 8, c. 1, n. 1; Salmanticenses, **Cursus Th. M.,** tr. 23, c. 2, n. 1; Pasqualigo, **Praxis Ieiunii,** decis. 1, n. 3; Schmalzgrueber, **Jus Ecclesiasticum,** L. 3, tit. 46, n. 2; Prümmer, **Manuale Th. M.,** II, n. 650; Marc, **Th. M.,** I, n. 1218; Tanquerey, **Th. M., II,** n. 1092.

sólido que líquido.[15] Este es el que se requiere para recibir la Sagrada Eucaristía.[16] Cuarto *eclesiástico,* (del cual se tratará en esta disertación), según el Angel de las Escuelas en sentido terminológico es: "Quo quis dicitur ieiunans, secundum modum ab Ecclesia institutum."[17] Y en sentido más propio, según S. Isidoro Hispalense,[18] aceptado por el mismo santo Tomás.[19] se define: "Parsimonia victus, abstinentiaque ciborum juxta formam ab Ecclesia praescriptam."[20]

Necesario es advertir, que comunmente los autores,[21] al definir y referirse al *ayuno eclesiástico* como existía antes del nuevo Código de Derecho Canónico, admiten que bajo este concepto se incluía también lo que actualmente se tiene por *abstinencia* propiamente dicha, puesto que en todo ayuno, la abstención de carne (y durante Cuaresma con la adición de huevos y lacticinios) era una de las condiciones esenciales. Benedicto XIV fué quien primeramente determinó que estas dos partes esenciales del ayuno, de la única refección y el no tomar carnes, fueran separables, estableciendo que aquéllos que eran *dispensados* de comer

---

15 Summa, 2, 2, q. 147, art. 6, ad 2dum; Laymann, Th. M., L. 4, tr. 8, c. 1, n. 1; Salmanticenses, Cursus Th. M., tr. 23, c. 2, n. 1; Reiffenstuel Th. M., tr. 10, dit. 2, n. 4; Schmalzgrueber, Jus Ecclesiasticum, L. 3, tit. 46, n. 2; Prümmer, Manuale Th. M., II, n. 650.

16 Missale Rom., tit. De defectibus in celebratione missarum occurrentibus, c. IX, de defectibus dispositinis corporis, n. 1; Rituale Rom., tit. IV, c. 1, de sanctissimo Eucharistiae sacramento, n. 3; cc. 808 y 858, n. 1.

17 Summa, 2, 2, q. 147, nota.

18 Etymologiarum, lib. 6, n. 65-MPL 72, 258.

19 Summa, 2, 2, q. 147, art. 2 y 3.

20 Cf. Belarmino, De Ieiunio, c. 1; Salmanticenses, Cursus Th. M., tr. 23, c. 2, n. 2; Pasqualigo, Praxis Ieiunii, decis. 1, nn. 4 y 5.

21 Benedicto XIV, ep, encycl. 'Libentissime", 10 Jun. 1745, nn. 1, 13 y 16 - Fontes, n. 358; ep. "Si fraternitas", 8 Jul. 1744, nn. 1, ad I, III y IV - Fontes, n. 342; Laymann, Th. M., L. 4, tr. 8, c. 1, n. 2; Salmanticenses, Cursus Th. M., tr. 23, c. 2, n. 8; S. Alfonso, Th. M. IV, n. 1005; Reiffenstuel, Th. M., tr. 10, dit. 1, n. 8; Ferraris, Prompta Bibliotheca, v. ieiunium, art. 1, nn. 6-9 y 17; Dictionaire de Droit Canon, v. Ieiune, p. 348; Gury-Ferreres, Compendium Th. M. I. nn. 488 y 502; Prümmer, Manuale Th. M., II, n. 653; Sipos, Enchiridion Juris Canonici, p. 655, nota 7; A. Coronata, Institutiones Juris Canonici, II, n. 826; Pasqualigo, Pragis Ieiunii, decis. 51, nn. 2 y 3, y decis. 86, n. 1; Scavini, Th. M. Universa, I, n. 294; Concina, De Ieiunio, c. 5, n. 9; Kellner, Heortology, p. 100.

carne, estaban obligados a guardar la única refección.[22]

Desde Benedicto XIV ya vino a ser común el que se permitiera cierta separación entre el ayuno propiamente tal y la abstinencia, viniendo a tener como *ayuno* en *sentido estricto,* la prohibición de no hacer más que una sola refección completa; y en *sentido lato,* además de esta prohibición, la de no comer carnes, sosteniendo que si se quitaba la única refección, no podía decirse que se guardaba propiamente el ayuno, mientras que la existencia del ayuno sin abstinencia de carnes, sí que se concibía.[23]

La unión entre el *ayuno* y la *abstinencia* que ha persistido durante el curso de tantas centurias, ha perecido puede decirse por completo con el nuevo Código, existiendo actualmente tal distinción entre *ayuno* y *abstinencia,* que llegan a formar dos distintos preceptos, subsistentes e independientes uno del otro.

Hoy día entiéndese por *ayuno eclesiástico* la prescripción de no hacer más que *una sola refección* al día, la cual no excluye el tomar algo de comida por la mañana y por la noche, observando en cuanto a la cantidad y a la calidad de los alimentos, lo que prescribe o autoriza la costumbre legítima del lugar.[24] Con el término *abstinencia* se indica la prohibición de comer carne o caldo de carne, pero no huevos, lacticinios, ni género alguno de condimentos, incluso la manteca de animales.[25] De manera que la disciplina actual prescribe días de *sola abstinencia;*[26] otros de *abstinencia* y *ayuno juntamente,*[27] y días de *sólo ayuno.*[28]

---

22 Benedicto XIV, ep. encycl. "In suprema", 22 ag. 1741, nn. 1 y 2 - Fontes, n. 314; ep. "Cognovimus", 12 mayo 1742 - Fontes n. 327; ep. encycl. "Libentisseme", 10 jun. 1745, nn. 2, 4, 9, 14 - Fontes, n. 358; Laymann, Th. M., L. 4, tr. 8, c. 3, n. 8; Ferraris, Prompta Bibliotheca, v. Ieiunium, art. 1, n. 31-33; Salmanticenses, Cursus Th. M., tr. 23, c. 2, n. 22-26; Wernz, Jus Decretalium, III, n. 409, 2; Lehmkuhl, Th. M., I, nn. 1455, 3 y 1460, 4.

23 Tamburini, Th. M., I, c. 5, n. 1; Genicot, Th. M., I, n. 436; Gury-Ferreres, Th. M. I, n. 490.

24 C. 1251, § n. 1.

26 C. 1252, § n. 1.

27 C. 1252, § n. 2.

28 C. 1252, § n. 3.

26 Zach. 7, 1-7; 8, 19.

El precepto del ayuno es de origen divino en cuanto que la mortificación es absolutamente necesaria; [29] sin embargo, Jesucristo dejó a disposición de la Iglesia el prescribir el tiempo y modo de ayunar, o sea, la legislación propiamente dicha de este mandato. [30]

Que este precepto sea de derecho positivo *eclesiástico* claramente consta, atendiendo simplemente a la gran diversidad de leyes que con relación al ayuno la Iglesia ha ido prescribiendo a través de los siglos, según las diversas costumbres. [31]

Los frutos o efectos de la meritoria práctica del ayuno, siguiendo al Doctor Angélico, pueden reducirse a los tres siguientes: Primero, refrena la concupiscencia de la carne. [32] Segundo, permite que la mente pueda con mayor facilidad elevarse a la contemplación de las cosas divinas; [33] de manera que el cuerpo se humilla y sujeta al alma, el alma a la razón, la razón a la virtud y al espíritu, y el espíritu a Dios. [34] Tercero, es un medio de satisfacción por nuestros pecados. [35]

La Iglesia nos describe las cualidades del ayuno, al alabar a Dios en el prefacio cuadragesimal con estas palabras: "Qui corporali ieiunio vitia comprimis, mentem elevas, virtutem largiris et praemia." [36]

---

29 Belarmino, **De Ieiunio**, c. 6 y 7; Ferraris, **Prompta Bibliotheca**, v. **Ieiunium**, art. 1, n. 19.

30 **Summa**, 2, 2, q. 147, art. 3.

31 Reiffenstuel, **Th. M.**, tr. 19, dist. 2, n. 36; Pasqualigo, **Praxis Ieiunii**, decis. 30, n. 1; Genicot, **Th. M.**, I, n. 436.

32 S. J. Crisostomo, **hom. 2, in c. I Genesis** - MPG 53, 27; S. Basilio, **hom. 1**, n. 6 - MPG 31, 171; S. Agustin, **De perfectione justitiae hominis**, c. 8 - MPL 44, 300; Belarmino, **De Ieiunio**, c. 11. La Iglesia canta en el oficio de Prima: "Carnis terat superbiam Potus cibisque parcitas" — Breviarium Rom., tit. **ordinarium divinii officii ad primam.**

33 S. Ambrosio, **De Elia et Ieiunio**, c. 4 - MPL 14, 733; S. Basilio, **hom. 1**, n. 9 - MPG 31, 179; S. J. Crisostomo, **hom. 4** - MPG 63, 598; Belarmino, **De Ieiunio**, c. 11.

34 Lapide, **Commentaria**, XI, 676.

35 Belarmino, **De Ieiunio**, c. 11.

36 Estas mismas se contenían en el Prefacio para el Miércoles de Ceniza como comienzo del ayuno cuaresmal, en el Sacramentario Gregoriano - MPL, 78, 55.

CAPITULO SEGUNDO

AYUNO HEBREO

En las Sagradas Escrituras puede advertirse, que la prohibición dada por Dios a los judíos en relación al ayuno, es de dos clases: una, prohibiendo absolutamente el uso de determinados manjares, de manera que les son perpetuamente vedados; y otra, que prescribe para ciertos días, la abstención de comidas cuyo uso es lícito durante el resto del año.

Ejemplos de la primera clase ya se encuentran desde la creación del hombre: Dios pone ante la vista de Adán todos los animales y cosas para que disponga de ellos y le sirvan de alimento,[1] urgiéndole este precepto: "Del fruto del árbol de la ciencia del bien y del mal no comerás."[2] Más tarde, una vez la privilegiada familia de Noé sale salva del Diluvio universal, el Señor le entrega todo lo que tiene movimiento y vida para que le sirva de alimento; una cosa, sin embargo, le ordena: el no comer *carne con sangre.*[3] Esta misma prohibición fué preceptuada por la Ley Mosaica: "No comeréis sangre de ningunos animales; y todo aquél que comiere, será castigado de muerte."[4] A la privación de sangre, también ligaba a los hebreos la de no tomar *grasa.*[5] Había además, preceptos especiales que regían en ciertas fiestas solamente, como el de no comer pan con levadura, etc.[6]

Sobre todos estos mandatos, existía en el pueblo judío el de abstenerse de todo *manjar inmundo.*[7] Por lo que se lee

1 Gen. 1, 29-30.
2 Gen. 2, 17.
3 Gen. 9 .4.
4 Lev. 17, 14; Deut. 12, 16. Cf. Ubaldi, **Introductio in S. Scripturam**, III, 733.
5 Lev. 3, 16-17
6 Deut. 16, 3; 12, 17.
7 Deut. 14, 3.

en el Génesis, [8] ya en tiempo del Diluvio existió esta distinción, o sea, la ley de manjares, únicamente que al principio esta ley era muy simple, consistiendo en tomar la carne de animales que fuera salubre, y repudiar otras carnes por no serlo; [9] de manera que existimaban unos animales limpios, y otros inmundos. [10] Esto que entonces sólo era costumbre, luego pasó a ser ley.

En el capítulo undécimo del Levítico y en el décimo cuarto del Deuteronomio, están contenidas las señales que el Señor dió para distinguir los animales limpios de los impuros, o sea, en ellos se halla toda la *ley de manjares.* En el capítulo XI, vv. 2-8 y 26-28, se trata sobre los animales cuadrúpedos; desde el versículo 9 al 12, de los *acuáticos;* en los versículos 13-20 y 21-25, sobre los *volátiles* (veinte clases de pájaros se enumera entre los impuros); y desde el versículo 29 hasta el 45, de los reptiles. [11] Todo lo que se cita en estos dos capítulos era manchado, abominable, no podía comerse. [12]

También había animales que aun siendo limpios, dadas las circunstancias, érales vedado tomar como alimento, de lo cual da testimonio lo que se regula en el Exodo: "Todo manjar que comáis, si sucede que se vierte sobre él agua, quedará impuro." [13] "Si un buey acorneare a un hombre o a una mujer y resultare la muerte de éstos, será muerto el buey a pedradas y no se comerán sus carnes." [14]

Fáltanos ahora hablar del ayuno propiamente dicho, es decir, no de la abstención perpetua de ciertos manjares cuyo uso era legalmente ilícito, sino de la abstinencia periódica de comidas permitidas por la ley.

---

8 Gen. 7, 2-3.

9 Hummelauer, In Exodum et Leviticum, p. 422.

10 James, Taboo among the Ancient Hebrews, p. 33; Migne, Cursus S. Scripturae, II, 163; Ikenio, Antiquitates Haebraicae, pp. 546-547; Cabrol, Les Origines Liturgiques, p. 52.

11 James, Taboo among the Ancient Hebrews, p. 33.

12 Migne, Cursus S. Scripturae, II, 164.

13 Lev. 11, 34.

14 Exo. 21, 28. Véanse también: Exo. 22, 31; Lev. 7, 19; Deut. 14, 21.

Por los minuciosos detalles que sobre este particular nos dan los libros sagrados, especialmente los del Antiguo Testamento, puede afirmarse que estos ayunos han ocupado siempre entre los hebreos un lugar muy preferente, por considerarlos una excelente práctica de piedad, medio poderoso para obtener la misericordia divina, el perdón de sus pecados, y el auxilio y protección del Todopoderoso.

Estos ayunos se dividen en *comunes* o *públicos*, y *privados* o *individuales*, es decir, unos ordenados por la ley, y otros voluntarios.

La legislación Mosaica, impuso a los Israelitas un solo día de ayuno al año, [15] en el día solemne del gran perdón —Yon Kippur—o Expiación; llamado así, por estar consagrado a la expiación de los pecados de la nación Hebrea. [16] Se celebraba el 10 de Tishri (septiembre-octubre), cinco días antes de la gran fiesta de los Tabernáculos. [17] Este fué el primer ayuno que los judíos observaron en la antigüedad, [18] y aún es guardado hoy día con gran solemnidad y rigor por todos los judíos ortodoxos del mundo. [19]

Los hebreos solían también en los antiguos tiempos, proclamar un día de público ayuno cuando acontecía alguna gran calamidad nacional en Israel, o cuando la Nación se veía en grandes necesidades, o si habían de confesar pecados nacionales. [20] Así vemos que Josafat, rey de Judá, intimó un ayuno a todo el pueblo, cuando supo que los Moabitas y Amonitas se coaligaron para hacerle guerra. [21] Todos los Israelitas ayunaron durante un día por la derrota sufrida por los hijos de Benjamín. [22] Cuando Holofernes

---

15 Cf. Berthelet, **Traité de l'Abstinence de la Viande**, pp. 27-28.

16 Smith, **The Religion of the Semites**, p. 430.

17 Lev. 16, 29-31; 27-32; 25, 9; Num. 29, 7; Jer. 36, 6; Act, 27, 9. En este día no podían comer nada, bajo pena de muerte: Gigot, **Outlines of Jewish History**, p. 98; Kohler, **Jewish Theol.**, p. 466.

18 Cabrol, **Archeologie Chretienne**, v. "Jeunes", 2482.

19 Edersheim, **Rites and Worship of the Jews**, pp. 133 y 156.

20 **Cursus S. Scripturae**, II, 1034.

21 II Par. 20, 3.

22 Jud. 20, 26.

con poderoso ejército se dirigía contra el pueblo Israelítico, éstos se humillaron ayunando.[23] Para aplacar la ira e indignación del Señor, durante el reinado de Joaquín, fué intimado un ayuno a todo el pueblo de Jerusalén y a todo el gentío que había concurrido a la Ciudad Santa.[24]

Durante la Cautividad de Babilonia, para perpetuar la memoria de algunos males nacionales muy notables, establecieron cuatro ayunos más,[25] los cuales están expresados en estas palabras de Zacarías:

"Jeiunium *quarti*, et ieiunium *quinti*, et ieinium *septimi*, et ieiunium *decimi* erit domui Juda in gaudium, et laetitiam, et solemnitates praeclaras."[26] Es decir:[27] El del día 17 del mes *cuarto* de Thammuz (junio-julio), en memoria de la conquista de Jerusalén por Nabucodonosor.[28] En el día 9 del *quinto* mes de Ab (julio-agosto), a causa de la destrucción del Templo por los Caldeos y después por Tito.[29] El 3 del mes *séptimo de* Tishri (septiembre-octubre), por el asesinato de Godolías.[30] Y en el mes décimo, el día 10 de Tebeth, por haber tenido principio en ese día el sitio de Jerusalén por Nabucodonosor.[31] A estos ayunos públicos se añadió después, el de *Ester*, guardado el 13 del mes de Adar (principios de Marzo), en preparación para la gran fiesta popular de la *suerte*—Purim.[32]

Finalmente hay que notar, que según Edersheim,[33] además de los cuatro ayunos legales, el de la Expiación, y el

---

23 Jud. 4, 8.

24 Jer. 36, 9. Además, pueden consultarse los siguientes lugares: Jer. 14, 12; Bar. 1, 5; Joel 1, 14; 2, 15; I Esd. 8, 21; II Esd. 9, 1; I Reg. 7, 6; 31, 13; III Reg. 21, 9, 12, 27; Jud. 4, 8, 12; Esth. 4, 3, 16; I Par. 10, 12; II Par. 20, 3; Jon. 3, 7.

25 Edersheim, **The Temple**, p. 297.

26 Zach. 7, 1-7; 8, 19.

27 Cf. Migne, **Cursus S. Scripturae**, II, 1034.

28 Jer. 39, 2; 52, 6.

29 Zach. 7, 3.

30 IV. Reg. 25, 25; Jer. 41, 1-4. Cf. Stanley, **History of the Jewish Church**, II, 480.

31 Joel 1, 4; 2, 12-15. Cf. Stanley, **History of the Jewish Church**, II, 469-471.

32 Esth. 9, 17.

33 Edersheim, **The Temple**, p. 298.

de la fiesta de Ester, el calendario actual Judío, contiene otros veintidós.

Los ayunos *Privados* que observaban los Hebreos, se los imponían ellos espontáneamente por propia devoción, ora por la expiación de sus pecados, ora para implorar algún beneficio de Dios.[34] Gran variedad de ejemplos nos da la Escritura sobre este particular, entre ellos leemos cómo Moisés, antes de recibir las Tablas de la Ley, ayunó cuarenta días y cuarenta noches.[35] David pedía al Señor la salud de su hijo, ayunando.[36] Judit, se prepara por medio del ayuno para vencer a Holofernes.[37] Nehemías ayunó, cuando supo la nueva de la destrucción de Jerusalén;[38] y David llora la muerte de Saúl, con riguroso ayuno.[39]

Entre estos ayunos privados, merecen especial mención el del día *segundo* y *quinto* de la semana. El ayunar dos *veces por semana*[40] entre la semana Pascual y Pentecostés, y entre la fiesta de los Tabernáculos y la Dedicación del Templo, estaba muy recomendado. Los días señalados eran el *lunes* y *jueves*, pues según la tradición, en estos días fué cuando Moisés ascendió por segunda vez al Sinaí (jueves) para recibir las Tablas de la Ley, y cuando bajó de él (lunes).[41]

Manera de observar los ayunos.

Entre los judíos, los ayunos son muy rígidos.[42] Según

34 Cf. Ubaldi, **Introductio in S. Scripturam, III, 636.**

35 Ex. 34, 28. El Profeta Elías ayunó otros tantos días: III Reg. 9, 8.

36 II Reg. 12, 16.

37 Jud. 8, 6.

38 Neh. 1, 4.

39 II Reg. 1, 12. Casos paralelos se ven en estas citas: I Reg. 31, 13; II Reg. 3, 35; Dan. 9, 3; 10. 3; Tob. 3, 10; Is. 58, 3; Es. 14, 2.

40 Lc. 18, 12; Mc. 2. 18; Mt. 9, 14.

41 Edersheim, **The Temple**, p. 298.

42 El historiador Tácito, habla de la austeridad de los judíos en la observancia de los ayunos en su **Historiasum**, L. 5, 4 - Brotier, III, 353-354; el insigne historiador Suetonio, en la obra **Augustus, The Lives of the first Twelve Caesars**, c. 76, - Thompson, p. 162, dice cómo el Emperador Augusto cierto día, para demostrar hasta donde había llegado su heroismo, se jactaba de haber ayunado incluso más rigurosamente que un judío.

la práctica Oriental, el ayuno consistía en la completa abstinencia de comida y bebida[43] desde la puesta del sol de un día, hasta la del siguiente: "A vespera usque ad vesperam," al brillar Héspero y aparecer las estrellas.[44] Además, en día de ayuno no se había de trabajar[45] soliendo cubrirse con cilicios y cenizas.[46]

En el pueblo Hebreo, en conformidad con las regulaciones hechas por los Rabinos, todo hombre y mujer desde los doce años completos de edad, estaba obligado a la observancia de los ayunos públicos, pues a esta edad todo Israelita venía a ser según la expresión común: *bar-mitsevah,* i.e., un hijo del precepto, o *benhatthorah,* i.e., un hijo de la ley, que era lo mismo que decir: sujeto a las prescripciones del Código Mosaico, incluso a las leyes más duras.[47]

Las prescripciones de la ley de Moisés referentes al ayuno, llegaron a tener diversas interpretaciones, según el fanatismo de las diversas sectas judías: Los *Fariseos* ayunaban dos veces a la semana durante todo el año;[48] los *Esenos* con Filón y Josefo, que llevaban vida casi monacal, se abstenían toda la vida de la carne y del vino,[49] y generalmente pasaban tres días seguidos sin tomar nada; los *Terapeutas,* tenían una sola refección diaria, a la puesta del sol, y la del séptimo día consistía en pan, agua y sal, añadiendo a

---

43 Smith, **The Religion of the Semites,** p. 434.

44 Jud. 6, 16; Lev. 23, 32; Jonas, 3; I Esd. 10; I Reg. 14, 24. Cf. Migne, **Cursus S. Scripturae,** IV, 332. S. Jerónimo refería: Petrus Apostolus non expectat stellam more judaico, sed hora sexta in solarium pransuus ascendit"; **Adversus Jovinianum,** lib. 2 - MPL 23, 291. El anochecer - vespera - o principio del nuevo día, según la computacin judía, se medía desde la aparición del planeta de primera magnitud Héspero o Venus y de las demás estrellas; de ahí el que los niños continuamente miraban al firmamento, para inmediatamente después de ver las estrellas, romper el ayundo y saciarse. Cf. A Lapide, **Commentaria,** XI, 677.

45 Lev. 16, 29-31; 23, 32; Num. 29, 7.

46 Dan. 9, 3; Jonas, 3, 6; Job. 1, 11, 12, 13; 42, 6; Jos. 7, 7; Jer. 25, 37; Cf. A Lapide, **Commentaria,** IV, 332; Stanley, **History of the Jewish Church,** II, 375.

47 Fillion, **The Life of Christ,** I, 379.

48 Lc. 18, 12. Cf. Edersheim, **The Temple,** p. 167.

49 S. Jerónimo, **adversus Jovianum,** L. 2, 14 - MPL 23, 303. Cf. Berthelet, **Traité de l'Abstinence de la Viande,** p. 32-33.

esto alguno de ellos por condimento, unas hojas de hisopo; algunos Terapeutas tomaban esta frugal refección cada tres días, y otros, cada seis. [50]

---

50 Eusebio, **Historia Eccl.** L. 2, c. 17; "A vino penitus obstinent, neque carnes ullas degustent; sola aqua ad potum utantur, neque ad panem aliud quidquam adhibeant, praeter sal atque hyssopum." - MPG 20, 183.

CAPITULO TERCERO

AYUNO CRISTIANO

ARTICULO I.—*JESUCRISTO Y LOS APOSTOLES*

La práctica del ayuno y abstinencia aún estaba muy en boga en el pueblo Hebreo al aparecer Jesucristo en el mundo, aunque ya había degenerado en un mero formulismo, y en una obra de estimación propia. [1] El cristianismo era el destinado a dar al ayuno su primitiva forma de virtud y mortificación, como de hecho así lo realizó.

Jesucristo quiso dar comienzo a su vida pública con un acto ejemplar de penitencia, retirándose al desierto de Judá por espacio de cuarenta días enteros, [2] observando el ayuno más estricto, según atestigua explícitamente San Lucas: "En cuyos días no comió nada." [3] Y San Mateo, para indicar que en este acto Jesucristo no siguió la costumbre judía, menciona *noches*, pues los judíos no comían ni bebían nada durante el día, pero al empezar la noche, rompían el ayuno, [4] por eso el Evangelista usa esta expresión: "Después de haber ayunado cuarenta días y cuarenta noches." [5]

Aunque Jesucristo con su ejemplo puede decirse consagró el ayuno, [6] no por eso dió ley alguna cuya observancia obligara a sus seguidores; antes por el contrario, parece haber tenido la intención de que durante su vida mortal, sus discípulos estuvieran exentos de los ayunos hebreos, espe-

---

1 Edersheim, **The Temple**, P. 290; Lc. 18, 12.

2 Los Santos Padres dieron a este número una interpretación mística, y por los muchos ejemplos que en la Escritura se dan, puede decirse es un número providencial. Cf. Maldonado, **In Quatuor Evangelistas**, I, 83.

3 Lc. 4, 2.

4 Cf. Knabenbauer, **In Quatuor S. Evangelia**, I, 145.

5 Mt. 4, 2. Cf. Maldonado, **In Quatuor Evangelistas**, I, 82.

6 S. Máximo, hom. 39 - MPL 57, 307; serm. 19 - MPL 57, 569.

cialmente de los practicados por las sectas judías, como se deduce por la defensa que les hizo contra las quejas de los Fariseos y discípulos del Bautista, alegando que durante la estancia del esposo en este mundo, no era tiempo propicio para ayunar: "Ya vendrá el tiempo en que les será arrebatado el esposo, y entonces ayunarán." [7]

El Divino Maestro condenó además terminantemente la *ostentación* del ayuno, aprobando con ello de una manera indirecta, la práctica debidamente regulada del ayuno, y dió a sus discípulos algunas normas o reglas para que no cayeran en las aberraciones de los judíos, quienes llegaron a transformar tan laudable acción en una pura comedia religiosa. [8]

Después de la Ascensión, los Apóstoles, jefes de la Iglesia naciente, por el momento no hicieron reforma alguna sobre el ayuno, antes bien, continuaron con los primeros convertidos guardando los ayunos legales de los Hebreos, especialmente el más famoso, el de la Expiación. [9] Esto no tiene nada de particular si recordamos que los Apóstoles y sus adeptos fueron judíos; así, apenas puede imaginarse que en un corto espacio de tiempo hubiesen perdido todas sus prácticas religiosas; al contrario, puede asegurarse que las costumbres hebreas continuaron por largo tiempo en la Iglesia de Palestina, especialmente en lo referente al ayuno. [10]

No obstante, ya en los Hechos de los Apóstoles se mencionan algunos ayunos *voluntarios* observados en los más importantes acontecimientos, como en la elección de Saulo y Bernabé, [11] y en la ordenación de los neosacerdotes. [12] También se refieren otros *involuntarios* que por el sinnú-

---

7 Mt. 9, 15; Mc. 2, 20; Lc. 5, 35.
8 Mt. 6, 16. Cf. Edersheim, The Temple, p. 300.
9 Act 27, 9.
10 Tertuliano, De ieiunio, c. 2 - MPL 2, 956; Cf. Callewaert, Liturgicae Institutiones, n. 222.
11 Act 13, 2-3.
12 Act 14, 22.

mero de dificultades en el cumplimiento de su ministerio los Apóstoles veíanse obligados a soportar.[13]

Por lo que San Pablo escribía a los Romanos,[14] es patente que en su tiempo no existía legislación alguna sobre el ayuno, y que éste era dejado al arbitrio de cada cristiano en particular; por eso afirmaba más tarde el Obispo de Hipona: "Quibus autem diebus non oportet ieiunare, et quibus oporteat, praecepto Domini vel Apostolorum non invenio definitum."[15]

La primera legislación que se encuentra en el tiempo apostólico, no se refiere a determinar en qué días deberían los cristianos abstenerse de manjares lícitos, sino más bien, cuales habían de tenerse como ilícitos en aquel entonces. El Colegio Apostólico vió la necesidad de promulgar un decreto por medio del cual terminara el peligro de división que corría la Iglesia naciente, por el hecho de estar compuesta de judíos y gentiles, y tener estos últimos costumbres muy diversas y aun contrarias a las de los Hebreos, como el comer sangre, animales sofocados, etc.[16] Esta legislación fué llevada a cabo en el Concilio de Jerusalén prescribiendo: "Absténganse (los gentiles) de manjares inmolados a los ídolos... y de los animales sofocados y de la sangre."[17] De esta manera terminaron las discrepancias, asegurando al mismo tiempo la concordia y unidad en la Iglesia de Cristo.

Esta ley disciplinar que era solamente interina o temporal,[18] fué estrictamente guardada por todos los cristianos durante el primer y segundo siglo del cristianismo, y en la segunda centuria, la abstención de sangre aún era te-

---

13 II Cor. 6, 5; 11, 27; I Cor. 4, 11; Act 27, 33.

14 Rom. 14, 5 y 6.

15 S. Agustin. epist. 36, c. 14 - MPL 33, 151.

16 Cf. Belarmino, De Ieiunio, c. 7; Migne, Cursus S. Scripturae, II, 165; Knabenbauer, In Actus Apostolorum, pp. 265 y 272. Más amplia explicación sobre este punto puede verse en S. Tomas, Summa, 2, 2, q. 142, art. 1, nota.

17 Act 15, 20 y 29.

18 Cf. Belarmino, De Ieiunio, c. 7; Ubaldi, Introductio in S. Scripturam, III, 734 nota; Knabenbauer, In Actus Apostolorum, p. 272.

nida por todos los cristianos como ley obligatoria; mas, poco a poco fué cayendo en desuso según cambiaban las condiciones de los tiempos, o sea, a medida que la distinción de judíos y gentiles fué desaparareciendo entre los cristianos, de tal manera, que en Occidente, ya en tiempo de San Agustín era observada por muy pocos. [19] En las Iglesias Griegas, no obstante, esta práctica perduró por más largo tiempo. [20]

ARTICULO II — *ESTACIONES Y AYUNO SABATINO*

§ I — *Las Estaciones*

Aunque en los albores del cristianismo existió una gran semejanza entre el culto hebreo y el cristiano, [21] con la sustitución de los dos ayunos semanales judaicos por medio de las Estaciones, se dió un paso muy firme para obtener la independencia de las costumbres cristianas. [22]

La palabra *estación*—statio—, según Blanquino, era usada por los Romanos para indicar la reunión o muchedumbre que acudía a determinado lugar a practicar las ceremonias sagradas conforme al rito patrio tradicional; de donde él infiere, la primitiva iglesia lo adoptó para significar asamblea sagrada, o reunión de fieles. [23]

Los antiguos escritores eclesiásticos, usan el término *estación* significando los solemnes ayunos semanales de cada miércoles y viernes observados ya en la más primitiva Iglesia cristiana; así lo hace el Pastor Hermas, [24] aunque sin in-

---

19 S. Agustín, Contra Faustum Manichaeum, L. 32, c. 13 - ML 42, 503.
20 Concilio Trulano, can. 67 - Hefele-Leclercq Histoire del Conciles, 3, 339.
21 Cf. Cabrol, Les Origines Liturgiques, p. 173; Callewaert, Liturgicae Institutiones, nn. 222 y 102.
22 Duchesne, Origines du Culte Chrétien, p. 241.
23 Blanquino, en las notas a la Vida de S. Hilario Papa MPL 128, 358.
24 Lib. 3 Simil. 5, n. 1 - MPG 2, 957-958.

dicar los días en que se practicaban, omisión que es suplida por Tertuliano [25] y otros escritores antiguos. [26]

El por qué llamaban *estaciones* a estos ayunos, nos lo explica el autor del sermón veintiuno que existe en el Apéndice a las obras de S. Ambrosio, [27] quien lo pone en analogía con la costumbre de los soldados romanos cuando estaban de centinela o de vigilia, quienes se mantenían inmóviles en sus lugares hasta ser relevados:

> "Castra nobis sunt nostra ieiunia, quae nos a diabolica oppugnatione defendunt. Denique stationes vocantur, quod stantes et commorantes in eis inimicorum insidias repellamus." [28]

Según parece, S. Gregorio fué el primero que separó las estaciones de el ayuno. [29]

También fueron conocidas las estaciones con el nombre de *semi-ayunos*, por ser éste el único ayuno que duraba medio día, hasta *nona*, o sea, hasta las tres de la tarde. [30]

El ayuno de las Estaciones, lo mismo en Oriente que en Occidente fué guardado desde tan antiguo, que Batifoll [31] deduce de su existencia, que el cristianismo desde el principio fué no sólo una fe religiosa fuente de reglas éticas, sino más bien un culto del todo organizado.

La más vetusta colección de leyes morales y disciplinares,

---

25 **De Ieiuniis**, c. 2 - MPL 2, 956; c. 10 - MPL 2, 966; c. 14 - MPL 2, 973; **De Corona**, c. 11 - MPL 2, 92; **De Anima**, c. 48 - MPL 2, 733.

26 Casiano, **De Caenobit. instit.**, L. 5, cc. 20 y 24 - MPL 49, 236 y 243; **Collatio 21**, c. 29 - MPL 49, 1208; S. Isidoro, **Etymologiarum** L. 6, c. 19 - MPL 82, 258; Rábano Mauro, **De Institutione Clericolum**, L. 2, c. 18 - MPL 107, 334.

27 MPL 17, 644.

28 Cf. Gonzalez, **Commentaria Perpetua in Decretales**, L. 3, tit. 46, n. 5; Cabrol, **The Prayer of the Early Christians**, p. 4.

29 Belarmino, **De Ieiunio**, c. 22. En nuestros días se entiende por Estaciones, devotas visitas a determinadas Iglesias, hechas en ciertos días señalados, con las que se ganan indulgencias. Cf. Carpo, **Bibliotheca Liturgica**, n. 108; Nilles, **Kalendarium Manuale**, II, 64.

30 Cf. Tertuliano, **De Ieiuniis**, c. 10 y 13 - MPL 2, 966 y 971; Prudencio, **Peristephanon VI**, 55-56 - Bergman, p. 357; S. Epifanio, **Expositione fidei**, n. 22 - MPG 42, 826. La Regla de San Benito pone: "Quinta et sexta ferias ieiunant usque ad nonam", c. 41 - Butler, p. 79; Duchesne, **Origines du Culte Chrétien**, p. 242; Callewaert, **Liturgicae Institutiones**, n. 213.

31 Batifoll, **Primitive Catholicism**, p. 107.

llamada *Doctrina de los doce Apóstoles* entre los latinos y *Didaché* entre los griegos, confeccionada en el primer siglo de la era cristiana y según algunos en el segundo, hace mención de este ayuno al imperar a los fieles que no ayunen al mismo tiempo que aquellos hipócritas que ayunan el primer y quinto día de la semana, sino que ellos lo hagan el día cuarto y el de la preparación, o sea, el miércoles y viernes. [32]

San Ignacio mártir, urgía a sus fieles de Antioquía la observancia de esta práctica con esta amonestación: "Ieiunare quartis et sextis feriis ne negligatis". [33]

S. Clemente de Alejandria, [34] hace mención del ayuno de las Estaciones, dándole una interpretación mística; y su discípulo Orígenes, para mostrar cómo la primitiva Iglesia Cristiana no seguía las costumbres hebreas, escribe: "Habemus quarta et sexta septimanae dies, quibus solemniter ieiunamus." [35]

La causa de ayunar en miércoles y viernes, la explica San Agustín: "Porque en miércoles fué cuando los judíos acordaron en consejo la muerte del Señor, y el viernes porque fué su Pasión." [36] La misma idea dan las Constituciones Apostólicas: "Quarta vero feria, et sexta jussit nobis ieiunare, illa quidem propter proditionem, hac vero propter passionem." [37]

Hay que hacer notar, que en los primeros siglos no se encuentra documento prescribiendo este ayuno como ley o precepto, más bien era consejo, dejado al arbitrio de los fieles. [38]

A fines del siglo cuarto es cuando hallamos, en las Constituciones de los Apóstoles, un mandato expreso sobre este

---

32 Didache, c. 8, 1 - Sabatier, p. 53; véase también la nota del editor.
33 Baronius, Annales, Anno Ch. 55, nn. 196 y 202.
34 Stromatum, L. 7, c. 12 — MPG 9, 503-506.
35 In Levit., hom. 10 — MPG 12, 528.
36 Epist. 36, c. 13 — MPL 33, 150.
37 Lib. 5, c. 16 y Lib. 7, c. 24 — Mansi L, 427 y 499.
38 Cf. Tertuliano, De Ieiuniis, c. 2 —MPL 2, 956.

punto: "Praecipimus vobis quartis, et sextis feriis ieiunare." [39]

Quien trata esta cuestión con más firmeza es S. Epifanio, a fin de resolver la encarnizada disputa sostenida entre Arrianos y Montanistas; pues los primeros, mantenían el ayuno de las Estaciones ser libre y dejado al arbitro de cada individuo, y los segundos, lo tenían como precepto muy estricto; estas son sus palabras:

> "Quis est uspiam terrarum, qui non in eo consentiat, quartam sextamve feriam solemni in Ecclesia ieiunio consecratam? Quod si ex apostolorum Constitutione repetenda nobis auctoritas est, cur illis quartae sextaeque feriae ieiunium perpetua lege sancitur?... quodsi de quarta sextave feria nullan omnino in Constitutione sua mentionem apostoli fecissent, aliis tamen argumentis licebat uti..." [40]

La observancia de este ayuno se ordenó incluso bajo severas penas, de manera, que no hay duda era una ley obligatoria; así, en otra de las colecciones pseudoapostólicas, castígase con la deposición a los clérigos y con excomunión a los laicos que no ayunasen los miércoles y viernes del año. [41]

Por los testimonios aducidos se muestra claramente, que el ayuno de las Estaciones tenía fuerza de ley general al menos en Oriente, donde continuó rígidamente guardándose a través de los siglos. Consta por ejemplo, que en 1595 el Papa Clemente VIII, en el Reglamento que compuso para los católicos Griegos residentes en Italia, permitíales comer carne los cuatro sábados de Cuaresma además de los restantes del año, pero sin abolir la obligación de que continuaran guardando el ayuno del miércoles y viernes durante el año, antes al contrario, ordena que nadie ose inquietarlos

39 Lib. 5, c. 19 y Lib. 7, c. 24 — Mansi I, 739 y 499.

40 Haeres. 75, n. 7 — MPG 42, 511-514.

41 Can. 69 — MPG 137, 175-176, y léanse los Comentaristas Balsamon, Zonaras y Aristines del mismo lugar; Cf. Baronius, Annales, Anno Ch. 57, n. 205.

en esta manera de conducta.[42] Esta ley aún es guardada en la actualidad, aunque con alguna moderación del rigor antiguo.[43]

Entre los occidentales, estos ayunos del miércoles y viernes no fueron tan generalmente practicados, ni con tanta austeridad. Según Belarmino, en tiempo de San Agustin empezó a decaer esta observancia.[44] Por lo que escribe S. Isidoro de Sevilla,[45] se ve que en el siglo VIII, la práctica de las Estaciones en España, se hallaba en su decadencia. Lo mismo puede decirse aconteció en Francia, según testimonio de las Capitulares de Carlomagno, al imponer esta obligación a sólo los clérigos: "Placuit sancto concilio quarta et sexta feria a carne et vino cuncto clero abstinendum." [46] Y así igualmente en todo Occidente en general, según el Monje Ratramo, quien, respondiendo a las acusaciones que los Griegos les hacían por no prestar tanta atención como ellos a los ayunos del miércoles y viernes, respóndeles, que el ayuno de las Estaciones era muy diversamente observado, y que además, no estaban obligados ni por ley ni por costumbre.[47]

Leon IV (847-867) es el último Papa que habla de esos ayunos en términos laudatorios, aconsejando su continuación por ser costumbre tan antigua;[48] y mientras el ayuno del miércoles ya desde entonces comienza a ser abolido, el del viernes empieza a tener un carácter más definido de precepto eclesiástico, pues establecía el C. Cajacense (1050): "....mandamus, ut Christiani per omnes sextas ferias ieiunent." [49]

En el año 1216, Honorio III tan solo habla de la costum-

---

42 Clemente VIII, Decreto n. 112, § 6 — Bullarium Romanum, X, 213.
43 Cf.. Sínodo Prov. Rutense (1720) — Coll. Lac. II, 62; Wernz, Jus Decretalium, III, n. 416, nota 31.
44 Bellarmino, De Ieiunio, c. 17.
45 De Ecclesiasticis Officiis, L. 2, cc. 43 y 44 — MPL 83, 775-776.
46 Statuta Rhispacensia et Frisingensia, n. 5 — MGH, Legum I, p. 77.
47 Contra Graecorum Opposita, L. 4, c. 3 — MPL 121, 314-317.
48 C. 11, D. 111, de cons.
49 Cap. II — Harduinus 6, 1928.

bre de abstenerse de carne en los viernes, la cual tenía fuerza de ley, y dice que únicamente en caso que el día de Navidad cayera en viernes, se podía tomar carne.[50] Desde entonces, el viernes siempre se consideró como día de sola abstinencia, y por la costumbre universal, todos los viernes eran días de abstinencia sin ayuno.[51]

§2—*Ayuno Sabatino*

El vocablo *sábado* fué indistintamente usado por los Judíos ya para significar cada día de la semana por separado, ya también toda la semana en conjunto,[52] o ya en significación del día especial llamado propiamente *sábado*, según escribe San Jerónimo:

> "Omnis hebdomada in sabbatum, et in primam, et secundam, et tertiam, et quartam et quintam, et sextam Sabbati dividitur, quam Ethnici, idolorum et elementorum nominibus appellant."[53]

A los Hebreos les estaba prohibido ayunar en sábado por ser este día de fiesta, conmemorativo del séptimo día de la creación del mundo.[54]

La Iglesia Cristiana, ya en tiempo de los Apóstoles sustituyó el sábado hebreo por el domingo,[55] por conmemorarse en este día la Resurrección del Salvador.[56] Por este motivo, entre los cristianos el sábado perdió muy pronto la supremacía sobre los demás días de la semana; y aunque entre

---

50 C. 3, X, de observatione ieiuniorum, III, 46.

51 Cf. Salmaticenses, Cursus Th. M., tr. 32, c. 2, n. 102; Fagnanus, Commentaria in III Libro Decretalium, c. 2, n. 19

52 Lc. 18, 12.

53 Epist. 120, 4 — MPL 22, 987. Cf. Nilles, Kalendarium Manuale, II, 259.

54 S. Agustín, epist. 36 — MPL 33, 136,

55 I Cor. 16, 2; Act. 20, 7. Cf. S. Ignacio, epist. ad Magnesios, n. 9 — MG 5, 670.

56 Cabrol, The Prayer of the early Christians, pp. 4 y 6; Callewaert, Liturgicae Institutiones, n. 213; Carpo, Bibliotheca Liturgica, p. 314; Kosma, Liturgica S. Catholica, P. 293.

los orientales conservó cierto carácter de solemnidad,[57] sin embargo, en la Iglesia Occidental y especialmente en Roma, comenzó rápidamente a adquirir una marcada forma de austeridad y penitencia.[58]

Una de las principales causas por que se introdujo el ayuno en día de sábado fué, para alejar más el peligro de que los cristianos adquirieran costumbres judaizantes, y también, porque los mismos fieles se inclinaron a esta práctica al ver la conveniencia de conmemorar con ayunos, no solamente el viernes día de la muerte del Señor, sino también el sábado, para perpetuar además de la memoria de su muerte, su ausencia o permanencia en el sepulcro, como lo atestigua Tertuliano arguyendo de las mismas palabras del Salvador cuando dijo este a sus discípulos que mientras el esposo estaba presente no debían ayunar, pues ya llegaría el tiempo en que el esposo se ausentara, y los discípulos llorarían.[59]

No hay ningún género de duda que en tiempo de Tertuliano,[60] en muchas Iglesias, sobre todo en la Romana, el ayuno semanal del viernes se prolongaba hasta el sábado inclusive, llamando esta observancia *continuare ieiunium,* expresión que posteriormente fué suplantada por el término *superponere ieiunium,* de la palabra griega "upertizeszai" —prolongar o retardar—; prolongación muy comunmente guardada al fin de la tercera centuria.[61]

A principios del siglo IV, los Padres del Concilio de Elvira (300) al ver que tantos ayunos venían a ser muy pesados, dada la fragilidad humana, redujeron a mensuales los del miércoles y viernes, o sea, las Estaciones:

---

57 Benedicto XIV, **De Synodo Dioecesana,** L. 11, c. 5, n. 1; Cabrol **The Prayer of the early Christians,** p. 5.

58 Duchesne, **Origines du Culte Chrétien,** p. 244; Cabrol, **The Prayer of the early Christians,** p. 5; Knopfler, **Hist. Eccles.,** p. 104.

59 Cf. Tertuliano, **De Ieiunio,** cc. 2, 13 y 14 — MPL 2, 956, 971 y 973; **De Oratione,** c. 18 — MPL 1, 1176-1178; Kellner, **Heortology,** pp. 90 y 96.

60 **De Ieiunio,** c. 14 — MPL 2, 973.

61 Cf. S. Victorino, Obispo de Pettau, **De Fabrica Mundi** — MPL 5, 304-306; Duchesne, **Origines du Culte Chrétien,** p. 244.

"Ieiuniorum superpositiones per singulos menses placuit celebrari, exceptis diebus duorum mensium Julii et Augusti, ob quorumdam infirmitatem." [62] Y al mismo tiempo, abrogaron el prolongado ayuno sabatino: "Errorem placuit corrigi, ut omni sabbathi die superpositiones celebremus." [63]

Sin embargo, la práctica de la superposición del ayuno, estaba demasiado arraigada para extinguirla un concilio; y así consta que en el mismo siglo IV, como existiera diversidad de prácticas y opiniones sobre el sábado como día de ayuno, Lucinio Bético preguntó a San Jerónimo qué se había de hacer, si continuar ayunando en sábado como en Roma y España solía hacerse, o no. A lo cual responde el Doctor Máximo, que varios habían escrito ya sobre la variedad de costumbres en lo relacionado al ayuno sabatino, y en seguida expresa su opinión de esta manera:

> "Illud breviter te admonendum puto, traditiones Ecclesiasticas, (praesertim quae fidem non officiant) ita observandas, ut a majoribus tradita sunt; nec aliorum consuetudinem, aliorum contrario more subverti." [64]

Tanta divergencia en este punto del ayuno sabatino no solo entre la Iglesia Latina y Griega, sino aún entre los mismos Occidentales, [65] agobiaba a muchos cristianos, algunos de los cuales se dirigieron a diversos Santos Padres para que les dieran una solución. San Agustín, cuando todavía era catecúmeno, consultó a San Ambrosio a cuál de las dos costumbres debería atender Mónica su madre, mientras residía en Milán. S. Ambrosio afronta esta dificultad dándole en respuesta esta regla:

> "Quando hic sum, non ieiuno Sabbatho; [66] quando

62 Can. 23 — Mansi 2, 9; Hefele-Leclercq — **Historie des Conciles** — 1, 234.

63 Can. 26 — Mansi 2, 10; Hefele-Leclercq — **Histoire des Conciles** — 1, 235.

64 Epist. 71, n. 6 — MPL 22, 672; c. 4, D. XII.

65 Epist 36, n. 32 — MPL 33, 151.

66 La Iglesia de Milán (que era donde habitaba S. Ambrosio), a pesar de no distar mucho de Roma, no ayunaba los sábados, ni siquiera durante Cuaresma, excepción hecha del Sábado Santo, como afirma el mismo Doctor en: **De Elia et Ieiunio**, c. 10, n. 34 — MPL 14, 743.

> Romae sum, ieiuno Sabbatho; et ad quamcumque Ecclesiam veneritis, inquit, ejus morem servate, si pati scandalum non vultis, aut facere." [67]

Más tarde, el Obispo de Hipona mismo resolvió esta cuestión dirigiéndose al presbítero Casulano: "In his enim rebus de quibus nihil certi statuit Scriptura divina, mos populi Dei, vel instituta majorum pro lege tenenda sunt..."[68] Advierte además S. Agustín que los cristianos Orientales y muchos Occidentales no acostumbraban ayunar en sábado, solamente los Romanos y algunos otros Occidentales eran los que guardaban este ayuno. [69] Y para que reinara paz y concordia entre todos, termina dando como norma, que a pesar de las divergencias, sigan las determinaciones de cada Obispo, y lo que este hiciera, fuese imitado sin escrúpulo alguno; [70] pues de otro modo la disputa sería interminable, originaría luchas, y no pondría fin a las consultas. [71]

A principios del siglo V, el Papa Inocencio I finalizó con estas contiendas o dudas al asumir como cierta la antigua costumbre latina de ayunar todos los Sábados del año, y da la razón de tal observancia, [72] aunque no condena la costumbre opuesta que regía en la Iglesia Griega. De este modo escribe a Decencio, Obispo Eupubino:

> "Sabbato vero ieiunandum esse, ratio evidentissima demonstrat. Nam, si diem dominicum ob venerabilem resurrectionem Domini nostri Jesu Christi non solum in Pascha celebramus, verum etiam per singulos circulos hebdomadarum, ipsius diei imaginem frequentamus, ac sexta feria propter passionem Domini ieiunamus, sabbatum praetermittere non debemus, quod inter tristitian atque

67 Epist. 36, n. 32 — MPL 33, 151; c. 11, D. XII.

68 Epist 36, n. 1 — MPL 33, 136.

69 Epist. 36, n. 8 — MPL 33, 139; "Verum etiam christianus qui quarta et sexta et ipso sabbato ieiunare consuevit, quod frequenter Romana plebs facit." Véanse también los siguientes lugares: Epist. 36, n. 27 y Epist. 82, n. 14 — MPL 33, 148 y 33, 281.

70 Epist. 36, n. 32 — MPL 33, 151.

71 Epist. 36, n. 2 — MPL 33, 136-37.

72 Bendicto XIV, De Synodo Diocesana, L. 11, c. 5, n. 2.

> letitiam temporis illius videtur inclusum... Quod si putant, semel atque uno sabbato ieiunandum; ergo et sexta feria semel in Pascha erit utique celebranda... Non ergo nos negamus sexta feria ieiunandum, sed dicimus et sabbato hoc agendum.[73]

Desde entonces el ayuno sabatino prevaleció en la Iglesia Occidental;[74] y en varios concilios posteriores se dieron nuevas leyes acerca de este particular, entre ellos el Aurelianense IV (541) ordenaba que se ayunara los sábados, según lo establecido por los Santos Padres, a no ser en caso de enfermedad.[75] En el siglo VII y VIII continuó igualmente rigiendo en Occidente la práctica del ayuno sabatino, aunque no se encuentra ninguna legislación expresa sobre esto; sólo tenemos el testimonio de San Isidoro, quien dice: "Sed et Sabbati dies (ieiunatur) a plerisque, propter quod in eo Christus jacuit in sepulchro."[76]

Más tarde, el ayuno sabatino quedó reducido a la simple abstinencia de carne,, y aun en Occidente decayó esta costumbre, pues según Benedicto XIV,[77] San Gregorio VII en el Concilio Romano (1078) no se atrevió instaurar esta disciplina con verdadero rigor, solamente les avisa, sin preceptuarlo, que en tal día se abstengan de comer carne:

> "Quia dies Sabbati apud sanctos Patres nostros in abstinentia celebris est habitus, nos eorumdem auctoritatem sequentes, salubriter admonemus,, ut quicumque se Christianae religionis participem esse desiderat, ab esu carnium eadem die, nisi majori

---

73 S. Innocentii, I, P. Epistolae et Decreta, c. 4 — MPL 20, 555-556; Codex Canonum Ecl. et Constitutorum, c. 4 — MPL 56, 516; c. 13, D. III, de cons. En el Liber Pontificalis se lee de Inocencio I: "Hic constitivit sabbatum ieiunium celebrari, quia sabbato Dominus in sepulcro positus est et discipuli ieiunaverunt." MGH, Gentorum Pontificum Romanorum, t. I, p. 90.

74 Belarmino, De Ieiunio, c. 18.

75 Can. 2 — Harduinus 2, 1436. Véase el C. Agatense, can 12 — Harduinus 2, 999; c. 9, D. III, de cons.

76 De ecclesiasticis officiis, L. 2, c. 43 — MPL 83, 775.

77 De Synodo Diocesana, L. 11, c. 5, n. 5.

festivitate interveniente, vel infirmate impediente abstineat." [78]

Esta misma decadencia es confirmada por la respuesta que Inocencio III da al Arzobispo de Braga, al quejarse éste de que muchos comían carne por debilidad en día de sábado, cosa que anteriormente no se hacía; y el Pontífice respóndele simplemente que haga observar la costumbre de su región. [79]

Desde Inocencio III a Benedicto XIV existen tan pocos lugares que hablen de este ayuno, que permite concluir dicha costumbre iba viniendo en desuso. Por Benedicto XIV [80] claramente se ve, que en su tiempo no era de obligación universal el ayuno sabatino; sin embargo, todavía urge que en aquellos lugares donde existiese costumbre, se guardase, por no haber sido derogado por la Iglesia. [81]

En la misma decadencia continuó durante los siglos posteriores; tanto es así, que en el Concilio Vaticano se postuló la completa abolición del ayuno sabatino. Así proponía el Obispo Nicolas Corcordiense—uno de los miembros del Concilio:

> "Que la ley que prohibe a los fieles el comer carne los sábados, fuera abrogada, excepto en tiempo de Cuaresma y Advenimiento, como de hecho ya se hacía en varias regiones." [82]

Mas, como el Concilio Vaticano no pudo determinar nada

---

78 C. 13, D.V. de cons; Can. 7 — Harduinus 6, 1581. En este tratado, las fechas de los Concilios están tomadas de la edición de Harduino.

79 C. 2, X, de observatione ieiunorum, III, 46.

80 De Synodo Diocesana, L. 11, c. 5, nn. 1-5.

81 De Synodo Diocesana, L. 11, c. 5, n. 5. Cf. Synodo Prov. Rotomagense, decr. 21, 3 — Coll. Lac., 4, 531 y Sinodo Nacional en Albana, Pars. 1, c. 8 — Coll. Lac., 1, 294.

82 Cf. Billuart, Summa Sancti Thomae, Appendix 61, XV. n. 1. En España y la América española, por dispensa de Benedicto XIV no obligaba la abstinencia de los sábados; tampoco en Italia e Islas adyacentes, según el decreto de la S. C. del S. Oficio del 5 de Sept. de 1906 — ASS XXXIX (1906), 455. En Estados Unidos, en general, la abstinencia del sábado fué observada hasta el Código, debiendo pedir facultad cada Obispo en particular, para dispensar de ella. Cf. Woywod, "Law of the Code on Fast and Abstinence", HPR XXVIII (1926), 1046.

acerca de este particular, a causa de las pocas sesiones que se celebraron, la misma situación siguió hasta el nuevo Código de Derecho Canónico, el cual casi lo ha abolido por completo al prescribir ayuno y abstinencia los sábados de Cuaresma y de las Cuatro Témporas solamente. [83]

En Oriente, sin embargo, desde el principio, aun entre los cristianos, el sábado continuó siendo día de fiesta, de regocijo y alegría, en memoria del término de la creación. [84]

La celebración del sábado llegó a tener casi la solemnidad de los domingos; por esta causa el C. de Laodicea (320). para impedir que los cristianos cayeran en costumbres judaizantes, prohibió el que abandonaran el trabajo los sábados, [85] permitiendo de todos modos, se leyera el evangelio con la pompa de los domingos. [86] A pesar de todo, el sábado entre los Orientales tuvo siempre cierta preeminecia sobre los demás dias de la semana. [87]

Como la Iglesia Griega tenía por norma el que el sábado era fiesta, la práctica de no ayunar en tal día, fué común ya desde los primeros siglos, sólo se exceptuó el Sábado Santo.

Estas son las palabras que San Ignacio Antioqueno escribía a los Filipenses: "Si quis dominicum diem aut Sabbatum (uno excepto) ieiunaverit, hic Christi intersector est." [88]

A principios del siglo IV, las Constituciones de los Apóstoles imponen esta legislación: "... non quidem quod ieiunandum sit Sabbato, quod est requies domini a mundi opificio, sed quia illo tantum ieiunandum est, quo ipse auctor mudi adhuc erat sub terra." [89]Y los Cánones Apostólicos de-

83 Can. 1252, § 2.

84 Cabrol, The Prayer of the early Christians, p. 5.

85 Can. 29 — Mansi 2, 580; Hefele-Leclercq — Historie des Conciles — 1, 1015.

86 Can. 16 — Mansi 2, 578; Hefele-Leclercq — Histoire des Conciles — 1, 1008.

87 Thomassin, Traité des Festes de l'Eglise, 1. 2, c. 2, p. 176.

88 Notae in Canones Apostolorum — Mansi 1, 64; Baronius, Annales Anno Ch. 57, n. 205.

89 L. 5, c. 16 — Mansi 1, 427. En el L. 7; c. 24 léese: "Sabbatum tamen, et dominicos festos dies agitate, quod ille quidem dies recordatio fit fabricationis mundi, hic vero resurrectionis." Mansi 1, 502.

terminan las penas correspondientes a quienes quebrantaran esta ley: "Si algún clérigo ayunare en domingo o sábado, uno, sea depuesto. Si fuera seglar, sea excomulgado." [90]

S. Epifanio da la razón de esta legislación tan opuesta al ayuno sabatino diciendo que fué en posición a los herejes de aquel entonces, quienes negaban el Dios verdadero era aquel que hizo el mundo en seis días y el séptimo descansó; y dice, cómo los Marciocistas ayunaban expresamente los sábados, para que los demás no pensaran que ellos se alegraban del descanso y obras del Creador. [91]

En Jerusalén regía esta misma costumbre, según testimonio de la peregrina Eteria: "En los domingos y sábados no se ayuna, excepto uno; fuera de éste, aquí nunca se ayuna en día de sábado. [92]

El Concilio Trulano (706) renovó la prohibición del ayuno sabatino, llegando a intentar el que los Occidentales se sujetaran a esta regla, recordándoles las penas severísimas conminadas a los que ayunaban en sábado. [93]

---

90 Can. 66 — MPG 137, 169-170. Pueden leerse los comentarios del Patriarca Antioqueno Teodoro Balsamon, del monje Juan Zonaras y de Aristeno, que ilustran el mismo lugar.

91 **Adversus haereses**, L. 1, t. 3, haeres. 42 — MPG 41, 699. Cf. Baronio. **Annales**, Anno Ch. 57, nn. 205, 206 y 208.

92 **Peregrinatio S. Silviae**, c. 27 — Geyer, **Itinera Hierosolymitana, saec. IV-VIII**, p. 78. Como en el curso de esta disertación saldrán varias citas de este importante documento histórico, se da aquí esta pequeña información histórica: El sabio Italiano Gamurrini fué en 1884 el descubridor del códice que él publicó con el título "Peregrinatio S. Silviae Aquitanae ad loca sancta", atribuyéndoselo a Santa Silvia de Antioquía. En 1903, un Benedictino Dom M.Ferotim, en un estudio titulado "Le Veritable Auteur de la 'Peregrinatio Silviae' La Vierge Espagnole Etheria" — **Revue des Questions Historiques**, LXXIV (1903), pp. 367-397, probó que el verdadero autor, o mejor dicho, la verdadera autora de la Peregrinación de Silvia era una virgen gallega (Española) por nombre Eteria; lo mismo atestigua Dom De Bruyne, en su artículo "Nouveaux Fragments de l'Itinerarium Eucheriae" — **R.B.**, XXVI (1909), pp. 481-484; y Don Morin en "Un Passage énigmatique de S. Jérome contre la Pelerine Espagnole Eucheria?" **R.B.**, XXX (1913), pp. 174-186. Este códice contiene la relación de la peregrina Eteria, quien visitó los Santos Lugares de Palestina hacia el año 383 de nuestra era. Para más detalles, Cf. la disertación que a este propósito escribió P. Geyer en **Itinera Hierosolymitana, saec. IV-VIII**, (Pragae, Vindobonae, Leipsiae, 1898), en el Prefacio, pp. 8-14. También puede verse: Cabrol, **Les Origines Liturgiques**, pp. 176-177.

93 Can. 55 — Harduinus 3, 1682.

Esta costumbre tan arraigada en el pueblo Oriental, de no ayunar en sábado, ha sido siempre respetada por los Romanos Pontífices. [94]

ARTICULO III. CUARESMA

La festividad de la Pascua, que ya entre los Hebreos había ocupado el lugar más prominente del año entero, fué desde los comienzos de la Iglesia Cristiana el centro de todas las solemnidades, [95] por conmemorarse en tal día la Resurrección del Salvador.

Para esta grandiosa fiesta los fieles acostumbraban prepararse con ayunos y penitencias, en memoria de la pasión y muerte de Jesucristo. Este ayuno, conocido desde los primeros siglos con el nombre de Cuaresma. es tenido como el más solemne, el más sagrado, el más célebre y principal de todo el año. [96] Sobre este ayuno preparatorio para Pascua de Resurrección(se ha legislado en la mayoría de los Concilios, y de él se han ocupado la mayoría de los escritores eclesiásticos.

Dadas las muchas vicisitudes por que ha pasado la Cuaresma, tanto en su duración como en el rigor de su observancia, [97] nada extrañará el que exista desconformidad en los tratadistas acerca de varios puntos confusos que hasta ei presente todavía no han sido satisfactoriamente elucidados.

Para tener una idea general del ayuno cuaresmal, convendrá examinar: cuál haya sido su origen, y cuál su duración.

---

94 Cf. Nilles, Kalendarium Manuale, II, 88, nota. 2.

95 ' S. León, serm. 47 — MPL 54, 294-295.

96 Cf. S. Jerónimo, epist. 41 — MPL 22, 475; S. León, serm. 43, c. 2 — MPL 54, 286.

97 Cf. Duchesne, Origines du Culte Chrétien, p. 254.

§1—*Origen*

En los tres primeros siglos de la era cristiana no se halla ningún monumento eclesiástico donde se hable de la Cuaresma como de origen apostólico; mas, como quiera que los Apóstoles y primeros cristianos ya observaran los ayunos del viernes y sábado, es decir, los días de la muerte y sepultura de Cristo—lo cual queda probado en el artículo anterior—, podría ser que llevados del deseo de imitar lo más exactamente posible a su divino maestro, en tiempos apostólicos llegaran ya a extenderse hasta completar el número de cuarenta días. [98]

A fines del siglo IV, San Jerónimo es quien nos da una prueba terminante de que en su tiempo imperaba la idea de ser la Cuaresma de institución apostólica:

> "Nos unam quadragesimam secundum traditionem Apostolorum toto nobis orbe congruo, ieiunans; illi (Montanistae) tres in anno faciunt quadragesimas, quasi tres passi sint Salvatores." [99]

El historiador Sócrates, se expresa en parecidos términos. [100]

El más acérrimo defensor de la Cuaresma como originaria de los Apóstoles es San León, no admitiendo en sus escritos ningún género de duda en lo tocante a este particular. En el sermón 44, después de exortar a los fieles la estricta observancia de este ayuno, da la razón: "Ut apostolica institutio quadranginta dierum ieiuniis impleatur." [101]

San Isidoro Hispalense trata de la universalidad que gozaba la Cuaresma por ser de tradición apostólica. [103]

---

98 Cf. Thomassin, Trattato dei Digiuni della Chiesa, I, c. 4, pp. 14-15; Nilles, Kalendarium Manuale, II, 76.

99 Epist. 41, n. 3 — MPL 22, 475.

100 Hist. Ecl., L. 5, c. 22 — MPG 67, 633-634.

101 Serm. 44, n. 2 — MPL 54, 286.

102 Serm. 47, n. 1 — MPL 54, 295.

103 "Quae in universo orbe institutione apostolica observatur." Etymologiarum, L. 6, n. 69 — MPL 72, 258.

De los que afirman con más decisión haber sido ésta establecida por los Apóstoles, es el Abad S. Doroteo, escribiendo de la manera siguiente:

> "In lege scriptum est imperasse Deum filiis Israel, ut singulis annis decimas darent omnium quae possiderent... Hoc agnoscentes *apostoli sancti* consuluere commodis et utilitatibus animarum nostrarum, quo decimationem hanc excellentius et magnificentius redderemus... Atque hoc inter se tractantes consecrarunt nobis ex trecentis sexaginta diebus, septem has hebdomadas ieiuniorum." [104]

Los Concilios pasan esta cuestión en completo silencio, y siempre que determinan algo relacionado con la Cuaresma, es para dar normas y nuevas reglas que atañen a la mayor observancia del ayuno cuadragesimal. A modo de muestra basta el C. Gangrense, que prohibe ayunar en domingo e impera a todos sin excepción el guardar los ayunos comunes de la Iglesia; [105] el IV de Orleans que se dedica a unificar a las Iglesias en el número de ayunos; [106] y el Concilio VIII Toledano (653) ordenando a los fieles la estricta observancia del ayuno cuadragesimal con estas palabras:

> "Quisquis absque inevitabili necessitate, atque fragilitatis evidenti languore, seu etiam aetatis impossibilitate, diebus quadragesimae essum carnium praesumpserit attentare, non solum reus erit resurrectionis dominicae, verum etiam alienus ab ejusdem diei sancta communione. Et hoc illi cumulentur ad poenam, ut ipsius anni tempore ab omni essu carnium abstineat gulam: quia sacris diebus abstinentiae oblitus est disciplinam." [107]

Benedicto XIV expresa la misma idea, pues refiriéndose al ayuno cuaresmal, lo recomendaba con estas palabras:

104 Doctrina 15, n. 1 — MPG 88, 1787.
105 CC. 18 y 19 — Harduinus 1, 538.
106 C. 2 — Harduinus 2, 1436.
107 C. 9 — Harduinus 3, 964.

> "Quod olim in lege, et Prophetis adumbratum, ipsius Domini Nostri Jesu Christi exemplo veluti consecratum, ab apostolis traditum, a Sacris Canonibus ubique praescriptum, et ab universali Ecclesia ab ipso sui primordio retentum, et observatum." [108]

Su sucesor Clemente XIII, en una Encíclica que dirige a toda la Iglesia, sin titubeo alguno asegura el ayuno de Cuaresma tener origen apostólico. [109]

Esta misma opinión ha continuado prevaleciendo entre los autores eclesiásticos hasta principios de este siglo. [110]

El que tal opinión de reconocer la Cuaresma como instituida por los Apóstoles haya sido tan comunmente sostenida casi hasta la actualidad se debe principalmente, a esta regla de S. Agustin: "Quod universa tenet Ecclesia, nec Conciliis institutum, sed semper retentum est, nonnisi auctoritate Apostolica traditum rectissime creditur." [111]

Mas, esta aseveración ha sido poco menos que unánimemente rechazada por los críticos modernos, [112] quienes han comprobado cómo hasta el siglo IV no se encuentra vestigio alguno acerca de un ayuno de cuarenta días, llegando a esta conclusión, después de hacer profundos estudios y escrupulosas críticas para derrocar los pocos testimonios anteriores a la cuarta centuria que los autores contrarios aducían para probar la existencia de la Cuaresma desde los

---

108 Benedicto XIV, ep. encycl. "**Non ambigimus**", 30 mayo 1741 — **Fontes**, n. 308.

109 Clemente XIII, ep. encycl. "**Appetente sacro**", 20 dic. 1759, § 1 — **Bullarium Romanum**, Clemente XIII, p. 295.

110 Cf. Baronius, **Annales, Anno Ch. 57**, nn. 197 y 198; Laymann, **Th. M., L. 1.** 4, tr. 8, c. 2, n. 1; Fagnanus, **Commentaria**, L. 3, c. 3, n. 31; Belarmino, **De Ieiunio**, c. 14; Salmanticenses, **Cursus Th. M.**, tr 23, c. 2, n. 92, González, **Commentaria in Decretales**, L. 2, tit. 9, n. 6; Reiffenstuel, **Th. M.**, tr. 10, dist. 2, n. 37; Ferraris, **Prompta Bibliotheca**, v. **ieiunium**, art. 2, n. 2; Schmalzgrueber, **Jus Ecclesiasticum**, L. 3, tit. 46, n. 31; Scavini, **Th. M. Universa, I**, n. 293; Wernz, **Jus Decretalium**, III n. 413; De l'Isle, **Histoire du Jeune**, p. 103.

111 **De Baptismo contra Donatist.**, 1. 4, c. 24 — MPL 43, 174. Puede consultarse otro pasaje análogo en **epist. 54**, c. 1 — MPL 33, 200. Cf. Benedicto XIV, **Institutiones Ecclesiasticae.** inst. 15, n. 2; Nilles, **Kalendarium Manuale, II**, 76.

112 Thurston, "Lent" **Catholic Encyclopedia**, vol. 9, p. 152; Cabrol, **Archeologie Chretiene**, v. careme, 2139.

primeros siglos, y por lo tanto, la afirmación de que este ayuno es de tradición apostólica. De ahí el que el Doctor Calleawert haya dicho, que hoy día todo el mundo está de acuerdo en admitir que la Cuaresma, como ayuno de *cuarenta días,* no se remonta ni a los tiempos de los Apóstoles, ni a los tres primeros siglos. [113]

El primer pasaje de mayor importancia que se aduce sobre el origen de Cuaresma es del siglo II, nos le presenta San Ireneo en una carta que escribió al Papa Victor atestiguando que en su tiempo había controversia no sólo acerca del día en que la Pascua debía celebrarse, sino también sobre el ayuno preliminar, puesto que algunos solían ayunar un día, otros dos y otros varios, mientras algunos pasaban cuarenta horas sin comer:

> "Neque enim de die solum controversia est, sed etiam de forma ipsa ieiunii. Quidam enim existimant unico die sibi esse ieiunandum: alli duobus, alii pluribus: nonnulli etiam quadraginta horis diurnis ac nocturnis computatis diem suum metiuntur." [114]

Varias disputas ha habido en la interpretación de este texto. El docto Butler, [115] es uno de los autores que ha sostenido con mayor encono que S. Ireneo, al enumerar las diversas formas de ayuno, comienza su narración con aquellos que consideraban los ayunos antepascuales de solo *un día,* va gradualmente ascendiendo al decir que otros ayunaban *dos o varios días,* y finalmente, que algunos llegaban a ayunar incluso *cuarenta días.* Para reforzar su opinión, cita dos autoridades de la Congregación Benedictina Francesa de S. Mauro y algún otro escritor. [116] El clarísimo Bu-

---

113 Callewaert, "La Durée et le Caractere Du Careme Ancien dans l'Eglise Latine" — Collat. Brug., XVIII (1913), 90.

114 MPG 20, 502-523. Léase la nota 78 en el mismo lugar.

115 Feasts and Fasts, p. 136.

116 Dom Massuet, quien publicó los obras de san Ireneo en París en 1710; Dom De l'Isle, autor de la obra Histoire Dogmatique and Morale du Jeune, 1741, en L. 2, p. 104; y al famoso Obispo Protestante Dr. William Beveridge.

tler llega hasta ridiculizar a quienes no interpretan este pasaje de San Ireneo como él lo hace.

Mas, con seguridad, la causa de esta discrepacia entre los autores es debida al célebre escritor eclesiástico Rufino, quien tradujo las obras de Eusebio al latín hacia fines del siglo IV, y preocupado por la disciplina que vigía en su tiempo, dando un sentido dudoso a la frase, parece quiso hacer decir a San Ireneo que algunos ayunaban *cuarenta días*, desnaturalizando el fin de este texto.[117] De modo que hoy día, nadie lee en este texto cuarenta días, sino cuarenta horas, pues S. Ireneo no tenía concepto alguno acerca de los cuarenta días de ayuno..[118]

Otro monumento importante anterior al siglo IV sobre nuestra cuestión, sacado de las obras de Orígenes, lee así: "Habemus enim quadragesimae dies ieiuniis consecratos."[119] Según advierte el crítico Funk,[120] este pasaje pertenece a su traductor Rufino, quien cambió mucho de las obras auténticas de Orígenes, no debiéndose dar a este pasaje ninguna credibilidad, y toda la frase debe considerarse como una mera interpelación.

En Oriente, y especialmente en Antioquía y en las Iglesias que usaban el rito de Antioquía y Constantinopla, el ayuno pascual primitivo del viernes y sábado santo, a mediados del siglo III habíase extendido a toda la Semana Santa.[121] En Africa por el contrario, y así en todo Occidente, hasta ser introducida la Cuaresma en el siglo IV, continuaron observando como ayuno pascual solo dos días: el viernes y sábado santo.[122]

---

117 Cf. Duchesne, **Origines du Culte Chrétien**, p. 254, nota 1; Funk, **Die Entwicklung des Osterfastens**, en **Kirchengeschischtliche Abhandlungen und Untersuchungen**, I, 243-248.

118 Kellner, **Heortology**, p. 91.

119 **Homil. 10 in Lev.** — MPG 12, 528.

120 **Die Entwicklung des Osterfastens**, en **Kirchengeschischtliche Abhanlungen und Untersuchungen**, I, 2322-54; y en **Didascalia et Constitutiones Apostolorum**, I, 270-271.

121 Cf. **Epist. de S. Dionisio a Basilides** — MPG 10, 1275, 1277; Callewaert, "Le Careme Milan au temps de S. Ambroise", **RB** XXXII (1920), p. 18.

122 Cf. Tertuliano, **De Ieiunio**, cc. 2, 13 y 14 — MPL 2, 956, 971, 973, 974; **De Oratione**, c. 18 — MPL 1, 1176-1178; Callewaert, en lugar citado, p. 18.

En la primera parte del siglo IV es cuando aparece por vez primera un testimonio auténtico sobre la Cuaresma, y de ahí el que diga el preclaro Funk y Vacandard que la crítica moderna asevera, que antes del siglo IV no hay evidencia alguna de un ayuno de cuarenta días.[123]

El canon quinto del primer Concilio Ecuménico de Nicea (325) es el que proporciona el texto más antiguo acerca de la Cuaresma:

> "Concilia vero celebrentur, unum quidem ante quadragesimam paschae; ut omni dissensione sublatam munus offeratur Deo purissimum; secundum vero circa tempus autumni."[124]

Por lo tanto, debemos concluir que hasta este Concilio, la Cuaresma no tuvo auténtica aprobación, aunque con toda seguridad, unos años antes ya se vendría practicando en algunas regiones.

§2. *Duración*

A. *Desde el Concilio Niceno hasta el Siglo VII.*

Por lo dicho en el párrafo anterior, puede asegurarse que en el tiempo precedente a la cuarta centuria, no existió el ayuno cuaresmal; solo ayunos de uno y dos días, o de una semana entera, y algunas veces dos semanas, como hacían los Montanistas.

En el Concilio de Nicea es donde se encuentra el primer testimonio mostrando la existencia de un ayuno de cuarenta días; por eso el Dr. Pighi afirma, que a principios del siglo cuarto, el ayuno antepascual constaba de unos cuarenta días en ambas Iglesias, Latina y Griega, pues aunque la mayoría de los representantes del C. Niceno eran griegos, las determinaciones del Concilio fueron también llevadas

---

123 Funk, Didascalia et Constitutiones Apostolorum, I, 269; Vacandard, Archéologie Chrétienne, v. "careme", 2141.

124 Harduinus 1, 323; Hefele-Leclercq — Histoire des Conciles, 1, 387; c. 3, D. XVIII.

a cabo por los latinos, aunque con alguna divergencia.[125]

El mismo Juan Daille, famoso Ministro Calvinista Frances que ha escrito con tanto fanatismo en contra del ayuno cuadragesimal, no ha podido menos de admitir que en el siglo IV este ayuno fué establecido universalmente en la Iglesia, y desde entonces ha continuado observándose.[126] San Atanasio, en las Cartas Festivales que acostumbraba dirigir a sus fieles exhortándolos para la celebración de la Pascua, nos da a conocer cómo, pocos años después del Concilio Niceno, existieron dos períodos de ayunos en Egipto.

En la primera carta (A.C. 329), recuerda a sus feligreses el cumplimiento del ayuno de Semana Santa que desde el siglo tercero los Orientales venían guardando, pero sin mencionar la Cuaresma.[127] Mas, en la epístola segunda (A.C. 330) ya habla de estos dos períodos, uno Cuaresmal, que duraba seis semanas, y otro más estricto: el de Semana Santa.[128] En 341, después de hacer un viaje por Roma y parte de Europa, dirige otra carta a su amigo Serapión, Obispo de Thumis,[129] quien era el encargado de la vigilancia de las Iglesias en Egipto durante su ausencia, urgiendo a los fieles la observancia estricta de los cuarenta días de ayuno, por ser una práctica universal; y seis años más tarde, declara: "At vero qui Quadragesimae observantiam aspernabitur, is Pascha non celebravit", o en otras palabras, que sería excomulgado por cierto tiempo el que no observara la Cuaresma.[130]

El historiador Sozomeno dice que en Fenicia, Constantinopla y todo el Oriente, salvo muy pocas excepciones, era muy común un ayuno moderado de seis semanas como preparación para el ayuno de severidad extraordinaria que se

---

125 Pighi, Institutiones Hist. Eccl., I, 186.
126 Dallaeus, De Ieiuniis et Quadragesima, p. 498.
127 MPG 26, 1360-1366.
128 MPG 26, 1366-1371.
129 Epist. 18 — MPG 26, 1414-1418.
130 Cf. Duchesne, Origines du Culte Chrétien, p. 255, nota 3.

guardaba durante Semana Santa; de esta manera, la Cuaresma Oriental en el siglo cuarto perduraba *siete* semanas. [131]

La Cuaresma (en Oriente) empezaba el lunes después del *séptimo* domingo antes de Pascua, y terminaba el viernes que precedía a la Semana Mayor, formando éste el primer período; y del lunes al sábado Santo, el segundo. [132]

Las Constituciones Apostólicas [133] y san J. Crisóstomo, [134] hablan igualmente de estos dos períodos que forman un todo, o sea, una Cuaresma de siete semanas antes de Pascua.

San Epifanio especifica los dos períodos de ayunos antepascuales con varios detalles, en los siguientes términos:

> "Caeterum autem septem Paschatis dies Quadragesimam observare atque in ieiuniis perseverare eadem consuevit Ecclesia; Dominicis vero nullis, omnino, adeoque nec ipsius quidem Quadragesimae ieiunare solet. Praeterea seillos Paschatis dies xerophagia, hoc est arido victu transigunt populi omnes, hoc est panem dumtaxat cum sale et aqua sub vesperam adhibent. Imo vero nonnulli ad biduum vel triduum vel quatriduum usque ieiunia prorogant..." [135]

El Concilio Trulano habla también de la Cuaresma como de uso general, e impone esta pena a quienes osen descuidarla: "Si sint clerici, deponantur: sin autem laici, segregentur." [136]

En Roma, la Cuaresma ya había sido celebrada antes de la mitad del siglo cuarto. [137] La epístola trece de las Cartas Festivales de san Atanasio, que escribió el año 341 des-

---

131 Hist. Eccl., L. 7, c. 19 — MPG 67, 1477.
132 Callewaert, "La Careme a Milan au temps de S. Ambroise" — RB, XXXII (1920), p. 18.
133 L. 5, c. 12 — Mansi 1, 423.
134 Homil. 30 in Genes., n. 1 — MPG 53, 273.
135 Expositio fidei, c. 22 — MPG 42, 827.
136 Can. 56 — Harduinus 3, 1683.
137 Callewaert, "La Careme a Milan au temps de S. Ambroise", RB, XXXII (1920), p. 20.

de Roma, nos da una prueba clara de una cuaresma de *seis* semanas que en esta época estaba en pleno vigor en la capital del mundo cristiano; esta misma práctica existía en Alejandría y demás Iglesias Occidentales. [138]

La sola diferencia que había entre los Griegos y Latinos consiste en que en esta Cuaresma Occidental de seis semanas iba incluida la Semana Santa, como atestiguan los historiadores Sócrates y Sozomeno. [139]

De ahí el que Casiano dijera que unos (los Occidentales), ayunaban la Cuaresma durante *seis* semanas, y otros (los Orientales), *siete* semanas. [140]

A pesar de esta diferencia de número en las semanas, puede concluirse que hasta el siglo VIII, los ayunos de Cuaresma eran los mismos en la Iglesia Latina que en la Oriental; pues como quiera que los Occidentales ayunaban seis semanas de seis días cada una, — pues ya se ha dicho que estos solamente exceptuaban del ayuno el domingo, — [141] resulta que la Cuaresma se constituía de *treinta y seis* días de ayuno; y aunque los Orientales tenían una Cuaresma de siete semanas, contando únicamente cinco días por semana, — puesto que no observaban ayuno alguno ni los sábados ni

---

138 El Códice Forojulense parece recordar también esta práctica al poner, el lunes después del primer domingo de Cuaresma, el siguiente epígrafe: **Caput quadragesime**, indudablemente por empezar el ayuno de Cuaresma el lunes. Cf. D. De Bruyne, "Les notes liturgiques du **Codex Forojuliensis**", **RB**, XXX (1913), p. 212. El actual Misal Romano todavía conserva un vestigio de esta duración original de Cuaresma en la oración llamada **Secreta** de la Misa del primer domingo de Cuaresma, pues supone que entonces tiene ésta su comienzo, al decir: "Sacrificum **quadragesimalis** initii solemniter immolamus..." Otros vestigios existen en el nuevo Breviario Romano, pues los capítulos, himnos, versículos, etc., de Cuaresma, no comienzan sino desde esta domínica.

139 Sócrates, **Hist. Eccl.**, L. 5, c. 22 — MPG 67. 633; Sozomeno, **Hist. Eccl.**, L. 8, c. 19 — MPG 67, 1477.

140 **Collat.** 21, c. 27 — MPG 49, 1200.

141 Cf. C. **Agatense**, can. 12 — Harduinus 2, 999; c. 9, D. III, **de cons**; C. IV **Aurelianense**, can. 2 — Harduinus 2, 1436; S. Agustín, **epist.** 36 — MPL 33, 136; c. 15, D. III, **de cons**; S. Gregorio M., **homil.** 16 **in Evang.**, 5 — MPL 76, 113; c. 16, D. V, **de cons**; S. Isidoro, **De eccles. off.**, L. 1, c. 37, n. 4 — MPL 83, 772; c. 14, L. III, **de cons**.

los domingos (fuera del sábado santo) —, [142] vienen a ser treinta y seis días. [143]

San Gregorio Magno viene a corroborar esta aseveración con un pasaje en el que no da lugar a duda alguna que el ayuno cuaresmal duraba treinta y seis días, los cuales constituían el *diezmo del año:*

> "A praesenti etenim die usque ad Paschalis solemnitatis gaudia sex hebdomadae veniunt, quarum videlicet dies quadraginta et duo fiunt. Ex quibus dum sex dies Dominici ab abstinentia subtrahuntur, non plus in abstinentia, quam triginta et sex dies remanent... quasi anni nostri decimas Deo damus." [144]

Entre los Orientales sobresalen varias autoridades que concuerdan en absoluto con esta misma idea y práctica. Por la importancia que tiene el testimonio clarísimo del monje Doroteo acerca de este particular, vamos a transcribirlo:

> In lege scriptum est, imperasse Deum filiis Israel, ut singulis annis decimas darent omnium, que possiderent... Hoc agnoscentes apostoli sancti consuluere commodis et utilitatibus animarum nostrarum, quo decimationem hanc excellentius et magnificentius redderemus: dum scilicet dierum vitae nostrae decimas daremus... Atque hoc inter se tractantes consecrarunt nobis ex trecentis triginta diebus septem has hebdomadas ieiuniorum... Octo

---

142 Cf. C. **Laodicense**, cans. 49 y 51 — Harduinus 1, 789; S. Basilio, **De Ieiunio**, homil. 1, n. 10 y homil. 2, n. 4 — MPG 31, 181 y 189; S. Ambrosio, **De Elia et Ieiunio**, c. 10, n. 34 — MPL 14, 743; **Peregrinatio S. Silviae**, c. 27 y 44 — Geyer, **Itinera Hierosolymitana saec. IV-VIII**, p. 78 y 95; **Constit. Apost.**, L. 5, c. 16 — Mansi 1, 427 y 439; **Canones Apost.**, can. 66 — MPG 137, 169-170; S. Epifanio, **Adversus Haereses**, L. 3, **expositio fidei**, 22 — MPG 42, 827.

143 Cf. Duchesne, **Origines du Culte Chretién**, p. 257.

144 **Homil. 16 in Evang.**, 5 — MPL 76, 1137. Graciano en su Decreto, además de poner lo que S. Gregorio dice, atribuye al mismo Papa la adición de los cuatro días para completar el número cuarenta de ayunos, lo cual no tuvo lugar hasta después de la muerte de Gregorio Magno, y tampoco se encuentra en las homilías de este pontífice. Consúltese sobre esto a Nilles, **Kalendarium Manuale**, II, 81, nota 1: y las Notaciones de los Correctores Romanos al canon 16, D. V., **de cons.**, del Decreto Graciano, en la edición de Friedberg; además Duchesne, **Origenes du Culte Chrétien**, p. 257, nota 3.

enim hebdomades, subractis Sabbatis et Dominicis, quadraginta dies perficiunt, praehonorato quoque in se ipse ieiunio Sabbati sancti... Septem autem hebdomadae absque Sabatis et Dominicis triginta quinque dies complent, quibus adjecto Sabbato sancto et media parte illustris illius et splendidissimae noctis triginta sex cum dimidio computantur dies; quae decima pars est, si recte numeres, trecentorum sexaginta quinque dierum anni..." [145]

El Concilio VIII Toledano preceptuó la observancia de esta Cuaresma de treinta y seis días bajo pena de no recibir la comunión pascual y otros castigos. [146]

De manera que, desde el siglo VI al VII, la Cuaresma en Occidente sólo tenía treinta y seis días efectivos de ayuno; lo cual ha sido unánimemente admitido por los autores posteriores hasta nuestros días. [147]

---

145 **Doctrina** 15 — MPG 88, 1787-1788. Véanse también Casiano, **Collat.** 21, c. 24, 25 — MPG 49, 1200-1201; S. Isidoro, **De eccles. off.**, L. 1, c. 37, n. 4 — MPL 83, 772; Teodolfo de Orleans, **Capitula ad Presbyteros**, 39-40 — MPL 105, 204; Alcuino, **De divinis off.**, c. 12 — MPL 101, 1191.

146 Can. 9 — Harduinus 3, 964.

147 Cf. Amalario, **De eccles. off.**, L. 1, c. 7 — MPL 105, 1002-1003; Ratramno, **Contra Graecorum Opposita**, L. 4, c. 4 —MPL 121, 319; Casiano, **Collat.** 21, c. 24, 25 — MPL 49, 1200-1201; Fagnanus, **Commentaria in III Librum Decretalium**, c. 3, n. 36; **De Ieiuniis**, c. 15; Thomassin, **Trattato dei Digiuni della Chiesa**, I, c. 7, y 9, pp. 31 y 50; Pasqualigo, **Praxis Ieiunii**, decis. 166, n. 8; Ferraris, **Prompta Bibliotheca**, v. **ieiunium**, art. 2, n. 3; Fagnanus, **Commentaria**, L. 111, c. 3, nn. 33 y 36; Bertalazome, **Digiuno Quadragesimale**, pp. 192-194; Watkins, **A History of Penance**, II p. 572; Carpo, **Bibliotheca Liturgica**, p. 363; Niles, **Kalendarium Manuale**, II, 86; Kellner, **Heortology**, p. 95; Duchesne, **Origines du Culte Chrétien**, p. 257; Atoñana, **Liturgia Sagrada**, n. 715. Según el Dr. Callewaert, esta opinión, hasta la actualidad comunmente sostenida, de que en la Cuaresma Occidental desde el siglo IV al VII se ayunaba solamente 36 días, debe más bien ser rechazada; mas se debe advertir, que no existe aún número suficiente de obras ni autores para juzgar sobre este nuevo punto de vista. Véase Callewaert, "La Careme a Milan au temps de S. Ambroise", **RB** XXXII (1920), 15, nota 3; "La Careme a Turin au Ve s. d'apres S. Maxime" (ibid., pp. 132-144; "La semaine mediana dans l'ancien careme romain et les Quatre-Temps", **RB** XXXVI (1924), p. 220, nota 2; **Liturgicae Institutiones**, n. 81, nota 2. El estudio que este autor hizo para sostener su opinión, se halla en "La Durée et le Caractere du Careme Ancien dans L'Eglise Latine" **Collat. Brug.**, XVIII (1913), 90-108, 311-323, 455-463; XIX (1914), 193-206, 263-272.

Bueno será hacer notar, que según los historiadores, [148] una de las costumbres bastante comunes en la Iglesia Latina, fué la de *alterar* en Cuaresma las semanas de ayuno con otras no tan rigurosas, reduciendo así la Cuaresma; de modo que contando el ayuno estricto, venía a ser tres semanas. [149] Este era un abuso bastante general, introducido en algunas regiones, contra el cual se dirigieron algunos Santos Padres; así increpaba S. Máximo a los fieles de Turín:

> "Hoc enim ideo dico, quia audio *complures quod gravius* est, fideles *alternis* in *Quadragesima hebdomadibus* abstinere, et consecratum illum dierum numerum gulae intemperanti violare, hoc est *prandere septem dierum curriculo,* et *septem dierum spatio ieiunare.*" [150]

Otra costumbre que por el Obispo de Hipona sabemos existió, consistía en eximir el Jueves Santo de todo ayuno, sin atreverse este Santo Padre a oponerse a tal costumbre. [151] El C. III Cartaginese (397) en cierto modo había autorizado este uso de algunas Iglesias de Africa: "Ut sacramenta altaris non nisi a ieiuniis hominibus celebrentur, excepto uno die aniversario, (quo caena Domini celebratur)". [152] Esto más bien debe referirse al ayuno eucarístico como una reminiscencia de los ágapes, pues el ayuno eclesiástico parece no había de interrumpirse, como se ve en el texto siguiente: "Aliis in locis quinta feria divini mysterii cultus hora nona celebratur, atque ita missio populi fit, ut in aridorum usu persistant." [153]

---

148 Cf. Sócrates, Hist. Eccl., L. 5, c. 22 — MPG 67, 634; Sozomeno, Hist. Eccl., L. 7, c. 19 — MPG 67, 1478; S. Pedro Crisólogo, serm. 166 — MPL 52, 636. Sócrates en el lugar citado pone "Sábados y domingos exceptuados", con lo que muestra deficiencia en su aserto, pues la excepción del ayuno en día de sábado, no está conforme con la costumbre Romana. Mírese sobre esto Baronio, Annales, Anno Ch. 57, n. 207; Duchesne, Origines du Culte Chrétien, p. 256, nota 1.

149 Callewaert, "La Careme a Turin au Ve siecle d'apres S. Maxime", RB XXXII (1920), 139-140.

150 Serm. 26 — MPL 57, 583.

151 Epist. 54, cc. 6 y 7 — MPL 33, 203-204.

152 Can. 29 — Harduinus 1, 964.

153 S. Epifanio, Expositio fidei, c. 22 — MPG 42, 827.

El C. de Laodicea (372) afrontó este abuso al ordenar que se ayunara la Cuaresma entera, y no la violaran quebrantando el ayuno del Jueves Santo. [154]

Quien casi abolió por completo esta costumbre fué el Concilio VIII de Toledo, al castigar con excomunión a quienes rompieran el ayuno cualquier día de Cuaresma. [155]

B. *Desde el siglo VIII a la promulgación del Código.*

Miércoles de Ceniza.

Por lo que llevamos dicho, aparece que en general hasta fines del siglo VII, los ayunos Cuaresmales empezaban el lunes después de la domínica primera de Cuaresma, de manera que en realidad, sólo se ayunaba treinta y seis días.

Para que el ayuno denominado impropiamente cuaresmal se convirtiera en cuarenta días efectivos y de este modo imitar más exactamente al divino Maestro, se adelantó el principio de este ayuno cuatro días, o sea, al miércoles que antecede a la primera domínica de Cuaresma.

No se sabe qué Papa determinó esto. [156] En un documento del siglo VIII es donde se lee por primera vez esta adición, y es en el Sacramentario Gregoriano. Este contiene una Misa propia para el miércoles antes de la I domínica de Cuaresma bajo el título *Feria IV Caput Ieiunii;* y en diversas partes de ella se refiere al comienzo del ayuno cuadragesimal, especialmente la *Collecta,* en la que se lee: "Concede nobis Domine, praesidia militiae Christianae sanctis inchoare ieiuniis...." [157] Sin embargo, debe advertirse que San Gregorio el Grande no conoció todavía esta práctica,

---

154 Can. 50 — Harduinus 1, 789; c. 8, D. III, de cons. Esta misma prohibición fué confirmada en el II C. Bracarense, can. 50 — Harduinus 3, 397; c. 7, D. III, de cons., y para si aun quedaba reliquia de esta costumbre, en una de las Capitulares de Carlomagno (A. C. 803) se avisaba: "Ut nullus praesumatur in Caena Domini ieiunium solvere." "Capitula data Presbyteris", MGH, Legum t. 1, p. 125.

155 Can. 9 — Harduinus 3, 964.

156 Duchesne, Origines du Culte Chrétien, p. 258.

157 MPL 78, 307.

pues aun no existían en su tiempo estos cuatro días antes de Cuaresma, como él mismo testifica; [158] por eso, el monje Benedictino Hugo Menardo afirma ser cierto que esta Misa fué añadida después de la muerte de S. Gregorio. [159]

El Códice Blandinensis que sirvió de base al Antifonario de Pamelio y parece ser de finales del siglo VIII o principios del IX, pone la indicación *Caput ieiunii* en el miércoles de Ceniza, lo cual indica, que ya entonces los ayunos comenzaban en tal día. [160] Otro de los primeros monumentos que se hallan sobre esta adición, nos lo presta Amalario en este párrafo:

> "Quarta feria inter Quinquagesimam et Quadragesimam ieiunium, quod protenditur in Pascha Domini, inchoamus... sanctus Gregorius tantummodo triginta et sex dies abstinentiae nobis insinuat quadragesimalis temporis: forsan, quia nondum erant additi quatuor dies a supra dicta feria quarta usque ad dominicam Quadragesimae." [161]

En una Capitular de Carlomagno del año 799, ya se lee el siguiente estatuto: "Ut feria quarta ante initium quadragesimae, quem Romani caput ieiunii nuncupat, solemniter celebretur." [162]

También corrobora esta posición el que desde el siglo VIII viniera a ser el Miércoles de Ceniza el día señalado para admitir a hacer penitencia, a los pecadores que habían de ejercer penitencia pública: "IV feria mane in capite quadragesimae" dice el Sacramentario Gelesiano, [163] en la que persistían durante la Cuaresma entera a manera de preparación para la Comunión Pascual. [164]

---

158 Homil. 16 in Evang. — MPL 76, 1137. Cf. Duchesne, Origines du Culte Chrétien, p. 257, nota 3.

159 En las Notas y Observaciones al Sacramentario de S. Gregorio, en MPL 78, 307.

160 Véase Ferreres, Historia del Misal Romano, n. 792.

161 De ecclesiasticis off., L. 1, c. 7 — MPL 105, 1002-1003.

162 Statuta Salisburgensia, II — MGH, Legum t. I, p. 80.

163 Wilson, The Gelasian Sacramentary, p. 15.

164 Cf. Teodoro, Arzob. Cantuariense, Capitula, c. 11 — MPL 99, 940; Teodolfo, Capitula, c. 36 — MPL 105, 203; Reginon Prumensis, de ecclesiasticis dis-

La imposición de la ceniza, que era una de las rúbricas que formaban parte en la admisión de los Penitentes para hacer pública penitencia, en el siglo XI extendióse también a los Religiosos, según puede apreciarse en el Códice Avellanense,[165] y en tiempo de Urbano II, incluso los seglares recibían la imposición de Ceniza.[166]

En el Concilio Meldense del año 945, se pedía al Rey Carlos Calvo cesaran de administrar justicia los Tribunales durante el tiempo de Cuaresma, y que comenzara a vigir esta práctica el miércoles anterior al primer domingo de Cuaresma, pues era cuando esta tenía su principio: "Post quartam feriam, qua caput ieiunii nominatur."[167]

En el siglo XI, el autor del *Micrologus* da a entender claramente que ya desde mucho tiempo antes estaba generalizada la costumbre de empezar el ayuno cuaresmal el miércoles precedente a la primera domínica de Cuaresma, para cumplir un ayuno de cuarenta días, como Jesucristo practicó; entre otras cosas dice:

> "In capite ieiunii Missam dicimus ad nonam, et, omnia facimus ut in Quadragesima. Cum enim illi

ciplinis, L. 1, c. 282 — MPL 132, 245; Burchardus Wormatiensis, **Decretorum**, L. 19, c. 26 — MPL 140, 984; c. 64, D. 1; Thomassin, **Vetus et Nova Disciplina**, I, p. 498; Watkins, **A History of Penance**, II pp. 580-584, 694-695, 755. Esta práctica perduró varias centurias, y aun queda una reminiscencia en el **Pontificale Rom., tit. 2, De expulsione publicae poenitentium ab Ecclesia Feria IV Cinerum.**

165 MPL 151, 955.

166 **C. Beneventano,** can. 4 — Harduinus 6, 1696. Desde entonces, esto mismo ha continuado rigiendo. Véase, De Herdt, **Praxis S. Liturgiae,** III, N. 20, y Antoñana, **Liturgia Sagrada,** n. 716.

167 Can. 8 — Harduinus 4, 1499. Casi desde el principio del cristianismo los días de ayuno fueron considerados días de especial religiosidad; así el 27 de marzo del año 380, los Emperadores Graciano Velentianiano y Teodosio ordenaron que durante los días que precedían Resurrección, los tribunales de justicia y los jueces suspendieran todos los pleitos, sentencias, castigos y suplicios. **Codex Theod.,** 425, L. IX, tit. 35. Teodosio y Arcadio extendieron este decreto, prohibiendo además, el que se celebraran juegos públicos y representaciones teatrales. **Codex Theod.,** 19 y 24 L. II, tit. 8. Más tarde, Justiniano renovó esta misma prohibición. **Codex,** 6, L. III, tit. 12. — El Patriarca Focio dice, que lo mismo mandó el Emperador Manuel Commeno — MPG 104, 1667-1071. En los tiempos posteriores los días de ayuno, especialente la Cuaresma, también fueron distinguidos con ese carácter de día festivo; e incluso en el nuevo Código Canónico vemos aún una remniscencia de ello, al considerar en el can. 1243 los días de ayuno como tiempo sagrado.

> quator dies pro complemento Quadragesimalis ieiunii recipiantur, necessario Quadragesimalem observatiam obtinebunt... Ergo et in his quatuor diebus similiter ieiunare debemus, si cum iis Quadragesimale ieiunium adimplere volumus." [168]

Y en las postrimerías de la misma centuria, el Concilio de Clermont prescribía terminantemente: "Ut nullus Christianus a capite ieiunii usque ad Pascha carnem comedat." [169]

Por lo tanto, se ve que desde el siglo VIII y en los siguientes, ya vino a ser común el que Cuaresma tuviera su comienzo en el Miércoles de Ceniza, conocido en los Códices, Antifonarios, Leccionarios, etc., con el título de *Feria IV Caput ieiunii*, o *Feria IV in capite ieunii.* [170]

Aun cuando toda Europa aceptó como principio del ayuno cuadragesimal el miércoles antes de la I domínica de Cuaresma, sin embargo, Milán aparece como excepción y probablemente la única, puesto que en tiempo de S. Carlos Borromeo, es decir, en la segunda mitad del siglo XVI, el I Concilio Milanense es el que por vez primera impuso esta adición al establecer que todos comenzaran cuaresma en la feria IV después de Quinquagésima.

Esta denominación del miércoles después del domingo de Quinquagesima *in capite ieiunii*, ha sido cambiada por el actual Misal con la de *Feria quarta cinerum*, esto es, Miércoles de Ceniza. [172]

---

168 Micrologus, c. 49 — MPL 151, 1013. Cf. Lanfranco, **Decreta**, sect. 3 — MPL 150, 453.

169 Can. 23 — Harduinus 6, 1719.

170 Cf. Ferreres, **Historia del Misal Romano**, nn. 792, 795, 805, 808.

171 Parte II de las Constituciones, n. 7—Harduinus 10, 655. En la misma ciudad de Milán la Cuaresma no empieza todavía el Miércoles de Ceniza, sino el domingo siguiente. Duchesne, **Origines du Culte Chrétien**, p. 258, nota 3.

172 En la edad media se hacía notar a los fieles el principio de Cuaresma por la colgadura de una cortina entre la nave de la Iglesia y el coro en el Miércoles de Ceniza, o según otros, en el primer domingo de Cuaresma. Esta era conocida con el nombre de **Velo Cuaresmal**, vulgarmente "el velo del hambre", y así quedaba hasta el viernes santo, aunque en algunos lugares se sacaba los domingos por no ser días de ayuno. Este velo era generalmente sencillo, aunque a veces ostentaba representaciones sagradas artísticamente dibujadas. En varias partes, como Westfalia, Hanover, Méjico y Cataluña, aun perdura esta costumbre. Cf. Kellner, **Heortology**, p. 104

Quincuagésima, Sexagésima y Septuagésima...

Estas tres semanas fueron instituidas a manera de preparación o preludio para el santo tiempo de Cuaresma.[173] A fines del siglo IV se encuentra un texto por el que se ve la Sexagésima ya estaba en aquel entonces introducida en algunas partes del Oriente. Como en la Iglesia Oriental no se ayunaba ni los sábados ni domingos del año (fuera del sábado santo), para que los ayunos de Cuaresma duraran cuarenta días, empezaron a guardar el ayuno que precedía a Pascua de Resurrección *ocho semanas* antes de la Pascua en lugar de seis, a saber, desde el lunes después de la domínica de *Sexagésima;* de manera que ayunando cinco días por semana, venían a ser un total de cuarenta ayunos, y añadiendo el del sábado santo, resultaban cuarenta y uno. Así narra la peregrina Eteria:

> "Item dies paschales cum venerint, celebrantur sic. Nam sicut apud nos quadragesimae ante pascha attenduntur, ita hic octo septimanae attenduntur ante pascha. Propterea autem octo septimanae attenduntur, quia dominicis diebus et sabbato non ieiunantur excepta una die sabbati, qua vigilia paschales sunt et necesse est ieiunari..."[174]

Esta domínica de Sexagésima es conocida entre los Griegos con el título Domínica *carnisprivii,* por ser el último día antes de Pascua en que les es lícito tomar carne.[175]

En la séptima semana que precedía Resurrección, o sea, en *Quincuagésima,* la Iglesia Oriental acentuaba el rigor del ayuno, puesto que desde entonces, además de la privación de carne érales también ilícito el uso de huevos, queso y lacticinios; por esto llámanla *Dominica casei comestrix,* por terminar en este día la facultad de comer queso, huevos y

---

173 Nilles, Kalendarium Manuale, II, 14-15.

174 Peregrinatio S. Silviae, c. 27—Geyer, p. 78; Ratramno, Contra Graecorum Opposita L. 4, c. 4 — MPL 121, 319.

175 Nilles, obra cit., 30.

lacticinios.[176] Más tarde, sin embargo, en algunas regiones el ayuno antepascual duraba nueve semanas, es decir, comenzaba en *Septuagésima*, como el monje Ratramno indica: "Quidam ieiunium Paschale inchoant sexta hebdomada ante Pascha, nonnulli septima, plures octava; supperaddunt etiam alii *nonam*."[177]

En la Iglesia Latina, la semana de *Quincuagésima* ya desde antiguo fué generalmente observada por los *clérigos*, según se lee en el Apéndice a las epístolas de S. Gregorio:.

> "Sacerdotes et diaconi et reliqui omnes quos eclesiastici gradus ieiunandi suscipiant, quo et aliquid ad pensum sanctae institutionis adjiciant et eorum qui in laicali ordine consistunt observantiam sicut loco, ita religione praecellerent."[178]

Mas, para que hubiera más uniformidad en la Iglesia, este ayuno peculiar de los clérigos fué suprimido por el Concilio I de Orleans al establecer: "Id a sacerdotibus omnibus decretum est, ut ante Paschae solemnitatem, non quinquagesima, sed quadragesima teneatur."[179]

En el siglo IX, los latinos en cierto modo habían aceptado las tres semanas orientales de Septuagésima, Sexagésima y Quincuagésima,[180] pues aun sin ser días de ayunos, las distinguieron con ciertas austeridades en preparación a la Cuaresma; así atestigua el Presbítero Amalario que a principios del Siglo IX la Iglesia omitió el *Alleluja* y *Gloria in excelsis Deo* en la Misa y Oficio Divino desde Septuagésima a Pascua de Resurrección.[181] A mediados de la undé-

---

176 Ratramno, lugar cit., — MPL 121, 317-318; y Nilles, lugar cit., 50.

177 Contra Graecorum Opposita, L. 4, c. 4 — MPL 121, 317-318.

178 MPL 77, 1350-1351; c. 6, D. IV. La Quincuagésima se llama en la Iglesia Latina Dominica ante carnes tollendas (vulgarmente Carnaval), carnis privium, privicarnium, por la sencilla razón de que los clérigos al ser privados de la carne desde esta semana empezaron a decir dirigiéndose a las carnes: vale (adiós). Cf. Nilles, obra cit., 55. El autor de las Falsas Decretales para dar más autoridad a esta práctica de empezar a ayunar el clero desde la semana de Quincuagésima, aprovechándose del Libro Pontifical, c. 9, hizo dos decretales atribuyéndoselas al Papa S. Telésforo. Más tarde, Graciano las incluyó en su Decreto. Véase Friedberg, Corpus Juris Canonici, pars prior, cc. 4 y 5, D. IV; Nilles, obra cit., 56.

179 Can. 24 — Harduinus 2, 1011; c. 6, D. III, de cons.

180 Consúltese Alcuino, epist. 80 y 81 — MPL 100, 260-265.

181 De ecclesiasticis off., L. 1, c. 1 — MPL 105, 995.

cima centuria, según León IX, esta suspensión del Alleluja era extendida por casi todo el mundo.[182] La costumbre desautorizada de empezar los ayunos antepascuales en Quincuagésima, que los clérigos guardaban, en el siglo X varios Obispos la impusieron de nuevo al ordenar que los clérigos ayunaran siete semanas enteras antes de Resurrección, o sea, desde Quincuagésima.[183]

En el siglo XII, Pedro de Blois nos presta una información descriptiva sobre el ayuno de estas tres domínicas que regía en su tiempo, al afirmar que los Monjes y Religiosos empezaban el ayuno de Cuaresma en la Septuagésima; los Griegos en la Sexagésima; los Clérigos, en Quincuagésima; y el comun de los fieles, el miércoles siguiente a Quincuagésima, i.e., el Miércoles de Ceniza.[184]

El Concilio de Clermont (1095) presidido por el Papa Urbano II, impuso a los clérigos la obligación de guardar abstinencia de carne desde la *Quincuagésima.*

> "Vetitum est etiam laicis a die cinerum ad festum Paschae carnibus vesci. Clericis autem et in ecclesia promotis, a Quinquagesima Dominica ad diem Resurrectionis Domini."[184 bis]

Y pocos años después, el C. Salisburiense incluía también a los Religiosos en esta prescripción:

> "Et a Quincuagesima eisdem praecipimus ieiunium in cibis quadragesimalibus inchoare; salvis omnibus ieiuniis aliis a suorum regulis institutis."[185]

Sin embargo, pronto vino a desaparecer por completo esta observancia, puesto que en el siglo XI el clero seglar y los Religiosos o Monjes daban comienzo al ayuno de Cuaresma

---

182 C. 55, D. I, de cons; Cf. Cardenal Humberto, **Adversus Graecorum Calumnias**, nn. 57 y 58 — MPL 143, 968-969; Lanfranco, **Decreta**, sect. 3 — MPL 150-453.

183 Thomassin, **Nova et Vetera Disciplina**, I, 498.

184 Cf. Gueranger, **The Liturgical Year**, t: Septuagesima, p. 3.

184 bis Harduinus 6b, 1722.

185 Can. 3 — Harduinus 7, 856.

en el mismo día que los demás fieles, el Miércoles de Ceniza.[186]

Hoy día, la liturgia de Cuaresma todavía se halla saturada del espíritu de penitencia; todo el culto se hace en color morado; sin flores en los altares; no se pulsa el órgano ni instrumentos músicos; y en las misas *de tempore* no se dice *Gloria*, ni el *Alleluja*, ni *Ite Missa est*, y en el Oficio Divino se omite el *Te Deum* y se recitan preces feriales. Estas rúbricas empiezan a regir desde la domínica de Septuagésima, a pesar de que el ayuno cuaresmal no se extiende a las semanas de Septuagésima, Sexagésima y Quincuagésima.[187]

Dado el carácter de austeridad, recogimiento y penitencia que predominaba en los días de ayuno, particularmente en Septuagésima, Sexagésima, Quincuagésima y Cuaresma, varios Concilios prohibieron el que se celebraran casamientos durante este tiempo. Quien da una legislación determinante acerca de este particular es el C. Salegunstadiense, (1022) las palabras del cual son de este tenor:

> "De legitimitis autem conjugiis ita visum est, quod nullus Christianus uxorem ducere debeat ab adventu Domini usque in octavas Epiphaniae, et a Septuagesima usque in Octavas Paschae."[188]

Con mayor rigor lo preceptuaba el C. Beneventano (1091) al establecer, que de ninguna manera se contrajera matrimonio durante este tiempo.[189]

El Concilio Tridentino reanudó esta prohibición de celebrar bodas solemnes, mas modifica, o mejor, acorta el tiem-

---

186 Gueranger, obra cit., p. 4.

187 Cf. Kozma, Liturgica S. Catholica, p. 324; De Herdt, Praxis S. Liturgiae, III, nn. 12 y 13; Carpo, Bibliotheca Liturgica, III, 369 y 370; Antoñana, Liturgia Sagrada, n. 715. La oración que se añade después del Postcommunio fué introducida, por que antiguamente al fin de la Misa se distribuía al pueblo Eulogiae, o sea, pan bendito, lo cual en Cuaresma estaba estrictamente vedado para que no se quebrantara el ayuno, y la Iglesia ordenó se dijera esta oración en su lugar. Cf. Carpo, obra cit., p. 271.

188 Can 3 — Harduinus 6, 828.

189 Can. 4. — Harduinus 6, 1696. Lo mismo restableció el C. Toledano (1473), can. 16 — Harduinus 9, 1510.

po en que tales casamientos estaban entredichos, al prohibirlos desde Adviento hasta el día de la Epifanía, y desde el Miércoles de Ceniza hasta la octava de Pascua inclusive.[190]

Actualmente aun rige esta prohibición, aunque ha sido más abreviada, pues vige solamente desde la domínica I de Adviento hasta el día de Navidad inclusive; y desde el Miércoles de Ceniza al domingo de Pascua de Resurección inclusive.[191]

ARTICULO IV. TEMPORAS

Antiquísimo es el ayuno de Témporas. Según el Papa San León, viene de origen apostólico:

> "Sed illud (tempus) est studiosius observandum quod apostolicis accipimus traditionibus consecratum; sicut etiam decimus hic mensis morem refert veteris instituti."[192]

La Iglesia aceptó estos ayunos por el ejemplo de los Hebreos, quienes ayunaban cuatro veces al año, según afirma el mismo Pontífice: "De observantia veteris legis assumptum est."[193] Mas, no era guardado en conformidad con el rito judaico, sino que se les dió carácter propiamente cristiano: "Ut quod ante judaicum, vestra fiat observantia Christianum."[194]

San Jerónimo igualmente sostiene, que las Cuatro Tém-

---

190 Conc. Trident. sess. XXIV, de reformatione, c. 10.

191 Missale Rom., tit. De Anno et ejus Partibus (Nuptiae quando celebrari non possint); Rituale Rom., tit. VII, c. 1, de sacramento matrimonii, n. 19; can. 1108, § 2.

192 Serm. 12, c. 4 — MPL 54, 171. En los mismos términos se expresa en otros lugares: "hoc tamen (tempus) habemus aptissimun, quod et apostolicis et legalibus institutionibus videmus electum." Serm. 93, c. 3 y serm. 16, c. 2 — MPL 54, 457 y 177.

193 Serm. 15, c. 2 y serm. 17, c. 1 — MPL 54, 175 y 180.

194 Serm. 90, c. 1 — MPL 54, 447. Cf. Serm. 89, c. 1 — MPL 54, 444.

poras fueron establecidas a imitación de los cuatro ayunos Hebreos.[195]

En un estudio detallado que Dom G. Morin hizo acerca del origen de las Témporas, asegura que éstas, al principio, fueron una institución puramente local y propia de la Iglesia Romana;[196] y por las analogías que existen entre las tres fiestas de carácter penitencial que los labradores romanos, para implorar la ayuda de sus dioses celebraban al comienzo de la *sementera*—feriae sementianee—, al principio de la *vendimia*—feriae vindemiales—y al de la *recolección* —feriae messis—, la Iglesia de Roma con gran tiento aprovechó la significación de estas fiestas paganas para cristianizarlas, o sea, santificó estas prácticas, a fin de que los neoconversos las utilizaran para su provecho espiritual.[197]

Esta opinión es confirmada por el testimonio que nos da el *Liber Pontificalis,* según el cual, la institución de Témporas es atribuida al Papa Calixto (219-223), mas, con la particularidad de que primitivamente sólo existían *Tres Témporas,* análogas a las tres fiestas del calendario Romano pagano:[198] las de verano, las de otoño y las de invierno: "Hic constituit ieiunium die sabbati ter in anno fieri, frument, vini et olei, secundum prophetiam, quarti, septimi et decimi."[199]

De manera que por los estudios recientemente hechos, puede apreciarse cómo antiguamente no había más que *Tres Témporas,* y que estos ayunos pueden remontarse sin duda alguna al pontificado de San Calixto.[200]

El libro Pontifical no menciona más que el *ayuno del sábado,* siendo cierto que la semana de Témporas consistía

---

195 Can. 7, D. LXXVI. El escriturista A. Lápide, concuerda con San Jerónimo también. Cf. **Commentaria,** XIV, 447.

196 "L'Origine des Quatre-Temps", **RB** XIV (1897), p. 338.

197 Ibid., pp. 341-342.

198 Ibid., p. 342.

199 **MGH,** Gestorum Romanorum Pontificum, t. 1, p. 21; Duchesne, **Liber Pontificalis,** I, 141.

200 Callewaert, "La Semaine Mediana dans l'anc. Car. Rom. et les Quatre-Temps", **RB** XXXVI (1924), 218-219; Nilles, **Kalendarium Manuale,** II, 513.

en tres días de ayuno: miércoles, viernes y sábado, porque el ayuno y vigilia del sábado, dice Duchesne, constituía en realidad el elemento más importante y característico de Témporas; [201] y según Callewaert, las Estaciones, es decir, los ayunos semanales del miércoles y viernes, pudieron llegar a ser la organización fundamental de las semanas de Cuatro Témporas. [202]

El autor de las Decretales Pseudo-Isidorianas atribuyó a Calixto I la extensión de las Tres Témporas en Cuatro, añadiendo a lo transcrito en el Liber Pontificalis, como palabras del mismo Papa, el que en adelante se ayunara en las *Cuatro* estaciones del año; [203] mas, el docto Callewaert, sin prestar el menor crédito a esta aseveración dice categóricamente, que sobre la institución de *Cuatro* Témporas, no se encuentra huella alguna antes de San León. [204]

Este Pontífice afirma, que los ayunos son distribuidos en las cuatro estaciones del año, para aprender a purificarnos durante todo el curso del año; [205] y en otro lugar, precisando todavía más, enumera estos cuatro ayunos que se distribuían en las cuatro estaciones anuales:

> "Per totius anni circulum distributa sunt (ieiunia), ut lex abstinentiae omnibus sit ascripta temporibus. Siquidem ieiunium *vernum* in Quadragesima, *aestivum* in Pentecoste, *autumnale* in mense septimo, *hiemale* autem in hoc qui est decimus celebramur." [206]

Media centuria más tarde, el Papa Gelasio enumera estos mismos ayunos, dándoles una característica especial al mandar que las *Ordenes* se confiriesen en las Cuatro Témporas:

---

201 Origines du Culte Chrétien. p. 246.

202 Ibid., p. 220.

203 Epist. I Callisti P. — MPG 10, 122. Graciano copió al autor de las Falsas Decretales el mismo texto y lo insertó en su Decreto. Véase las notas al c. 1, D. LXXVI en la edición de Friedberg.

204 Lugar citado, p. 221.

205 Serm. 94, c. 3 — MPL 54, 459.

206 Serm. 19, c. 2 — MPL 54, 186; c. 6, D. LXXVI.

"Ordinationes etiam presbyterorum et diaconorum nisi certis temporibus et diebus exercere non audeant; id est, quarti mensis iunio, septimi et decimi, sed etiam quadragesimalis initii ac medianae Quadragesimae die, sabbati ieiunio circa vesperam noverint celebrandas." [207]

Como el sábado de las Cuatro Témporas vino a ser el día legal y ordinario de las ordenaciones, aumentó considerablemente su prestigio e importancia. [208]

Desde este Pontífice, una gran profusión de textos existieron en los que repetían la misma ley de no conferir órdenes mas que en las C. Témporas, a saber, en el primer, cuarto, séptimo y décimo mes. [209]

El Sacramentario Gelasiano contiene una fórmula por la que se ve el gran cuidado que tenían en intimar estos ayunos en cada estación, y consistía, en anunciar públicamente a los fieles, después del "Pax Domini sit semper Vobiscum", que los ayunos de Témporas eran conmemorados aquel día, y por lo tanto, que los guardaran con exactitud. [210]

Esta institución de origen Romano, pasó a los Anglosajones; después a las Galias y Alemania juntamente con el rito Romano en tiempo de Carlomagno, según se ve por la regulación de una capitular del año 769: "Ut ieiunium quatuor temporum et ipsi sacerdotes observent, et plebi denuntient observandum." [211]

---

207 Epist. ad Episc. Lucam, c. 11 — MPL 59, 47; c. 7, D. LXXV.

208 Callewaert, "La Semaine Mediana dans L'ancien Car. Rom. et les Quatre-Temps". RB XXXVI (1924), 206.

209 Cf. Liber Diurnus Rom. Pontificum, c. 3, tit. 9, n. 6: "Ordinationes vero Presbyterorum seu Diaconorum non nisi primi, quarti, septimi, et decimi mensis ieiuniis... vespere Sabbati noverrit celebrandas." MPL 105, 75; el C. Romano (743) can. 11: "Ut primi, quarti, septimi, et decimi mensis horum sacerdotum debeant fieri ordinationes." Mansi 12, 384. En los primeros tiempos de la Iglesia no había época señalada para las órdenes; poco después solían tener lugar solamente el primer día de Pascua, según S. León, epist. (9), c. 1 - MPL 54, 625; c. 4, D. LXXV. Acerca de la legislación posterior sobre el tiempo propicio para ordenaciones, véase Many, De Sacra Ordinatione, nn. 92-99.

210 MPL 78, 393.

211 MGH, Legum, t. I, p. 33; MPL 97, 124.

En el siglo IX, el ayuno de las Cuatro Témporas obtuvo más amplia organización, aunque con doble tendencia sobre su solemnidad y fecha, a saber, unos según la Iglesia Romana y otros diferente;[212] así el Concilio de Maguncia (813) ordenaba que el ayuno de Cuatro Témporas fuera observado indistintamente por todos, e hizo un cambio en la fecha al fijar estos ayunos en una semana determinada, ordinariamente la primera del primer mes, o sea, Marzo.[213] Gregorio VII, sin embargo, en conformidad con lo determinado por San León, renovó la antigua costumbre de la Iglesia Romana;[214] y el C. Universal para Occidente Claramontano, estableció el que siempre se hiciera el ayuno de la estación de primavera en la primera semana de Cuaresma, y el de verano en la semana de Pentecostés.[215]

El que estos ayunos se regularan definitivamente para siempre es debido al C. de Placencia (1095), estas fueron sus determinaciones:

> "Statuimus etiam, ut ieiunia Quatuor temporum hoc ordine celebrentur. Primum ieiunium in initio Quadragesimae; secundum in hebdomada Pentecostes; tertium et quartum in Septembri et Decembri more solito fiant."[216]

De modo que desde entonces, las Cuatro Témporas se celebran el *miércoles, viernes* y *sábado;* 1) después de la dominica III de Adviento; 2) después del primer domingo de Cuaresma; 3) después del día de Pascua de Pentecostés; y 4) después de la Exaltación de la Santa Cruz (en el mes de Septiembre.)[217]

En los calendarios de la edad media, el ayuno de las C. Témporas se mostraba por estos versos:

---

212 Callewaert, "La Semaine Mediana dans L'ancien Car. Rom. et les Quatre-Temp", RB XXXVI (1924), 224.
213 Can. 34 - Mansi 14, 73; c. 2, D. LXXVI.
214 MPL 151, 995-999.
215 Can. 27 - Harduinus 6, 1719.
216 Cap. 14 - Harduinus 6, 1715; c. 4, D. LXXVI.
217 Missale Rom., tit. De anno et ejus partibus.

"Vult crux, Lucia, cineres, charismata data,
Ut det vota pia quarta sequens feria." [218]

Y esta misma regla es dada con mayor exactitud por Laurencio Hispano:

"Prima Quadragenae servat ieiunia veris;
Pneumatis hebdomada servare secunda juberis;
Tertia Septembris cultum fert Mercuris istum;
Sabbata ieiunent vigilem praeuntia Christum." [219]

Este ayuno de Témporas, que continuó sin interrupción alguna en las centurias posteriores, [220] también ha sido admitido por el nuevo Código Canónico al preceptuar ayuno juntamente con abstinencia en las Cuatro Témporas. [221]

La Iglesia Occidéntal, al introducir la observancia de estos ayunos, intentó el que en las cuatro estaciones del año, como "in quatuor mundi cardinibus", [222] se diera gracias a Dios por los beneficios recibidos, principalmente en la agricultura, e impetrar otros nuevos en cada una de las cuatro estaciones del año; [223] y se ayuna tres días en cada témpora, porque cada estación del año abarca tres meses, y así se consagra el ayuno un día por cada mes. [224]

En la Iglesia Griega nunca se ha celebrado el ayuno de las cuatro Témporas, siéndole desconocido por completo, y esto se debe en gran parte a que el sábado nunca ha sido día de ayuno para los Orientales.

En estos ayunos de Cuatro Témporas, para recordar que son días de penitencia, la Iglesia manda que se usen orna-

---

218 Nilles, **Kalendarium Manuale**, II, 514. Aun más brevemente se contenía lo mismo en estas abreviaciones: "Post Pentec., Cruc, Luc. Cine."

219 Glosa al C. 3, D. LXXVI.

220 Cf. Schmalzgrueber, **Jus Ecclesiasticum**, L. 3, tit. 46, n. 32.

221 C. 1252, § 2.

222 C. 6, D. LXXVI.

223 Cf. Morin, "L'Origine des Quatre-Temps", RB XIV (1897), 339. Todavía hay una reminiscencia de esto en el actual Misal Romano, por las lecciones de la Escritura que se dicen en Cuatro Témporas, en las cuales se promete abundante cosecha a quienes sirven a Dios.

124 Alcuino, **De divinis officiis**, c. 29 — MPL 101, 1228; **Summa**, 2-2, q. 147. a. 5; Carpo, **Bibliotheca Liturgica**, p. 325.

mentos de color violeta, y se omita el himno de alegría "Gloria in excelsis Deo". [225]

ARTICULO V. VIGILIAS

El término *vigilia,* en su significado literal, no designa la víspera o día que precede a una fiesta,—sentido en que lo tomamos hoy día—, sino la festividad misma; y significa la acción de estar *en guardia,* que tenía lugar por la noche. [226]

En los primeros siglos de la era cristiana entendíase por vigilia, la asamblea o reunión nocturna que pasaban los fieles en lecturas, cánticos, homilías y recitación de plegarias. [227]

En el siglo IV cambia el sentido litúrgico de vigilia con el moderno, pues ya invadió entonces la tendencia de prevenir o preparar las principales fiestas con previo ayuno y pública oración, como muestra el texto de S. Paulino de Nola:

> "Nostis sum morem, quo ieiunare solemnus,
> Ante diem (festi), et sero libatis vespere sacris,
> Quisque suas remeare domos. Tunc ergo solutis
> Coetibus a templo Domini, postquam data dessis
> Corporibus requies sumpta dape, coepimus hymnis
> Exultare Deo, et psalmis producers noctem." [228]

Una de las primeras festividades que los cristianos solem-

---

325 Cf. Kozma, **Liturgica S. Catholica,** p. 299.

226. Cf. Cabrol, **The Prayer of the early Christians,** p. 10.

227 Duchesne, **Origines du Culte Chrétien,** p. 242; Callewaert, **Institutiones Liturgicae,** nn. 222 y 235. A esta práctica se refiere en los lugares siguientes: **Epist.** de S. Pablo a los **Colosenses,** c. 4, v. 2; **Hechos de los Apost.,** c. 20, 7-11; **Didache.** c. 14, n. 1 — Sabatier, p. 62; Tertuliano, **De oratione,** cc. 19 y 25 — MPL 1, 1181-1183 y 1192-1193; **Ad uxorem,** L. 2, c. 4 — MPL 1, 1294; S. Cipriano, **De oratione dominica,** n. 36 — MPL 4, 1126; **Const. Apost.,** L. 5, cc. 18 y 19 — Msi 1, 434-435; Eusebio, **Hist. Eccl.,** L. 2, 17 — MPG 20, 183; S. Juan Crisóstomo, **homil.** 2 — MPG 63, 469-471; S. Cirilo de Jer., **Catechesis 19** — MPG 33, 1066-1074.

228 **Poema 23,** 111-117 — MPL 61, 610.

nizaron con vigilia ha sido la Natividad del Señor. S. Agustín ya afirma que a la fiesta de Natividad precedía el ayuno del Nacimiento de Cristo, y condena a Abuncio por haber violado tal costumbre.[229] Esta vigilia, introducida por derecho común, perdura con regularidad en las centurias posteriores, como se ve por las Decretales de Gregorio IX.[230]

En el siglo V San Máximo de Turín habla del ayuno de la Vigilia de Pentecostés comparándolo con el que precedía a la Pascua, de esta manera: "Ieiunamus sabbato, vigilias celebravimus, orationibus pernoctanter institimus."[231] Mas, de hecho, no se halla lugar alguno donde se preceptúe la observancia de esta vigilia, aunque siguió en vigor por legítima costumbre de los fieles, según afirman los autores; costumbre que se extendió a toda la Iglesia.[232]

Esta marcada tendencia de que las solemnidades mayores tuviesen un día preparatorio, hizo que éste se introdujera poco a poco en otras fiestas del Señor y de los Santos, conociendo esta práctica simplemente con el nombre de vigilia.

En tiempo de San Pedro Damián habíanse generalizado tanto estos ayunos, que se usaba indistintamente la palabra vigilia por la de ayuno, no existiendo desde entonces vigilia alguna sin ayuno.[233]

El sínodo de Erford (932) añadió, al número señalado de vigilias, algunas que en cierto modo ya se guardaban anteriormente.[234] Y el C. Selegunstadiense (1022) da una lista completa de las que debían practicar comunmente todos los fieles:

> "Ut in abstinentia sint carnis et sanguinis ... et in vigilia Epiphaniae, et in omnium vigiliis Apos-

---

229 Epist. 65 — MPL 33, 234.

230 C. 1, X, de observatione ieiuniorum, III, 46.

231 Homil. 62 — MPL 57, 375.

232 Cf. Hostiense, Commentaria in II Librum Decretalium, L. 3, tit. 46, n. 5; Laymann, Th. M., L. 4, tr. 8, c. 2, n. 6.

233 De ordine eremitarum — MPL 145, 340-342; De institutis Ord. Eremit. —MPL 145, 340-342.

234 Cap. 1 — Harduinus 6, 573.

> tolorum, et in vigilia Assumptionis Sanctae Mariae, et in vigilia omnium Sanctorum." [235]

De las festividades de la Virgen, la única que se celebraba con vigilia, fué la Asunción. [236]

La regla de San Pedro Damián muy pronto sufrió un gran número de excepciones, pues a algunas festividades que caían en épocas de alegría fuéronles suprimidas el ayuno o vigilia, como la de la Epifanía y la fiesta de S Juan Evangelista, por celebrarse dentro de la quincena de Navidad; la de San Felipe y S. Jaime Apóstoles, por caer en el período de Pascua de Resurrección, y la de la Ascención del Señor por caer igualmente en Tiempo Pascual. [237]

Por la respuesta del Papa Inocencio III al Obispo de Braga, [238] consta que al comenzar el siglo XIII no había número fijo acerca de las vigilias que debían observarse en toda la Iglesia, existiendo gran confusión, especialmente por no saber en qué vigilias de los Apóstoles debía hacerse esto. Donde hubo mayor conformidad era en Roma, puesto que se guardaba ayuno en todas las vigilias de los Apóstoles, con la excepción de tres:

> "Apud nos omnium Apostolorum vigiliae sunt in observatione ieiunii celebrandae, praeter vigilias Apostolorum Philippi et Jacobi, et B. Joannis Evangelistae." [239]

Como existiera duda sobre la vigilia de San Matías, el mismo Pontífice dirime la cuestión diciendo que para tal Apóstol también debía celebrarse el ayuno. [240]

---

235 Cap. 1 — Harduinus 6, 828.

236 Mírese en la nota anterior y c. 1, X, **de observatione ieiuniorum**, III, 46.

237 Cf. Ferraris, **Prompta Bibliotheca**, v. "vigilia", n. 12.

238 C. 2, X. **de observatione ieiuniorum**, III, 46.

239 **Ibid.** Por lo tanto, en todas las demás vigilias de los Apóstoles se guardaba ayuno, no obstante estos versos galicanos que acostumbraban recitarse: "Petrus et Andreas, Paulus cum Simone Juda: Ut ieiunemus nos ad monet, atque Matthaeus." Cf. Hostiense, **obra cit.**, L. 3, tit. 46, c. 2, nn. 1 y 2; Schmalzgrueber, **Jus Ecclesiasticum**, L. 3, tit. 46, n. 33; Fagnanus, **Commentaria in III Librum Decretalium**, c. 2, nn. 1 y 2.

240 C. 1, X. **de observatione ieiuniorum**, III, 46.

A Inocencio III se debe el principio de que cuando la festividad acontecía en lunes, se adelantaba al sábado anterior, al prescribir hablando de Navidad, la Asunción y de Todos los Santos si venían a caer en este día: "Die sabbati festivitates praelibatas secundae feriae praecedentis... debet vigilia ieiunari." [241] Esta regla que había perseverado intacta por tantas centurias, ha sido derogada por el nuevo Código Canónico. [242]

Las vigilias de S. Juan Bautista, de S. Lorenzo y de Todos los Santos, se habían introducido posteriormente, aunque sin ningún decreto pontificio, tan solo por costumbre fueron admitidas, la cual, en el siglo XIV, era general en toda la Iglesia. [243]

El año 1638 se pidió el que se anticipara el ayuno de S. Juan Bautista por caer en el día de Corpus Christi, y Urbano VIII lo concedió por medio de la Sagrada Congregación de Ritos, ordenando que se guardara abstinencia el día antecedente, o sea, el miércoles; y unos meses después, el mismo Papa promulgó un Breve por el que se concedía el mismo favor para todos los años. [244]

Hasta el nuevo Código, el número de vigilias con ayunos era mayor o menor, según las diversas regiones, pues la mayoría de estos ayunos no estaban mandados por ley alguna escrita, se regían por la costumbre particular de cada provincia; además, por varios indultos particulares, últimamente las vigilias se reducían a muy escaso número. [245]

El nuevo Derecho Canónico señala las siguientes vigilias en que se ha de guardar ayuno y abstinencia: la de Pentecos-

---

241 Ibid.

242 Can. 1252, § 4.

243 Cf. Hostiense, obra cit., L. 3, tit. 46, c. 2, n. 4; Ferraris, Prompta Bibliotheca, v. "vigilia", n. 11; Schmalzgrueber, obra y lugar cit.

244 Urbano VIII, Breve "Cum eveniere", 13 oct. 1638 — Bullarium Romanum t. 14, p. 672 y 673. Benedicto XIV, Const. "Prodiit jamdudum", 30 en. 1751 — Bullarium Romanum, t. Bened. XIV, (3), p. 248, permitió también que los Obispos trasladaran el ayuno de la vigilia del Apóstol S. Matías

245 De diversos indultos antes del Código puede verse en las Teologías Morales, como Lehmkuhl, Th. M., I, n. 1477 y 1479; Gury-Ferreres, Th. M., I, n. 488 y II, nn. 1119 y 1155.

tés, de la Asunción de la Virgen, de Todos los Santos y de la Natividad de N. S. Jesucristo.[246]

ARTICULO VI. ADVIENTO

Del gran ayuno universal que precedía Pascua de Resurrección, se dedujo que todas las mayores festividades debían celebrarse con previo ayuno inmediato a la fiesta a modo de preparación; esta fué la causa de que se introdujera un ayuno en Adviento.[247]

Los Monjes fueron quienes dieron principio al ayuno de Adviento, o sea, al período de penitencia preparatoria para Navidad, el cual solía durar desde el día de San Martín (11 de Nov.) hasta la Natividad de Jesucristo, conteniendo pues, las seis domínicas que precedían a Navidad, o sea, cuarenta días de especial penitencia, cual la cuaresma.[248] Así se observaba este ayuno en Galia desde que el Obispo Perpetuo de Tours señaló esta fesividad.[249]

El II Concilio Turonense (567) obliga a las órdenes monacales de la Provincia de Tours a que continuaran guardando esta pequeña cuaresma preparatoria para el gran acontecimiento del nacimiento de Jesucristo: "Desde Diciembre hasta la natividad del Señor, ayúnese cada día."[250]

Pocos años más tarde esta legislación preceptuada a los Monjes, el C. I Matisconense (581) la extendió a los demás fieles habitantes en Galia, alargando juntamente el período preparatorio:

> "Ut a feria sancti Martini usque ad Natale Domini, secunda, quarta et sexta sabbati ieiunetur, et sacrificia quadragesimali debeant ordine celebrari."[251]

---

246 Can. 1252, § 2.
247 Cf. Duchesne, **Origenes du Culte Chrétien**, p. 303, Callewaert, **Institutiones Liturgicae**, n. 215.
248 Cf. Cabrol, "L'Avent Liturgique", **RB** XXIII (1906), 486..
249 S. Gregorio de Tour, **Historia Francorum**, L. 10 — MPL 71 566.
250 Can. 17 — Harduinus 3, 360.
251 Can. 9 — Harduinus 3, 452.

A mediados del mismo siglo también era guardado este ayuno no en la Iglesia Romana, según se deduce de la carta del Papa Nicolás I a los Búlgaros, en la que relata los diversos ayunos que existían en la Iglesia de Roma, y entre otros, menciona el de Adviento: "Quae ieiunia Sancta Romana suscepit antiquitis, et tenet Ecclesia." [252]

La Iglesia Griega aceptó este ayuno, y daba principio el 15 de Noviembre.[253]

En la centuria subsecuente, S. Pedro Damián en sus obras hace mención de este ayuno como observado rigurosamente por los ermitaños: "Ecce enim de duabus illis quadragesimis, quae vel Natalem Domini, vel sanctum Pascha praecedunt... ieiunare transcurrere soleant..." [254]

Burcardo Wormatiense en sus Decretos enumera el ayuno de Adviento como uno de los remedios más propios de satisfacción que se podrían imponer a los penitentes, y escribe la manera de ayunar con estas palabras:

> "Per singulos annos tres quadragesimas per legitimas ferias debes ieiunare,... tertiam ante Nativitatem Domini, a vino, a medone, mellita cervisia, a carne, sagimine, et a caseo, et a pinguibus piscibus." [255]

Como el ayuno era considerado un acto de penitencia propio para purificarse de los pecados, se eligió como medio para hacer una preparación digna del advenimiento del Señor; así indica S. Ambrosio la razón: "Id (Adventus Domini) instituerunt, ut se unusquisque fidelis praepararet, et emendaret, quo digne Dei, ac Domini sui Nativitatem celebrare valeret." [256] Varios otros escritores eclesiásticos se expresan en parecidos términos y hacen sobresaltar la importancia de su cumplimiento. [257]

---

252 Epist. ad consulta Bulgarorum, n. 4 — MPL 119, 980-981.

253 Nilles, obra cit., I, pp. 231 y 330.

254 De Ordine Eremitarum — MPL 145, 330-331.

255 De poenitentia, L. 19, c. 5 — MPL 140, 951-952.

256 In Appendice, serm. 1, n. 1.

257 Cf. Rabano Mauro, De clericorum institutione, L. 2, c. 22 — MPL 107, 336: "Congrua itaque dispostitione a magistris Ecclesiae hoc loco ieiunium

Poco tiempo duró según parece, la observancia de este ayuno, puesto que en el Concilio Abrinatense (1172) simplemente se recomendaba: "Item in Adventu Domini, omnibus qui poterunt, maxime autem clericis et militibus, ieiunium et abstinentia carnium indicatur." [258]

El Obispo de Braga quiso saber a ciencia cierta si existía verdadera ley acerca de la observancia del ayuno de Adviento, e interroga a Inocencio III a ver si se habia de ayunar durante el Adviento; mas el Pontífice casi evade la cuestión al responder sin énfasis alguno, ni siquiera recomendándolo, cual era la costumbre que de hecho había en Roma: "Ieiunium etiam apud nos in Adventu Domini agitur. [259]

De todos modos, no se ve en ningún texto que este ayuno de Adviento haya sido preceptuado universalmente como de estricta obligación; [260] si en varias ocasiones fué aconsejado con relativo ahinco se debe a la tradición; [261] además nunca se legisló pena alguna contra quienes quebrantaran esta costumbre, lo cual también indica que era de simple devoción.

Cada vez vino en mayor decaimiento la práctica de este ayuno; hasta que su práctica quedó reducida a ciertas Ordenes Religiosas, quedando a la observancia de los fieles sólo el ayuno de la vigilia de Navidad; [262] y el Código actual

---

quadragesimale fieri constitutum est, ut ante diem natalis Domini ieiunio et abstinentia nosmetipsos castigemus, quatenus venientem Redemptorem digna conversatione suscipere possimus." Véase también, **De ecclesiasticis off.**, L. 3, c. 40 — MPL 105, 1158-1159, y S. Bernardo, quien aconseja la meditación como medio para prepararse dignamente: ".... quarentes nimirum quis sit, qui veniat, unde, quo, ad quid, quando, et qua;" **serm.** 1, n. 1 — MPL 183, 35.

258 Can. 11 — Harduinus 6, 1634.

259 C. 2, X, **de observatione ieiuniorum**, III, 46.

260 Ferraris, **Prompta Bibliotheca**, v. "ieiunium", art. 2, n. 8.

261 Belarmino, **De Ieiunio**, c. 20.

262 Pascualigo, **Praxis Ieiunii**, decis. 177, n. 2; Hostiense, **Commentaria in III Librum Decretalium**, L. 3 tit. 46, nn. 5, 7, y 8; Salamanticenses, **Cursus Th. M.**, tr. 23, c. 2, n. 99; **Schmalzgrueber**, **Jus Ecclesiasticum**, L. 3, tit. 46, n. 35. Actualmente, todavía algunas Ordenes Religiosas tienen este ayuno especial de Adviento, como la Franciscana, que ordena se guarde la fiesta de Todos los Santos hasta la Natividad del Señor, en **Regula et Constitutiones Generales Fratrum Minorum**, 3, § 5.

únicamente ha sancionado el de la vigilia de Navidad.[263] A pesar de todo, la liturgia ha conservado cierta nota característica de tristeza y penitencia en las semanas preparativas para Navidad, al usar, en las Misas de Adviento, el color morado, omitiendo el *Gloria,* y en las Horas del Oficio Divino prescribiendo rezar Preces, como en días de ayuno.[264]

ARTICULO VII. ROGATIVAS

Entre los ayunos solemnes establecidos en la Iglesia, el ayuno de las Rogativas ha sido desde su institución el que tuvo menos importancia; fué además el más posteriormente instituido y al mismo tiempo el que gozó de popularidad por más corto espacio de tiempo; de ahí el que se le trate en este último lugar.

Las rogativas o Letanías, voz latina una y griega la otra, que significaban *plegarias,* consistían en la observancia de ciertos días con plegarias solemnes y ayunos, a fin de aplacar la ira de Dios, suplicar su protección especialmente en las grandes calamidades, y obtener buenas y abundantes cosechas.

No se sabe cuando fueron establecidas, pero puede aceptarse que son de relativa antiguedad, pues ya en los escritos atribuidos a San Agustin se lee:

> "Scire debemus et intelligere quia dies compunctionis et poenitetiae celebramus ... Sine dubio peccatorum suorum vulnera diligit, qui in istis tribus diebus ieiunando, orando et psallendo medicamenta sibi spiritualia non requirit."[265]

En dos clases se dividen las Rogaciones: en Letanías *Menores,* que son las de mayor antiguedad y tenían lugar tres días antes de la Ascención, y las *Mayores,* que fueron insti-

---

263 Can. 1252, § 2.

264 Cf. Kozma, Liturgica S. Catholica, p. 303; De Herdt, Praxis S. Liturgiae, III, 1; Antoñana, Liturgia Sagrada, nn. 689 y 690.

265 Serm. 174 — MPL 39, 2078-2079.

tuidas muy posteriormente, y se celebraban el veinticinco de Abril.[266]

Las Rogativas Menores en un principio eran impuestas arbitrariamente por los mismos Obispos, según afirma Thomasin.[267] Sin embargo, cuando estas vinieron a adquirir celebridad fué en tiempo de San Mamerto, Obispo de Viena, quien las restableció por completo señalándolas con especial característica al imponerlas en su región con el fin de implorar la clemencia divina contra terremotos y devastación de fieras, como atestigua Sidonio Apolinar,[268] y se hace notar en el Martirologio Romano el día II de Mayo con estas palabras: "Señaló los tres días que precedían a la Ascención como fecha fija, y ordenó que habían de ser acompañadas del ayuno."

Esta institución fué acogida favorablemente, y muy pronto se extendió por las Galias. Bajo el obispado de Sidonio Apolinar fueron introducidas en Clermont, y el Concilio I de Orleans (511) las prescribe también para la parte francesa de la nación, preceptuando sean guardadas con rigor cuaresmal:

> "Rogationes, id est litanias, ante Ascensionem Domini, ab omnibus ecclesiis placuit celebrari: ita ut praemissum *triduanum ieiunium* in Dominica Ascensionis festivitate solvatur. Quo triduo omnes abstineant, et quadragesimalibus cibis utantur."[269]

Al fin del siglo VI, dice S. Alcimo Avito Obispo de Viena, éstas ya se habían extendido por casi todo el mundo.[270]

Hay testimonios ciertos de que en España, en los primeros años del siglo sexto ya estaba ordenado el ayuno de las Rogativas, como se ve por el C. de Gerona (517): "De litania, sit expleta solemnitate Pentecostes, sequens septimana, a

266 Gonzalez, **Commentaria Perpetua in Decretales**, L. 2, tit. 9, n. 4.

267 **Trattato dei Digiuni della Chiesa**, I, c. 25, n. 1.

268 El mismo Sidonio advierte, que ya antes de S. Mamerto se celebraban las Rogaciones, aunque con poca frecuencia y menos solemnidad. Cf. Baronio, **Annales**, Anno Ch. 475, n. 16.

269 Can. 27 — Harduinus 2, 1011; c. 3, D. III, de cons.

270 **Homil. de Rogationibus** — MPL 59, 289; Cf. Baronio, **obra cit.**, nn. 17 y 18.

quinta feria in Sabbatum, per hoc triduum abstinentia celebretur." [271]

El ayuno guardado en estos tres días de Rogaciones, nunca fué introducido en la Iglesia Romana, por caer todos los años en tiempo pascual. [272]

Casi con el mismo objeto, el de hacer penitencia y dirigir súplicas solemnes al Señor para no recibir ningún castigo del cielo, las Rogativas Mayores se introdujeron en Roma, y en tiempo de Gregorio Papa eran comunmente guardadas; en estas se ayunaba como en las Menores, mas este ayuno solamente duraba un día, el cual siempre era un viernes.

Son conocidas con el nombre de Mayores, porque desde el principio se instituyeron y celebraron con mayor solemnidad que las otras; [274] por eso, incluso ahora el Caeremoniale Episcoporum prescribe que estas revistan mayor solemnidad que los tres días antes de la Ascención, es decir, que las menores. [275]

El que estas letanías Mayores acontecieran el día de S. Marcos (25 abr.), fué meramente accidental, como se prueba por la circunstancia de que en los más antiguos Calendarios Latinos, las Rogativas Mayores están inscritas el 25 de Abril, mas sin mencionar para nada la fiesta de San Marcos. [276]

Este ayuno de Rogaciones pronto decayó por completo en casi todas las regiones; y en el siglo XVI ya no había obligación alguna de ayunar en las Rogativas, principalmente por ser estas tenidas como mero consejo; [277] en Milán fué el único lugar donde se conservaron por el hecho de que allí la Cuaresma empezaba tres días más tarde que en las demás Iglesias. [278]

El nuevo Código ha omitido por completo este ayuno de

---

271 Can. 2 Harduinus 2, 1043.
272 Kozma, **Liturgica S. Catholica**, p. 375, nota 3.
273 Thomassin, **Trattato dei Digiuni della Chiesa**, I, c. 24, n. 4.
274 Ferraris, **Prompta Bibliotheca**, v. "litaniae", n. 5.
275 **Caeremoniale Episcopor.**, 1. II, c. XXXII, n. VII.
276 Cf. Kellner, **Heortology**, p. 301
277 Cf. Pascualigo, **Praxis Ieiunii.** decis. 174, nn. 1-6.
278 Cf. Ferraris, **Prompta Bibliotheca**, v. "litaniae", n. 5.

Rogativas; sin embargo, la liturgia aún conserva reminiscencia de él, pues en señal de penitencia, en la Misa de Rogaciones se usan ornamentos morados, y no se dice Gloria ni Credo.[279]

ARTICULO VIII. MANERA DE PRACTICAR EL AYUNO

Expuestos los diversos ayunos comunes de la Iglesia, ahora se dirá en qué consistía el ayuno, o mejor, de qué manera se guardaba.

Durante varias centurias el ayuno estaba integrado en estas tres partes sustanciales, a saber; primero, en la abstención de carne, vino y licores; segundo, en hacer una sola refección al día; y último, en tomar esta refección a hora determinada.[280]

Hay que recordar que el ayuno fué introducido por la costumbre, y por consiguiente ,la manera de practicarlo dependía también, en gran parte, de los distintos usos de cada región. Por esta razón los Canonistas no discuten las normas para guardar el ayuno, antes bien lo dejan a los Moralistas.[281]

§1—*Viandas y Bebidas*

Las primeras prohibiciones que se dieron acerca de la manera de observar los ayunos fueron las de no tomar *carne* y no beber *vino,* ambas con el mismo rigor de ley.

S. Basilio dice textualmente: "Carnes non edis, et a vino abstines," e invita a los fieles a comer legumbres y beber agua, según el uso anterior al Diluvio.[282]

---

279 Cf. Carpo, **Bibliotheca Liturgica**, p. 412; De Herdt, **Praxis S. Liturgiae**, III n. 75; Antoñana, **Liturgia Sagrada**, n. 645.

280 Estas tres condiciones se contenían en este verso: "Quid, quoties, quando; tribus his ieiunia servas." Cf. Scavini, **Th. M. Universa**, I, n. 294.

281 Cf. Reiffenstuel, **Jus Canonicum**, L. 3, tit. 46, nn. 1 y 3.

282 Homil. 1, 10 M MPG 31, 170 y 178.

Teófilo Alejandrino, describe lo que solían comer en día de ayuno así:

"Diebus ieiunii, sumptionem panis dumtaxat, aquae et olerum, aut caricarum, aut dactylorum, necessitatem corporis explemus." [283]

San Cirilo, Patriarca de Jerusalén, nos da a conocer el motivo de esta observancia al asegurar que los cristianos se abstenían de carne y vino en días de ayuno, no por ser estas cosas abominables o inmundas, sino para ganar méritos y alcansar una recompensa eterna. [284]

El Concilio de Gerona (517), prohibía a todos los fieles el uso de carne y vino en las letanías de Noviembre. [285]

Hubo algunos que en fraude de esta ley, interpretábanla al pie de la letra no tomando ni carne ni vino, mas en su lugar, se halagaban con otras viandas y bebidas más exquisitas; en cuanto los Santos Padres se apercibieron de semejante manera de proceder, amonestaron a sus feligreses por tal conducta; de este modo predicaba S. Jerónimo:

> "Audio praeterea quosdam contra rerum hominumque naturam, aquam non bibere, nec vesci pane; sed sorbitiunculas delicatas et contrita olera, betarumque succum, non calice sorbere, sed concha. Proh pudor, non erubescimus estiusmodi ineptiis; nec taedet superstitionis!" [286]

San Agustín también alude a semejante abuso, cuando escribe:

> "Videas enim quosdam pro usitato vino, inusitatis liquores exquirere, et aliorum expressionem pomorum, quod ex uva sibi denegant, multo suavius

---

283 MPG 65, 63.

284 Catechesis 4, n. 27 — MPG 33, 490. Los ebionitas, Eucratitas y Eustacianos sostenían que todas las carnes de animales eran inmundas; y los Maniqueos no solo las carnes, sino también el vino. Cf. Summa, 2-2, q. 147, art. 8 nota, y en la de la cuestión 142, art. 1.

285 Can. 3 — Mansi 8, 549.

286 Epist. 52, n. 12 — MPL 22, 537.

> compensare; cibos extra carnes multiplici varietate ac jucunditate conquierere."[287]

Cuando se acentuaba más el rigor del ayuno era en Semana Santa;[288] pues según San Dionisio de Alejandría, se guardaba estricto ayuno toda la semana, aunque algunos solo ayunaban dos días, otros tres, otros cuatro, de modo particular el viernes y sábado santo, "cibo non gustato transmissis."[289]

Por la Didascalia sabemos que en esta semana estaba mandado practicar el ayuno más austero del año entero:

> "Durante los días de la Pascua, ayunaréis y no comeréis otra cosa que pan, sal y agua... El viernes y sábado será completo y no tomaréis nada,"[290]

En el siglo IV también persistía este mismo rigor, como las Constituciones de los Apóstoles nos lo atestiguan:

> "Ieiunate igitur diebus paschae... sex diebus pane tantum, sale, oleribus, et aqua mensae adhibitis: abstinete his diebus vino, et carne... sexta tamen feria, et sabbato ex toto manete ieiuni."[291]

San Epifanio da al ayuno de esta semana el nombre especial de *Xerofagia,* esto es, de manjares secos, pan, sal y agua;[292] esta *Xerofagia* fué extendida por el C. de Laodicea a toda la Cuaresma.[293]

En Palestina, se pasaba la Cuaresma con agua y harina únicamente:

---

287 **Serm. 207** — MPL 38, 1043; y en lugares análogos: **serms. 205 y 210** — MPL 38, 1040 y 1053.

288 Los escritores reconocen la Semana Santa con varias denominaciones. S. J. Crisóstomo la llama **Semana Grande** en **homil. 30 in Gen.**, MPG 53, 273; el mismo nombre le da la peregrina Eteria: "quam hic apellant septimana major." — **Peregrinatio S. Silviae, c. 30** — Geyer, p. 82; aunque la denominación más común es "Semana Santa."

289 **Epist. canonica ad Basilidem Ep.** — MPG 10, 1275-1278.

290 **En Canoniste Contemporain,** p. 22.

291 C. 17 — Mansi 1, 434.

292 **Expositio fideli,** c. 22 — MPG 42, 827-828.

293 Can. 50 — Harduinus 1, 789; c. 8, D. III, **de cons.** Esta observancia aún perdura entre los Griegos; sólo exceptúan el día de la Anunciación, en el que se permite el uso de pescado. Cf. Nilles, **Kalendarium Manuale, II, 84.**

> "Nec panem, nec oleum gustent, nec aliquid, quod de arboribus est, tantum aqua et sorbitione modica de farina... quadragesimarum sic fit." [294]

A principios del siglo quinto, San Paulino de Nola ya permitía el que se bebiera *un poco vino* en días de ayuno; [295] y, algo posteriormente, Teodulfo de Orleans dijo más abiertamente que el vino podía usarse, pero con moderación: "Qui vino abstineri potest, magnae virtutis est; vinum non ad ebrietatem sed ad refectionem corporis sui sumat;" [296] y también S. Gregorio: "Vinum quoque ita bibere permittitur, ut ebrietatem omnino fugiamus." [297] Mas, existían lugares donde todavía se prohibía por completo a los clérigos, según parece por esta Capitular de Carlomagno: "Item placuit sancto concilio quarta et sexta feria a carne et vino cuncto clero abstinendum." [298]

San Benito fué el primero que permitió tomaran los monjes una hemina, o sea, medio sextario de vino al día, [299] dando facultad al Prior de la comunidad para que, según el trabajo, necesidad o calor del verano, permitiera beber más. El mismo termina dando la razón de esta nueva legislación:

> "Licet legamus vinum omnino monachorum non esse, [300] sed quia nostris temporibus id monachis persuaderi non potest, saltim vel hoc consentiamus, ut non usque ad satietatem bibamus, sed parcius: quia vinum apostatare facit etiam sapientes." [301]

294 Peregrinatio S. Silviae, c. 28 — Geyer, p. 81.

295 Epist. 15, n. 4 — MPL 61, 227.

296 Capitula ad Presbyteros 40 — MPL 105, 204.

297 Appendix ad S. Gregorii Epistolas, 13 — MPL 77, 1351.

298 Statuta Hhispacensia et Frisingensia, n. 5 — MGH, Legum t. I, p. 77.

299 Esta porción de vino se la quitaban a los monjes que por más de dos veces no llegaban al refectorio para la bendición de la mesa. Cf. Butler, S. Benedicti Regula Monasteriorum, pp. 83-84.

300 Era una regla general entre los antiguos monjes del Oriente, beber ordinariamente solo agua, y aun en esto S. Antonio y otros Padres del Desierto, prescriberon se usara con temperancia. Cf. Casiano, Collationes 12, c. 11, y 13, c. 6 — MPL 49, 891 y 907.

301 S. Benedicti Regula Monasteriorum, c. 40 — Butler, pp. 78-79.

San Pedro Damián dice otra de las causas por que se había introducido el uso del vino en el monasterio:

> "Sed quoniam hic manentes coeperunt aegrotantes deficere, et quidam ad eremum transire cupientes, hujus rigoris observantiam penitus abhorrere; fraterne, sive, ut veriustiquam dicam, communi imbecillitati dispensatoriae, condescendentes indulsimus, ut vinum hic servato sobrietatis moderamine biberetur." [302]

En el C. Aquisgranense—Aix-la-Chapele—(817), reunidos los Abades con sus monjes fué concedido este permiso más ampliamente:

> "Ut si necessitas proposcerit ob operis laborem, post refectionem vespertinam, etiam et in Quadragesima pari modo, et quando officium mortuorum celebratur, priusquam lectio completorii legatur, bibant." [303]

Si a los monjes se les permitió el beber vino en días de ayuno, no tiene nada de particular el que los demás fieles pudieran e hicieran lo mismo; y por eso, ya en tiempo de Santo Tomás se ve que era una norma general el que en día de ayuno se podía beber vino o cualquier otra bebida sin escrúpulo alguno, y cuantas veces a uno se le antojara. [304]

Esta misma teoría predominó lo mismo entre los teólogos que entre los canonistas, llegando pronto a asegurar que no solo era lícito beber vino en día de ayuno, sino que también café, té, cerveza, sidra, chocolate líquido y todo aquello que de sí se usa para calmar la sed, y se toma como bebida, y cuyo fin principal no es la nutrición; de ahí el común axioma: "Liquidum non frangit ieiunium." [305]

---

302 De ordine eremitarum, opusc. 4 — MPL 145, 331.

303 Can. 12 — Harduimus 4, 1229.

304 Cf. Summa, 2-2, q. 147, art 6.

305 Cf. Laymann, Th. M., L. 4, tr. 8, c. 1, n. 7; Pascualigo, Praxis ieiunii, decis. 116, nn. 3 y 4; decis. 119, nn. 1-7; Salamanticenses, Cursus Th. M, tr. 23, c. 2, nn. 55-65; S. Alfonso, Th. M., IV. nn. 1022, 1021; Homo Apost., tr. 12, n. 12; Schmalzgrueber, Jus Ecclesiasticum, L. 3, tit. 46, n. 15.

Dada la facultad de tomar líquidos sin quebrantar el ayuno, pronto se introdujo también la costumbre de acompañar la bebida con algo sólido, permitiendo los autores el que una o dos veces al día se tomara además algún bocado de alimento, para que aquella no dañara: "ne potus noceat." [306]

Sin embargo, bueno es advertir que el precepto de no comer carne en día de ayuno cada vez recobra mayor pujanza, llegando a formar esta prohibición una de las cualidades más esenciales en la observancia del ayuno eclesiástico, sin comparación mayor que la del pescado, huevos y lacticinios. [307]

El C. VIII de Toledo amenazaba con la privación de comunión a quienes violaran este precepto:

> "Quisquis . . . diebus Quadragesimae esum carnium praesumpserit attentare, non solum reus erit resurrectionis dominicae, verum etiam alienus ab ejusdem diei sancta communione." [308]

Con mayor rigor aún, puede decirse, se impone este mandato en una de las Capitulares de Carlomagno: "Si quis sanctum quadragesimale ieiunium pro despectu christianitatis contempserit, et carnem comederit, morte moriatur." [309]

Para darnos una idea clara de la importancia que tenía esta abstención de carne en día de ayuno, bastará citar el hecho que nos refieren las Decretales de Gregorio IX, donde se lee que el Obispo de Braga escribió al Papa Inocencio III preguntándole qué impondría a quienes en grave necesidad—puesto que en este lugar a que se refiere había una gran escasez de alimentos ordinarios—se habían atrevido quebrantar el ayuno cuaresmal comiendo carne; mas el Pontífice simplemente responde: "In tali articulo illos non cre-

---

306 Cf. S. Alfonso, Th. M., IV, n. 1018; Homo Apost., tr. 12, n. 11.

307 Cf. Salamanticenses, Cursus Th. M., tr. 23, c. 2, nn. 21 y 28; Schmalzgrueber, obra cit., L. 3, tit. 46, n. 3.

308 Can. 9 — Harduinus 3, 964.

309 Capitulare Paderbrunnense, (A. 785) n. 4 — MGH, Legum t. I, p. 48.

dimus puniendos, quos tam urgens necessitas excusavit." [310]

El Angel de las Escuelas dice claramente cómo la prohibición dè carnes era más imperante que la de pescados, huevos y laticinios, [311] y regía en todos los días de ayuno. [312] Acerca de este particular, el mismo rigor predominó en los demás siglos, concediendo los Romanos Pontífices muy pocas veces dispensa sobre ello.

Antes de Benedicto XIV y era por muy pocos sostenida la opinión de que al ser alguien dispensado de la abstención de carne, no cesase ipso facto la obligación de la única refección, por aquello de que al cesar la abstinencia de carne, cesaba lo esencial del ayuno; mas este Pontífice, gran celador por la observancia del ayuno, dividió en cierto modo el ayuno eclesiástico en dos partes al determinar que, dado el caso de que alguno obtuviera dispensa de la prohibición de comer carne, subsistía para el tal individuo la de la única refección al día. Si no se concedía dispensa, todo ayuno requería abstención de carne. [313]

Además de la prohibición de vino y carne que como se ha visto, iba implicada en todo ayuno eclesiástico, varias otras viandas fueron prohibidas en estos días de penitencia.

S. Juan Crisóstomo notifica que no solamente se eximían los fieles de comer carne y beber vino en los días de ayuno, sino también *pescado.* [314] El IV Concilio de Toledo (633) nombra los pescados como uno de los manjares prohibidos en día de ayuno. [315]

La prohibición de pescado en días de ayuno duró muy corto espacio de tiempo, y parece que en el siglo XIII apenas se le daba importancia. [316]

---

310 C. 2, X, de observatione ieiuniorum, III, 46.

311 Summa, 2-2, q. 147, art. 8.

312 Ibid. Cf. Durando, IV Sent., dist. 15, q. 9, n. 7.

313 Cf. S. Alfonso, Homo Apost., tr. 12, c. 1, n. 9. Los autores disputan muy largamente sobre qué clases de carnes se prohiben, mas todos admiten que la distinción se debe hacer según la estimación y uso de los pueblos. Cf. Schmalzgrueber, Jus Ecclesiasticum, L. 3, tit. 46, n. 10.

314 Homil. 3, n. 5 — MPG 49, 53.

315 Can. 11 — Harduimus 3, 583.

316 Cf. Summa, 2-2, q. 147. art. 8.

Lo que continuó imperando en el ayuno eclesiástico fué la abstención de *huevos* y *lacticinios*. Sólo en las regiones de Alemania no se acostumbraba guardar la ley de lacticinios y huevos, como aparece en la respuesta del Obispo de Paris, Eneas, a los Griegos: "Germania etiam a lactis et butyro ac casei et ovorum esu per totam Quadragesimam generaliter non abstinet." [317]

El C. de Kedlimberg (1085) trató de quitar estos abusos estableciendo, "ne quis caseum et ova comedat in Quadragesima." [318]

En el siglo XIII esta prohibición de huevos y lacticinios solamente regía en el ayuno por antonomasia: en Cuaresma; [319] en los demás días de ayuno, los mismos tratadistas aconsejaban se siguieran las diversas costumbres en contra de esta abstención. [320] Esto mismo comprueba la proposición condenada por Alejandro VII: "Non est evidens, quod consuetudo non comedendi ova et lacticinia in Quadragesimam obliget." [321]

Benedicto XIV dió un nuevo detalle acerca de las viandas ordenando que los dispensados de comer carne en día de ayuno, no podían tomar carnes y pescado en una misma refección, [322] sin excluir los domingos de Cuaresma de la observancia de esta ley. [323] Además en una de sus Constituciones muestra gran empeño en que se guarde la abstinencia de carnes, huevos y lacticinios, y amonesta a los Obispos

---

317 Contra Graecos, 175 — MPL 121, 742.

318 Can. 7 — Harduinus 6, 1615.

319 Summa, lugar cit.

320 Durando, IV Sent., L. 4, dist. 15, q. 9, n. 7. En 1487 el Arzobispo de Rouen (Francia) obtuvo para su diócesis del Papa Inocencio VIII especial permiso para permutar el uso de la manteca por el impuesto de pequeñas contribuciones piadosas con las cuales tuvieron para pagar el coste de uno de los campanarios de la Catedral de Rouen, el cual retiene el nombre de "Torre de la Manteca" — Tour du Buerre—. Cf. Memories de Trevoux, año 1741, p. 780.

321 Prop. 32 — Denzinger, n. 1132.

322 Benedicto XIV, ep. encycl. "Libentissime", 10 jun. 1745, § par. 3 — Fontes, n. 358; ep. "Si fraternitas", 8 jul. 1744, § par. 1 — Fontes, n. 342; ep. "In suprema", 22 ag. 1741, § par. 1 y 2 — Fontes, n. 314; ep. encycl. "Non ambigimus", 30 mayo 1741, § par. 4 — Fontes, n. 308.

323 Benedicto XIV, ep. "Si Fraternitas", 8 jul. 1744, § par. 1, ad V—Bullarium, t. I, p. 356-358. Cf. Bonacina.

para que no sean demasiado indulgentes en conceder dispensas.[324]

Desde entonces hasta el Código actual, los autores unánimemente sostenían la obligación de abstenerse de carne —y en cuaresma también huevos y lacticinios—en todo ayuno, aunque dejando intactas las costumbres legítimas particulares.[325]

§2—*Refección y Hora*

Las otras dos partes esenciales que constituían el ayuno eclesiástico formábanlas el tener *una sola comida* al día, y tomar esta a la *hora legítima.*

El permitir una refección en día de ayuno se remonta a los tiempos apostólicos; por esta causa Casiano, sin reparo alguno, dice: "Antiquis mos erat semel cibum sumere."[326]

Evidentemente ya desde los primeros siglos hubo gran número de cristianos que pasaban días de ayuno sin refección alguna, mas esta práctica era según la devoción de cada particular, y por ser llevada a cabo en general muy imprudentemente, más de una vez los Santos Padres reprobaron tal conducta de vida, en especial cuando llegaban a excesos que perjudicaran la salud.[327] Los Monjes muy singularmente eran quienes se ejercitaban en estas mortificaciones excesivas, aun con perjuicio de la misma salud corporal, deseosos de adquirir más alto grado de perfección que el común de los fieles, hacer penitencia y subyugar la carne al espíritu. La peregrina Eteria nos da un testimonio

---

324 Benedicto XIV, ep. "Cognovimus", 12 mayo 1742 — Fontes, n. 327.

325 Cf. Hostiense, Commentaria in III Librum Decretalium, tit. 46, n. 14; Salmanticenses, Cursus Th. M., tr. 23, c. 2, n. 15; S. Alfonso, Th. M., IV, n. 1006; Ferraris, Prompta Bibliotheca, v."Ieiunium", art. 1, nn. 9-11; Schmalzgrueber, Jus Ecclesiasticum, L. 3, tit. 46, n. 3.

326 Exposito in Psalterium, ps. 14 — MPL 70, 109.

327 Cf. S. Jerónimo, epist. 54, n. 10, y epist. 107, n. 8 — MPL 22, 555 y 874; S. Agustin, Epist. 36, n. 19 — MPL 33, 148.

de esto cuando relata que muchos monjes en Cuaresma pasaban todas las semanas sin tomar nada, o más bien, desde el domingo después de la misa hasta el sábado después de la misma, que era cuando tenían la comida semanal.[328] La regla común entre los Hebreos de diferir la única comida permitida en día de ayuno hasta la puesta del sol, fué adoptada por la primitiva Iglesia Cristiana durante varias centurias.[329]

S. Juan Crisóstomo insinúa esta obligación sin importancia alguna, por ser guardada dicha práctica sin discrepancia por todos los fieles: "Totam ieiunii diem exegimus, et mensam in vespera apponemus."[330]

S. Epifanio, después de exponer la manera de observar el ayuno, dice igualmente: "Panem dumtaxat cum sale et aqua sub vesperam adhibent."[331]

El único ayuno que no se prolongaba tanto, era el de las Estaciones, puesto que duraba hasta la *hora nona.* De ahí el que S. Fructuoso, Obispo de Tarragona, en la persecución de Valeriano en 259, habiendo sido llevado al martirio en día de viernes a las diez de la mañana, o sea, antes de la hora nona (3 p. m.), rehusara tenazmente la bebida que le daban, exclamando: "Hoy es ayuno, rehuso beber; pues todavía no es la hora nona; ni la misma muerte me podrá hacer quebrantar el ayuno."[332] A causa de esta variedad de

---

328 **Peregrinatio S. Silviae,** c. 28 — Geyer, **Itinera Hierosolymitana Saec. IV-VIII,** p. 80. Casiano, escribiendo a los solitarios desaprobando tal práctica, les da como regla que coman algo cada día, y termina así: "In uno eodemque statu aniam partier corpusque conservans; nec ieiunii fatigatione concidere, nec gravari mentem staturitate permittens." **Collat.** 2, cc. 22 y 23 — MPL 49, 553-554. Puede verse también S. Pedro Damián, **De institutis ord. eremit.,** opusc. 15, c. 6 — MPL 145, 340-341. Para tener un concepto exacto de los ayunos observados por los monjes y las Ordenes Religiosas desde el principio del cristianismo hasta el siglo XVIII, consúltese la II, III y IV parte del **Traité de l'Abstinence de la Viande,** por Berthelet; y la obra **Historie du Jeune** por De l'Isle, pp. 68-101.

329 Cf. Tertuliano, **De ieiuniis,** c. 10 — MPL 2, 966-968; S. Clemente Alejandrino, **Paedagogus,** L. 2, c. 2 — MPG 8, 414.

330 **Homil.** 5, n. 6 — MPG. 49, 68.

331 **Eypositio fidei,** n. 23 — MPG 60, 415.

332 **In S. Prudentio Hymno** 6, 5-55 — MPL 60, 415.

hora según la clase de ayuno, el historiador Sócrates decía: "Nonnulli usque ad horam nonam ieiunantes." [333]

Como quiera que las Constituciones Apostólicas otorgaran la facultad de eligir entre las tres de la tarde y el crepúsculo como tiempo apropiado para romper el ayuno, había muchos que tomaban la refección en nona;[334] y Teodulfo de Orleans, por temor a que prevaleciera esta nueva costumbre, protestaba contra semejante práctica, y termina de esta manera: "... qui nullatenus ieiunare credendi sunt, si ante manducaverint quam vespertinum celebretur officium." [335]

El autor del Micrólogo, hablando del ayuno cuaresmal, todavía sostiene que no observa el ayuno quien tome la refección antes del crepúsculo. [336]

S. Benito había permitido a los monjes que en los ayunos propios de la vida monacal, sin contar los comunes de la Iglesia, desde Pascua a Pentecostés tomaran refección a la hora sexta, y por la noche, cena: "Ad sextam reficiant fratres, et sera cenent;" en los ayunos estacionales, a las tres de la tarde; mas durante la cuaresma, al anochecer: "en Quadragesima vero usque ad Pascha ad vesperam reficiant." [337]

En el siglo XI abundaba la variedad de usos; así vemos que el mismo Obispo de Verona, Raterio, permite que se tome la refección a la hora nona, y vitupera a los que querían prolongarla hasta el anochecer, [338] mientras que el C. de Rouen (1072) advertía:

> "Item statutum est, ut nullus in Quadragesima prandeat, antequam hora nona peracta, vespertina incipiat. Non enim ieiunat qui ante maducat." [339]

---

333 Hist. Eccl., L. 5, c. 22 — MPG 67, 635.
334 Const. Apost., L. 5, c. 18 — Mansi 1, 43.
335 Capitula ad Presbyteros, 39 — MPL 105, 204.
336 MPL 151, 1013.
337 S. Benedicti Regula, c. 41 — Butler, p. 79-80.
338 Serm. 2 — MPL 136, 695.
339 Can. 21 — Harduinus 6, 1191.

De todos modos, durante *Cuaresma* prevaleció la costumbre de alargar la refección hasta la noche, por ser este el ayuno más riguroso del año, como se ve por lo que S. Bernardo predicó a sus Religiosos al dar comienzo el tiempo cuadragesimal:

> "Hasta hoy hemos ayunado solos hasta la *hora nona* (alude a los ayunos particulares de su regla); mas desde ahora, ayunará con nosotros todo el mundo hasta la *puesta del sol.*"[340]

Santo Tomás no tuvo reparo alguno en permitir que en día de ayuno se comiera hacia la hora nona: "Conveniens hora comedendi taxatur ieiunantibus circa horam nonam", y en caso de enfermedad, o algo parecido, aún antes.[341]

A principios del siglo XIV, el gran teólogo franciscano, Ricardo de Mediavilla enseñaba ya, que no había de tenerse como transgresor de la ley del ayuno, a quien comiera a la hora sexta, o sea, *mediodía;*[342] y el dominico Durando, Obispo de Meaux, favoreció esta nueva teoría, basándose en lo universal que esta costumbre era en su tiempo, puesto que el mismo Papa,—dice el preclaro autor—los Cardenales, los Obispos, los Religiosos y casi todos los fieles comunmente así lo hacen.[343]

Desde entonces, las discusiones que existían acerca de la hora de la refección, acabaron por completo; siendo el sentir común de todos, que en día de ayuno la refección podía tener lugar a cualquiera hora después del mediodía.

Durando advierte, que cuando en Cuaresma fué adelantada la hora de la comida, los clérigos anticiparon también la recitación de vísperas, para observar de esta manera el

---

340 Serm. 3, n. 17 — MPL 183, 174.
341 Summa, 2-2, qu. 147, art. 7.
342 In IV Sentent. dist. 15, art. 3, q. 7.
343 In IV Sentent., dist. 15, q. 9, n. 7.
344 C. 50, D. I, de cons. Este canon está sacado de la 39 Capitular de Teodulfo, Obispo de Orleans — MPL 105, 204.

canon del Decreto de Graciano [344] que regulaba no tuviera lugar la refección sino hasta recitadas las vísperas. [345]

Los autores morales especialmente se enfrentaron con varias disputas sobre la manera de computar la hora del mediodía, a saber, si sería permitido tomar la refección antes de la hora sexta o si debía interpretarse las doce exactas; mas, la común opinión favoreció que esta hora de mediodía no había de computarse astronómica o matemáticamente, sino más bien, moralmente, según las palabras del Angélico: "Non secundum subtilem examinationem, sed secundum grossam aestimationem." [346] Y así la mayoría de autores permitió hacer la refección en día de ayuno incluso a las once de la mañana. [347]

La Regla de S. Benito mandaba, que antes de recitar completas, los monjes se juntaran en conferencia para escuchar la lectura de las *Collationes,* i.e., las Conferencias de Casiano, Vidas de los Padres u otra lectura espiritual. [348] Y en el primer comentario a la Regla de San Benito, titulado *Regula Magistri,* se introdujo una nueva costumbre, permitiendo a los monjes cuando tenían la refección a la hora nona, el tomar durante la lectura antes de Completas, o sea, durante la Colación, cierta cantidad de vino a modo de refresco, por las fatigas sufridas en el día. [349] Esta facultad de tomar una bebida en días de ayuno además de la refección, ordinaria, fué extendida al ayuno de Cuaresma en el

345 Durando, ibid. Esta regla, de recitar las Vísperas en tiempo cuaresmal antes de la comida, todavía perdura como vestigio de la antigua disciplina, y es de obligación estricta si se reza públicamente en el coro, y recomendado cuando se reza en privado. Cf. Carpo, **Bibliotheca Liturgica**, p. 363; De Herdt, **Praxis S. Liturgiae**, III, n. 15.

346 **Summa**, 2-2, q. 147, art. 7.

347 Cf. La Croix, **Th. M.**, L. 3, nn. 1277 y 1283; Laymann, **Th. M.**, L. 4, tr. 8, c. 1, nn. 8 y 11; Salmanticenses, **Cursus Th. M.**, tr. 23, c. 2, nn. 84-90; Pascualigo, **Praxis Ieiunii**, decis. 143 y 144, nn. 6 y 11; Reiffenstuel, **Th. M.**, tr. 10, dist. 2, n. 12; Billuart, **Summa S. Thomae**, V. 178-179; Schmalzgrueber, **Jus Eccleleslasticum**, L. 3, tit. 46, n. 20. S. Alfonso que sostenía esta teoría en su **Th. M.**, IV, n. 1016, se unió a los 24 autores que él dice sostenían no poderse adelantar la hora notablemente, i.e., una hora, añadiendo que la otra opinión ni siquiera era probable, como puede verse en **Homo Apost.**, tr. 12, n. 21.

348 **S. Benedicti Regula**, c. 22 — Butler, pp. 80-81.

349 **Regula Magistri**, c. 27 — MPL 88, 995-997.

Capítulo General de Abades Benedictionos en Aix-la-Chapelle, a causa de la gran fatiga que sufrían celebrando con toda solemnidad los oficios del santo tiempo de Cuaresma.[350]

Esta costumbre llamada "Colación", fué muy pronto adoptada por los fieles en los ayunos obligatorios de la Iglesia, siendo solamente tolerada por los Obispos al principio; mas, se hizo tan común, que los mismos Obispos la autorizaron, viniendo a ser esto mitigación legal del precepto del ayuno.

Luego, introdújose también el tomar en la colación un poco de pan, además de la cantidad ordinaria de vino, viniendo a ser común el dicho: "ne potus noceat." [351] Inmediatamente se permitió usar algunas clases de viandas en la "Colación", aunque hubo varias discrepancias entre los autores acerca de la cualidad de alimentos permitidos, y de la cantidad que podía tomarse en esta pequeña refección, siendo unánimemente admitido que en toda "Colación" era prohibido el uso de carnes. [352]

Sin embargo, la ley de hacer una sola comida al día en tiempo de ayuno, continuó con el mismo rigor, como puede apreciarse por esta proposición condenada por Alejandro VII:

"In die ieiunii qui saepius modicum quid comedit, etiamsi notabilem quantitatem in fine comederit, non frangit ieiunium." [353]

Admitida la libertad de tomar bebidas en días de ayuno y de añadir la "Colación", otra nueva costumbre se introdujo en casi todas las regiones: el desayuno (frustulum),[354] aprobado para la región Canadiense por la respuesta que dió la Sagrada Penitenciaría en 1843. [355]

Benedicto XIV, ha sido uno de los más celosos pontífices,

---

350 C. Aquisgranense can. 12 — Harduinus 4, 1229.

351 Cf. Salmanticenses, **Cursus Th. M.**, tr. 25. c. 2, n. 66; Laymann, **Th. M.**, L. 4, tr. 8, c. 1, n. 9; Pasqualigo, **Praxis Ieiunii**, decis. 87, nn. 2-6.

352 Cf. Laymann, **obra y lugar citado**; Pascualigo, **obra cit.** decis., 88-91,; Ferraris, **Prompta Bibliotheca**, v. "ieiunium", art. 1, nn. 43 y 44.

353 **Proposición 29** — Denzinger, n. 1129.

354 Cf. Pascualigo, **obra cit.**, decis. 130, nn. 1-3.

355 **S. Penitentiaria**, 21 nov. 1843.

en hacer que estas dos cualidades del ayuno eclesiástico: a) tomar una refección al día, y b) a determinada hora, continuaran siendo observadas con exactitud no solo en el ayuno de Cuaresma, sino también en todos los demás, llegando a mandar que estas dos partes primordiales del ayuno fuesen guardadas aun por aquellos a quienes, dadas circunstancias especiales, se les permitía comer carnes, huevos y lacticinios.[356]

Como quiera que en la segunda parte de este estudio se trata detalladamente acerca de los *sujetos a la ley del ayuno*, preferimos omitirlo aquí para no dar lugar a repetición.

ARTICULO IX. CONCLUSION

Como habrá podido apreciarse por esta síntesis histórica del ayuno, en un principio la Iglesia Cristiana continuó observando los ayunos Hebreos ,aunque sin mandato alguno especial; pero los fieles pronto se desprendieron casi por completo de tales usos al instituir ayunos propiamente cristianos, como el del miércoles, viernes, y aun de modo más especial con el sabatino, que era diametralmente opuesto a toda la tradición judía.

La nota culminante en la historia del ayuno, la constituye el ayuno Cuaresmal, el cual desde el siglo IV era guardado por todas las Iglesias, con salvedad de ciertas diferencias en el número de días y la manera de practicarlo en alguna de ellas. Este ayuno de Cuaresma siempre estuvo pujante en el pueblo cristiano, llegando a formar el período más santo de todo el año.

Hasta el siglo VIII, el número de ayunos va gradualmente aumentando con la institución de Témporas, Adviento, Vigilias y Rogativas, todos impuestos en la época de más efer-

356 Benedicto XIV, ep. encycl. "**Libentissime**", 10 jun. 1745, § par. 3 — **Fontes**, n. 358; ep. "**Non ambigimus**", 30 mayo, 1741, § par. 4 — **Fontes**, n. 308; ep. "**In Suprema**", 22 ag. 1741 — **Fontes**, n. 314; ep. "**Si fraternitas**", 8 jul. 1744, § par. 1, 1 y 3 — **Fontes**, n. 342.

vescencia religiosa y casi a un mismo tiempo, aunque teniendo su comienzo en diversas provincias, y motivados por diferentes causas.

No hubo decadencia propiamente tal en la observancia de los ayunos eclesiásticos, sólo parciales vaivenes debidos a las circunstancias de los tiempos. En todos los siglos ha existido ejemplar cumplimiento por parte de los fieles guiados por sus Obispos, en este precepto penitencial.

No puede menos de admitirse que en los últimos años, ha reinado cierta despreocupación en el pueblo cristiano en lo que atañe a esta saludable práctica, mas en gran parte ha sido debido a las perturbaciones sociales, las cuales han traído consigo olas de indiferentismo religioso.

Con el celo de los Párrocos y Confesores, que son quienes más directamente gobiernan a las almas, la ley del ayuno continuará siendo en el pueblo cristiano una de las observaciones más altamente beneficiosas y estimadas, al menos por el mero hecho de ser un precepto impuesto por nuestra madre la Iglesia, a quien debemos obediencia filial.

Teniendo en cuenta la sinopsis histórica presentada en esta primera parte, la interpretación de la legislación actual sobre el ayuno y la abstinencia que inmediatamente vamos a exponer en la segunda parte, será más claramente comprendida y apreciada.

SEGUNDA PARTE

COMENTARIO

CAPITULO IV.

ABSTINENCIA

Canon 1250: Abstinentiae lex vetat carne jureque ex carne vesci, non autem ovis, lacticiniis et quibuslibet condimentis etiam ex adipe animalium.

ART. I—*QUE VEDA LA LEY DE LA ABSTINENCIA*

Ya se vió que antiguamente por Ayuno se entendía también la abstinencia. Mas desde el nuevo Código, la palabra Abstinencia legalmente no implica Ayuno, como tampoco el Ayuno indica Abstinencia, pues ésta subsiste por sí misma, como ya la inscripción del título con la preposición copulativa *et* indica: "De Abstinentia et Ieiunio", y todavía más claramente, la separación que hace el Código al definir la abstinencia en canon propio y diverso al del ayuno. Por lo tanto, no hay ningún género de duda que la ley de la abstinencia es una y distinta a la del ayuno. [1]

El canon 1250 determina el objeto de la ley eclesiástica de la abstinencia, la cual veda el que se tome carne y caldo de carne. Esta prohibición es absoluta, aunque conforme a la opinión de los autores, según sea mayor o menor la cantidad que se tome, hará el que esta prohibición obligue bajo pecado grave o leve. El Código nada establece acerca de la materia requerida para violar gravemente la abstinencia; pero en la práctica los moralistas aunque discrepan entre sí, se han visto obligados a determinar fijamente cuanto puede tomarse sin quebrantar gravemente esta ley.

Muy disputada ha sido la cuestión sobre la cantidad necesaria para que exista pecado grave. *Per se,* la ley de la abstinencia obliga bajo pecado grave, mas los autores uná-

1 Contra Noldin, De praeceptis, n. 678, quien mantiene que el ayuno implica abstinencia.

nimemente admiten parvedad de materia, la cual es casi imposible determinar. [2]

Todos los moralistas convienen en la teoría de que es tenido por materia grave aquello que nutre notablemente, mas, por ser esta regla demasiado indifinida, los escritores se vieron precisados a dar normas más exactas.

Varios autores antiguos, [3] sostenían que bastaba excediera *media onza* para constituir materia grave. Los Salmanticenses juzgaron que la *octava parte* de una onza era materia leve, [4] y el mismo S. Alfonso aprueba esta sentencia. [5] Hablando de sola la abstinencia, Reuter dice que lo que moralmente considerado supera *una onza*, es materia grave.[6]

Pronto los autores aumentaron la cantidad requerida, siendo sostenido hasta nuestros días que *probabiliter* se requieren *dos onzas* (cerca de 60 gramos) para que exista materia grave. [7]

La ley de la abstinencia, como es un precepto negativo, obliga *semper et pro semper;* de manera que cuantas veces uno coma suficiente cantidad de carne en actos moralmente distintos, otras tantas pecará gravemente, según afirmaban ya los autores antiguos, y continúan sosteniendo los modernos; [8] aunque bueno será anotar lo que advierte Tan-

---

2 Cf. S. Alfonso, **Th. M.**, IV, 1030; Ballerini, **Th. M.**, II, 1154; Noldin, **De praeceptis**, 674, 3; Prümmer, **Manuale Th. M.**, II, n. 661; A Coronata, **De locis et temporibus sacris**, n. 306; Aertnys-Damen, **Th. M.**, I, n. 1054.

3 Cf. Pascualigo, **Praxis Ieiunii**, decis. 42.

4 Salamanticenses, **Cursus Th.** M., tr. 23, c. 2, n. 17.

5 **Th. M.**, IV, 1029.

6 Reuter, **Th. M.**, p. 2, tr. 3, c. 2, n. 167.

7 Cf. Stoz, **Trib. Poenit.**, L. 1, p. 3, n. 528; Genicot, **Th. M.**, III, 443; Ball. — P., **Th. M.**, II, 1155; Noldin, **De Praeceptis**, n. 974; Lehmkuhl, **Th. M.**, I, 1207; Tanquery, **Th. M.**, II, 1106; Nicolas, **Compendium Salmant.**, n. 1535; Prümmer, ob. cit., II, n. 661; Colli-Lanzi, **Th. M. Universa**, III, n. 1876.

8 Cf. Salmanticenses, **Cursus Th. M.**, tr. 23, c. 2, n. 29; S. Alfonso, **Homo Ap.**, n. 20; Ferraris, **Prompta Bibliotheca**, v. "Ieiunium", art. 1, n. 36; Scavini, **Th. M. Universa**, I, 303; Genicot, **Th. M.**, I, 444; Noldin, **Depraeceptis**, n. 674; 4; Lehmkuhl, **Th. M.**, I, 1469 3; Gury-Ferreres, **Th. M.**, I, 494; A Coronata, **De locis et temporibus sacris**, n. 304; Nicolas, **Compendium Salmant.**, no. 1535; Ubach, **Compendium Th. M.**, I, n. 364; Periodica, XI, (1923), (25); Koch-Preuss, **Handbook of Moral Theology**, IV, p. 375; Colli-Lanzi, **Th. M. Universa**, III, n. 1865; Marc, **Th. M.**, I, n. 1228; Busquet-Bayón, **Thesaurus Confessarii**, n. 622; Barthier-Arquer, **Consultorio del Clero**, n. 3005.

querey, que *in praxi*, hay que atender a las disposiciones psicológicas de quien viola la ley, puesto que frecuentemente, muchas personas creen cometer un solo pecado a pesar de que en un mismo día coman varias veces carne.[9]

El infringir el precepto de la abstinencia comiendo un poquito de carne en diversas horas del día será pecado mortal, cuando juntando lo comido en estas horas llegue a formar materia grave, pues de otro modo, la ley de la abstinencia quedaría reducida al ridículo, de hecho no existiría. De ahí el que Alejandro VII condenara esta proposición: "In die ieiunii qui saepius modicum quid comedit, etsi notabilem quantitatem in fine comederit, non frangit ieuniun." [10]

ART. II *QUE SE ENTIENDE POR CARNE y CALDO DE CARNE.*

El Código prohibe el uso de carnes en día de abstinencia, por ser ya desde los primeros siglos de la Iglesia lo más estrictamente vedado en día de ayuno; además, por ser la carne lo que mayor deleite causa al paladar y lo que tiene más nutrimiento; de manera que siendo una mortificación de lo mejor, es también más agradable a Dios. [11]

Como quiera que la primera parte de este canon referente a la abstinencia de carne y caldo de carne, reproduce el derecho antiguo, se habrá de interpretar en este punto que convienen ambos derechos, según el antiguo. [12]

I. La primera regla para saber qué se entiende por carne consiste, en ajustarse ante todo a la común estimación de

9 Tanquerey, Th. M., II, 1116; Lo mismo advierte Prümmer, Manuale Th. M., II, n. 663, 5.

10 Prop. 29 — Denzinger, n. 1129.

11 Summa, 2, 2, q. 147, a. 8, ad 2.

12 Cf. Blat, Commentarium, III, 113.

los fieles y a la costumbre;[13] no a la ciencia o teorías de los físicos.[14]

Una de las razones para sostener y anteponer a cualquier otra regla la mencionada debe ser, porque hay que tener presente que la ley eclesiástica de la abstinencia siempre ha sido introducida y regulada por la costumbre, de manera que según la costumbre de los diversos lugares es como se ha de interpretar y aplicar.

II. Santo Tomás da la regla general de que se entiende por carne, todos aquellos animales de sangre caliente y que respiran y viven en la tierra.[15] Esta norma del Angélico es unánimemente admitida por los autores, mas solamente en el caso que no existiera costumbre en una región, como sería principalmente al tratarse de distinguir animales muy poco conocidos.[16]

Bajo el concepto de S. Tomás, será tenida como carne toda comida que se compone de animales de la tierra o del aire, en contraposición de la de pescado. De modo que puede decirse que los animales, en relación a la ley de la abstinencia, se catalogan en esta única división: Carne y Pez.[17]

Entiéndese por *pez*, la carne de animales que viven en las aguas y tienen sangre fría. Se *equiparan* a peces, muchos animales que no tienen sangre o la tienen fría, como son los que viven y respiran en las aguas cual los peces, o ya se alimentan de peces; pues según la doctrina de Sto. Tomás, al hablarse de abstinencia sólo se entiende por *carne* la de los animales de sangre caliente.[18]

---

13 Cf. S. Alfonso, **Th. M.**, IV, 1011; Ballerini, **Th. M.**, II, 1110; Noldin, **Depraeceptis**, n. 675; Ubach, **Compendium Th. M.**, I, n. 364

14 Cf. Vermeersch, **Th. M.**, III, n. 873 y **Epitome**, II, 565; Tanquerey, **Th. M.**, II, n. 1104; Noldin, **De praeceptis**, n. 675; Scavini, **Th. M. Universa**, I, n. 297; Bouuaert-Simenon, **Manuale J. Canonici**, III, n. 62; Ferreres, **Th. M.**, I. n. 597.

15 **Summa**, 2, 2, q. 147, a. 8.

16 Cf. Lehmkuhl, **Th. M.**, I, 1458; Vermeersch, **Epitome**, II, 565; Nicolas, **Compendium Salmant.**, n. 1534; Merkelbach, **Th. M.**, II, 955; etc.

17 Cf. Genicot, **Th. M.**, I, 442.

18 Cf. Merkelbach, **Th. M.**, II, 955.

Son tenidos como peces:

I. *Ex natura sua, y que tienen sangre fría:*

a) Los reptiles y anfibios, como las ranas.
b) Los Moluscos, como los caracoles, conchas, ostras.
c) Los Equinodermos, como los equinoides.
d) Los Crustáceos, como los cangrejos.
e) Los Insectos, como las langostas.

Son además tenidos como tales:

II. *Ex acceptione communi hominum*, algunos mamíferos y volátiles:[20]

a) Los que siempre viven en el agua, como la ballena, admitida en todas partes como pez.
b) Los que en parte viven en el agua, o en ella buscan la comida, ya vivan en la tierra, ya en el aire.

Estos, en algunas regiones son tenidos como tales y en otras no; entre ellos pueden enumerarse las nutrias (lutrae), los castores, las gaviotas (fulicae), los ánades (anates), las focas (phocae), las mosras (tricheci), los patos (colymbi), los cuervos marinos, las agujas de mar, y los ánades silvestres. Donde haya costumbre establecida, todos estos mamíferos están permitidos en día de abstinencia.

Cuando existiese *duda* acerca de si un animal es carne o pez, o si hay tal costumbre o no, siempre es lícito comerlo: pues lo que no consta con certitud ser carne, no está prohibido.[21]

Bajo el significado eclesiástico de *carne* se comprende

---

19 Para saber el nombre de cada pez de los que se comprenden bajo cada una de estas clasificaciones, véase Antonelli, **Medicina Pastoralis**, II, n. 867.

20 Antonelli—**ob. y l. cit.**—, clasifica como ciertamente prohibidos en día de abstinencia todos los mamíferos y que tienen sangre caliente, lo cual no es cierto, pues ante todo hay que seguir la costumbre de cada región, y no hay duda que existen muchos lugares donde algunos de estos animales son tenidos como peces.

21 Cf. Genicot, **Th. M.**, I, 442; Noldin, **De praeceptis**, n. 675; Prümmer, **ob. cit.**, n. 663; Aretnys-Damen, **Th. M.**, I, n. 1041; Marc, **Th. M.**, I, n. 1227; Vermeersch. **Epitome**, II, 565; Nicolas, **Compendium Salmant.**, n. 1534; A Coronata, **De locis et temporibus sacris**, n. 297; Antonelli, **Medicina Pastoralis**, II, n. 866; Busquet-Bayón, **Thesaurus Confessarii**, n. 622.

todas las partes de los animales prohibidos: como la sangre, la médula de los huesos, los sesos, etc., a no ser que por la costumbre o indulto, esté permitido. No se incluye en este significado ni la grasa ni lo que se deriva de estos animales, como los huevos, leche, etc., pues claramente lo exceptúa el mismo canon 1250.

CALDO DE CARNE.

El Código va más en detalle en el análisis del concepto carne al expresar que también se veda en día de abstinencia el caldo de carne, comprendiendo bajo este significado las siguientes clases de caldo:

a) El Jugo (consomé) extraído de la carne para sacarle la substancia.
b) El caldo (jusculum) que contiene las partes más menudas de la carne que quedan en el cocido.
c) Las comidas condimentadas con carne, v.gr. pork and beans. [22]
d) En general, los extractos de carne.

Algunos autores dicen que "Liebig" se debe considerar como carne; [23] sin embargo, hay que tener en cuenta que es un producto químico. Merkelbach parece sostiene contra A Coronata, que aún el "Brodo Maggi" está prohibido en día de abstinencia. [24] Pero hay que advertir que el "Brodo Maggi" está hecho principalmente de legumbres, aunque también contiene carne.

Noldin y Cochi dicen que el caldo hecho de "dadi Maggi",

---

22 Cf. "Pork and Beans and the Law of Abstinence", **Ecclesiastical Review**, LXXXVIII (1933), 67.

23 A Coronata, **De locis et temporibus sacris**, n. 2971; mas este mismo autor en **Institutiones**, II, n. 825, ya hace distinción sobre esto, diciendo que solamente se prohibe el tomar "Liebig" en día de abstinencia, "si agatur de vera ex carne extratione". Vermersch, **Epitome**, II, 565; Merkelbach, **Th. M.**, II, 956; Bouuaert-Simenon, **Mannale J. Canonici**, III, n. 62.

24 Cf. Merkelbach, **Th. M.**, II, n. 956, por las palabras que añade después de liebig, "et producta similia". También Vermeersch parece está en contra de A Coronata, **Epitome**, II, 565; A Coronata, **ob. y l. cit.**

"dadi Australia", es sin duda lícito, puesto que tales *dadi* no son confeccionados de carne.[25]

Aquellas sustancias, como *Peptonas,* que según el uso vulgar no se tienen como carne, ni gustan como carne, no parecen estar comprendidas bajo la prohibición eclesiástica de carne.[26] Esta sentencia de Vermeersch está en conformidad con la teoría que Genicot ya sostuvo contra muchos autores, quien decía "non inquietandos esse" a quienes comieran de tales sustancias, pues aunque tienen nutrición como la carne, carecen del deleite por el cual se suele apetecer la carne, antes bien debían enumerarse entre las medicinas.[26 bis] Mas la mayoría de los autores sostienen lo contrario; entre los más acérrimos contrincantes está Lehmkuhl, quien dice, que entre los manjares vedados en día de abstinencia están las peptonas que se preparan de carne, pues no son más que carne parcialmente ya digerida al ser mezlcada con la pepsina y demás ingredientes, y que son muy nutritivas y fácil de digerir.[27]

Por *Peptona* se entiende las sustancias albuminosas que por la acción del jugo gástrico (pepsina y ácido clorhídrico) de la pancreatina y de otros fermentos son solubles en el agua, a una temperatura de 35 a 40° centígrados. Esta circunstancia permite la digestión artifical de las peptonas, pues se les puede administrar a un enfermo aún en forma de enema, y la temperatura normal del cuerpo ordinariamente de 37 grados, facilita la disolución de dichas sustancias, y por consiguiente, la nutrición del enfermo.

Según su procedencia y el fermento empleado en su obtención, las peptonas reciben diferentes nombres: *albuminopeptona, fibrinopeptona, caseinopeptona peptona de la carne,*

---

25 Noldin, **De praeceptis**, n. 675; Cocchi, **Commentarium**, L. 3, n. 83.

26 Vermeersch, **Th. M., III**, n. 873 y **Epitome, II**, 565; Bouuaert-Simenon, **Manuale J. Canonici**, III, n. 62.

26 bis Genicot, **Th. M.**, I, 442.

27 Lehmkuhl, **Th. M., I**, 1458, nota 1. Lo mismo dicen: Noldin, **De praeceptis**, n. 675; Prümmer, **Manuale Th. M.**, II, n. 663; Marc, **Th. M., I**, 1227; Aertnys-Damen, **Th. M.**, I, 1041; Antonelli, **Medicina Pastoralis**, II, 868-871; y finalmente Merkelbach, quien increpa acérrimamente a los dos autores contrarios a esta teoría, **Th. M.**, II, 956.

peptona pepsica, peptona pancreatica y *peptona papaica.* La petona obtenida de carne, albúmina (huevo), caseina, fibrina (sangre), se emplea como alimento para enfermos. De la *albuminopeptona* y *caseinopeptona* no hay necesidad de discutir, ya que ahora tratamos de abstinencia de carne.

Peptona de carne.—Para obtener peptona de carne, se trinchan 1000 partes de carne muscular de vaca, exenta de grasa y de huesos, formando una masa uniforme, lo más fina posible; se le añaden 2000 partes de agua, 30 de ácido clorhídrico de 25 por 100, y 5 de buena pepsina, manteniendo la mezcla entre 35 y 40° hasta que se ha disuelto la fibra muscular, que suele ser al cabo de dos o tres días. Se pasa el líquido por un colador, se neutraliza con solución de carbonato sódico, se calienta corto tiempo a 100°, se cuela otra vez después de dejarlo posar, o se filtra después de añadirle algo de alcohol, y el líquido diáfano se concentra hasta consistencia de jarabe. La peptona Witte parece ser una peptona preparada de un modo parecido.

Fibrinopeptona.—Para obtenerla, se emplean 100 partes de fibrina de sangre lavada y fresca, 500 de agua, 10 de ácido clorhídrico de 25 por 100 y 0, 5 de buena pepsina; se mantiene la mezcla entre 35 y 40°, agitándola a menudo, hasta que se ha disuelto toda la fibrina y se trata entonces el líquido filtrado de la manera indicada respecto de la peptona de carne. A la peptona obtenida de esta manera, contraida hasta consistencia de jarabe, se le añade ordinariamente un 5 por 100 de extracto de carne. [28]

El uso de las peptonas se ha reducido al de los enemas llamados peptonizados. Estos pueden bastar para sostener las fuerzas haciéndolos preceder de un enema abundante de agua. La dosis de dos cucharadas de las de postre de peptona sólida o de dos cucharadas de las de sopa de peptona líquida. Se administra esta dosis en un vaso de leche

---

28 A manera de ejemplo puede servir la peptona líquida Denaeyer, la cual parece prepararse mediante la carne de vaca por digestión con pepsina y ácido clorhídico.

donde se habrá batido una yema de huevo. Algunos autores prefieren las peptonas en forma de inyección. Estos enemas peptonizados se usan en los casos en que es imposible la alimentación por la vía gástrica (vómitos de la taxia locomotriz, estrechez del esófago). Además de la forma de enemas, puede administrarse la peptona seca y la líquida; la primera se toma en obleas de O'50 al gramo y la última en cucharadas (cuatro al día) en otro líquido alimenticio (caldo, leche), o en vino generoso. [29]

Según esto, en cuanto al uso de la peptona más bien hay que seguir la opinión de Vermeersch y Genicot. En todo caso, aún admitiendo que la peptona de carne y la fibrinopeptona deban considerarse como carne, su uso no debe considerarse prohibido en día de abstinencia, pues se administra en muy pequeñas dosis. Esto puede decirse no solamente de las personas que toman peptonas por estar propiamente enfermas, las cuales por lo mismo están dispensadas de la ley de la abstinencia, sino también de aquellas personas que pueden observar la abstinencia, pero padecen difícil digestión, y necesitan algún preparado como la peptona. [30]

Los autores, hablando sobre las sustancias llamadas *gelatinas*, solían distinguir de la siguiente forma: si la gelatina estaba hecha de peces, era tenida como lícita; si de huesos de ternera, dudosa; si de caldo de carne, ilícita. [31] Vermeersch, sin embargo, asegura que son permitidas tales sustancias, pues no hay que buscar el origen de las dichas gelatinas, las cuales se obtienen de huesos de ternera. [32] Y la

---

29 Véase la **Enciclopedia Espasa**, p. "Peptona".

30 En cuanto a la medicina llamada "Sédobrol", St. Willems dice—**Collationes Brugenses**, XXX (1930), 463.—que éste preparado contiene 2 o 3 gramos de extracto de carne, 1 de bromuro de Sodio, y 1 decígramo de cloruro de Sodio, y que se administra en pequeños cubos (más o menos ½ cm3) que se deben diluir en agua caliente para preparar el caldo llamado "Bouillon de Sédobrol", y que por consiguiente, se puede tomar por prescripción dos o tres veces al día sin quebrantar la ley de la abstinencia; y añade: "Nec timendum videtur periculum ne talia in maiori quantitie sumantur in fraudem legis!"

31 Merkelbach, **Th. M.**, II, 956.

32 Vermeersch, **Th. M.**, III, n. 873 y Epitome, II, 965.

Ecclesiastical Review asegura que las gelatinas son absolutamente permitidas, pues aunque la sustancia original está sacada de animales, acontece un cambio químico y viene a resultar una nueva sustancia.[33]

La *gelatina* propiamente dicha es una sustancia sólida, incolora y transparente, inodora, insípida, y notable por su mucha coherencia. En agua fría se hablanda, pero no se disuelve. Se saca de ciertas partes blandas de los animales y de sus huesos, cuernos y raeduras de pieles, haciéndosele hervir.

Hay que distinguir entre la gelatina pura y la gelatina mezclada de impurezas (cola, o gelatina industrial). En la industria, se suele distinguir la cola según las materias que han servido para obtenerla: cola de *piel* o cuero, (desperdicios de las fábricas de curtidos, raspaduras de pieles, etc.), cola de *huesos*, (se les separa la grasa y fósforo cálcico, etc., y el residuo: la oseína o colageaso, se lava con agua y se somete a la acción de vapor), y cola de *pescado*, (de la piel, vejigas, intestinos, etc., de los peces cartilaginosos por cocción prolongada con agua). La gelatina más pura se obtiene de huesos de ternera y retazos de cuero de ternera elegidos y limpiados con cuidado, o transformando la cola ordinaria en gelatina.

Además de la gelatina de animales hay también la llamada gelatina o cola *vegetal*, obtenida de los tejidos vegetales y de ciertas algas.

Se ha discutido bastante respecto del poder nutritivo de la gelatina. En primer lugar, el valor alimenticio de las gelatinas, de carne de una u otra clase, evidentemente ha de ser muy inferior a lo que algunas personas creen, ya que la gran masa de estas gelatinas no es más que agua. Pero aún considerando el valor alimenticio de la gelatina de por sí, prescindiendo del agua que la acompaña, parece que este valor es muy dudoso; pero aún cuando contenga mucho ni-

33 Ecclesiastical Review, LXXXI (1929), 188; Sabetti-Barrett Compendium Th. M., n. 331, también afirma estas están permitidas en día de abstinencia.

trógeno, no parece servir de gran cosa por lo que se refiere a la formación del tejido muscular. Con todo, se ha dicho que tal vez tenga algún valor como sustancia productora de calor en el organismo, substituyendo así la parte de las materias grasas o de los hidratos de carbono.[34]

En caso de duda, dice Merkelbach, si algo es *extracto* de carne o no, como quiera que es "dubium practicum facti" hay que aclararlo antes de determinarse, y si aún asi no se saca nada en concreto, "a cibo dubio esset obstinendum."[35] Mas, la razón que este preclaro autor aduce es, que así se obraría *tutius;*[36] y así tomado, esto parece ser con detrimento de los fieles, pues sería agravarles la carga; más bien habrá que sostener aquello de *in dubio libertas.*

ART. III. *LACTICINIOS Y ALIMENTOS CONDIMENTADOS* CON GRASA NO ESTAN VEDADOS

La segunda parte del canon 1250 es una modificación, o más bien, un cambio del derecho antiguo; de ahí el que debe interpretarse o ser juzgado según su sentido propio.[37]

Se entiende por *lacticinios* la leche y todas aquellas cosas que de ella se obtienen, como la mantequilla, el queso, etc.

Ya desde muy antiguo vigió la prohibición de comer huevos y lacticinios en día de abstinencia, siendo vedados por ser las carnes y lacticinios lo que más gusta y alimenta.[38] Esta prohibición solamente regía durante Cuaresma, por ser el ayuno por antonomasia, y así, distinguirlo de los demás.[39] Mas, en algunas regiones, la abstención de lacticinios y huevos se extendió también a los ayunos restantes

---

34 Véase la Encicl. Espasa, p. "gelatina".
35 Th. M., II, n. 956.
36 Cf. el mismo lugar y el n. 103, 2.
37 Cf. C. 6, §3.
38 Cf. C. 6, D. IV; Summa, 2, 2, q. 147, a. 8.
39 Cf. Summa, l. c.

del año,[40] aunque la norma general era, que no existía prohibición alguna sobre este punto, sino en el ayuno cuaresmal.[41]

Este precepto de abstenerse de lacticinios y huevos obligaba *sub gravi*, según afirmaban unánimemente los Doctores y se comprueba al condenar Alejandro VII esta proposición:

"Non est evidens, quod consuetudo non comedendi ova, et lacticinia in Quadragesima obliget."[42]

Esta obligación regía incluso en los domingos de Cuaresma, según la opinión comunmente admitida, puesto que ni la ley la exceptuaba, ni la costumbre.[43]

Anteriormente al Código, ya en muchas diócesis se dispensaba de esta ley, permitiéndose muy fácilmente el uso de lacticinios y huevos.[44]

El nuevo Código ha abolido esta prohibición, simplificando de esta manera la ley de la abstinencia; de modo que según éste en todo el mundo se permite tomar en día de abstinencia:

1) Huevos en general, ya sean de animales terrestres, ya sean de aves.
2) Lacticinios, es decir: la leche misma y lo que se deriva de ella, como el queso, etc.
3) Cualquier género de condimentos, aunque procedan de carne, como la grasa de los animales.

Bajo el nombre de *condimentos* se indica aquello que se añade al manjar principal para sazonarlo, ya sea líquido,

---

40 Cf. Salmanticenses, Cursus Th. M., tr. 23, c. 2, n. 33.

41 Cf. Laymann, Th. M., L. 4, tr. 8, c. 1, n. 3; S. Alfonso, Th. M., IV, 1009; Homo Ap., tr. 12, n. 3.

42 Prop. 32 — Denzinger, n. 1132.

43 Cf. Salmanticenses, Cursus Th. M., tr. 23, c. 2, nn. 36, 37 y 39; S. Alfonso, Th. M., IV, 1007. Mas, Pascualigo — Praxis Ieiunii, decis. 72 — y alguno que otro, sostenía lo contrario.

44 Cf. Lehmkuhl, Th. M., I, 1466; Gury-Ferreres, Th. M., I, 502. En las regiones de Alemania, esta ley estaba abrogada porque existía costumbre contraria. Noldin, De praeceptis (ed. 1911), n. 677.

ya sólido, [45] v. gr. la sal, el ajo, la canela, vainilla, y en general, todas las especies.

En sentido más lato se entiende como condimento, cualquier salsa o aderezo preparado con especies para sazonar la comida y darle buen sabor. En este sentido aún el aceite o manteca, usados primariamente para preparar la comida, se pueden considerar como condimentos.

Antiguamente estaba prohibido el usar manteca de cerdo (laridum) y grasa (adeps) de animales derritida al fuego, a no ser en algún lugar particular donde hubiera costumbre opuesta; [46] mas, ya anteriormente al Código la Santa Sede dispensaba con frecuencia de la veda de usar condimentos de manteca, dando a este nombre un sentido muy amplio, puesto que no lo restringió a la manteca de cerdo, sino que las dispensas concedidas para tomar manteca se referían a la de cualquier animal, según se desprende de una respuesta del S. Oficio. [47] Poco más tarde, por concesión de León XIII también se dispensó el tomar mantequilla de vaca (butyrum) en día de abstinencia. [48] También fué permitida la manteca de cerdo y el usar margarina, esto es, mantequilla de grasa de vaca artificialmente confeccionada, [49] y aquellos residuos sólidos de la manteca (frustula laridi) que permanecen mezclados en la comida después de cocinada, y el uso del aceite con el que la carne ha sido frita. [50]

---

45 Cf. Vermeersch, **Th. M.**, III, n. 873 y **Epitome**, II, n. 565; Bouuaert-Simenon, **Manuale J. Canonici**, III, n. 62.

46 Cf. S. Alfonso, **Th. M.**, IV, 1010.

47 S. Off., 1 mayo, 1889 — **Fontes**, n. 1116.

48 S. Off., 13 de mayo, 1896 — **Fontes**, n. 1179.

49 S. Off., 6 de Sept., 1899 — **Fontes**, n. 1228.

50 S. Poenitent. 17 nov., 1897. La misma S. Penitenciaría declaró cómo el **jusculum carnis coctae**, no se comprendía bajo el término **condimentum ex adipe** — en el día 30 de en. de 1866 — **Collect.** n. 1281—, y más recientemente la S. C. del Concilio reafirmó lo mismo. — S. C. Concilii, 29 de abr. 1911-AAS III (1911), 274-277.

CAPITULO V.

AYUNO

Canon 1251—§ 1: Lex ieiunii praescribit ut nonnisi unica per diem comestio fiat; sed non vetat aliquid cibi mane et vespere sumere, servata tamen circa ciborum quantitatem et qualitatem probata locorum consuetudine.

§ 2: Nec vetitum est carnes ac pisces in eadem refectione permiscere; nec serotinam refectionem cum prandio permature.

ART. I—*QUE SE ENTIENDE POR AYUNO*

Se dijo al principio de esta disertación acerca de el significado del ayuno, su origen, y las varias clases que existen, haciendo notar cómo en el presente trabajo solamente se trataba del Ayuno eclesiástico.

El ayuno eclesiástico, según la nueva siginificación que le da el Código, estriba en que se haga una sola comida al día es decir, que desde media noche a media noche se tome sólo una refección. De esta manera, el Código claramente determina cómo la abstinencia de carne *per se,* no pertenece a la sustancia del ayuno. Digo per se, porque indirectamente la ley del ayuno implica cierta obligación de abstinencia, ya que la Colación y Parvedad se permiten, observando la costumbre del lugar sobre la calidad de los manjares que se usan en estas refecciones menores; ahora bien; hasta el presente, en ninguna parte se ha introducido la costumbre de tomar carne en día de ayuno fuera de la comida principal; de ahí el que el Presidente de la Comisión para la interpretación del nuevo Código negara ser lícito comer carne varias veces en día de ayuno.[1]

Aunque el Código determina expresamente que la comida ha de ser *una*, nada absolutamente prescribe acerca de la *cantidad* que en ella puede tomarse; de lo cual se deduce, que en dicha comida principal uno puede comer todo cuanto guste sin infringir la ley del ayuno, pues en todo caso se violaría la ley de la temperancia, como ya decían los autores anteriores al Código.[2]

ART. II—*UNICA COMIDA AL DIA.*

El tomar una sola refección al día constituyó en la antigua ley una de las partes esenciales del ayuno eclesiástico; por lo tanto, en la interpretación del nuevo Código habrá de seguirse a los autores anteriores al mismo.[3]

Por *única comida* ha de entenderse una refección plena, tal como se aceptaba ya antes del Código.[4]

Actualmente no hay restricción alguna acerca de la clase o calidad de manjares que pueden tomarse en esta refección, si exceptuamos cuando es día de abstinencia y ayuno juntamente; como tampoco señala la cantidad que puede tomarse en esta comida. Así que en esta refección principal será lícito comer toda clase de manjares y en la cantidad que uno quiera.[5]

Nada determina este canon 1251 sobre la *hora* en que esta comida puede tener lugar. Parece, sin embargo, que el Có-

---

1 Día 29 de oct., 1919-AAS XI (1919), 480. Su Santidad Pío XI concedió el 11 de feb. de 1922 el que en Alemania se tomara en ciertos días de ayuno carnes no solo en la refección principal, sino también en la Colación. Cf. A Coronata, **Istitutiones Canonicae, II**, p. 144, nota 4.

2 Cf. Salmanticenses, **Cursus Th. M.**, tr. 23, c. 2, n. 43; Lacroix, **Th. M.**, L. 3., p. 2, n. 1288, quien cita otros autores.

3 Los escritores, tratando del ayuno, suelen usar la palabra **coena** bajo el significado de **Prandium**, i.e. comida. Véase Ball.-P., **Th. M.**, II, 1123.

4 Cf. Vermeersch, **Epitome**, II, 566.

5 Si alguien comiera demasiado en la refección, quebrantaría la ley de la temperancia, mas no el precepto del ayuno eclesiástico.

digo indirectamente indica que esta refección ha de tener lugar hacia el mediodía, puesto que en el §1 del mencionado canon añade que también es lícito tomar algún alimento *mane* et *vespere,* i.e., que parece presuponer la comida entre las otras dos refecciones más ligeras. [6]

En tiempo de Sto. Tomás, la comida se solía hacer al mediodía, [7] continuando sin cambio alguno a través de los siglos; de manera que, dada la *costumbre universal,* la hora en que se supone ha de tomarse la comida principal, es hacia el mediodía. [8] Hay que notar que siempre que exista causa razonable, la comida principal puede tomarse a cualquier hora del día. [9]

Los Moralistas disputan si la hora en que puede tomarse la comida en día de ayuno pertenece a la substancia del ayuno y es parte integral de éste, o solamente una circunstancia accidental. No hay duda que en la edad media y siglos posteriores la hora especial de la refección principal era uno de los elementos esenciales para guardar el ayuno; mas, los tratadistas modernos casi unánimemente afirman no pertenecer ésta a la sustancia del ayuno eclesiástico, obligando tan solo bajo pecado leve, puesto que el Código claramente establece que el ayuno consiste en una sola refección, sin añadir nada más, y de otra manera, es decir, si la hora fuera parte esencial del mismo, la ley lo advertiría. Merkelbach, sin embargo, autor modernísimo, sostiene todavía que la hora de la comida pertenece a la substancia del ayuno, asegurando que comete pecado mortal quien anticipa notablemente su hora antes del mediodía. [10]

Mas, varios autores anteriores al Código y los posteriores afirman, que el anticipar la hora de la refección en día de

6 Véase además el §2, en que se permite tomar la comida "prandium" en lugar de la coenula.

7 Summa, 2, 2, q. 147, a. 7.

8 Cf. S. Alfonso, Th. M., IV, 1016; Homo Ap., n. 9; Ferraris, Prompta Bibliotheca, v. "ieiunium", a. 1, n. 6; etc.; Merkelbach, Th. M., II, 950.

9 Lahmkuhl, Th. M., I, n. 1468; Noldin, De praeceptis, n. 674; Prümmer, Manuale Th. M., II, n. 652 y 654; Tanquerey, Synopsis Th. M., II, n. 1114.

10 Th. M., II, 950.

ayuno sin causa notable, no es pecado grave, pues la circunstancia del tiempo respecto al ayuno eclesiástico es accidental. [11]

El *dilatar* la refección en día de ayuno ya sea con causa o sin ella, nunca será pecado, pues la tradición ha sido el tomar esta comida al principio en el anochecer, luego a la hora de vísperas, i.e. a las tres de la tarde, y luego al mediodía. [12]

Sobre *anticipar* la comida habrá que distinguir: Si no se anticipa más de *una hora*, es lícito hacerlo, aún sin causa especial alguna. [13] El anticiparla más de *dos* horas es ilícito, a no ser que exista causa leve que lo justifique. S. Alfonso dijo ser la opinión más común y probable, que el anticipar la refección en día de ayuno, nunca llegaría a ser pecado grave, puesto que mientras se tomara solamente una comida al día, no se quebrantaba el fin del ayuno; mas luego retractóse diciendo que esta sentencia no era ni siquiera probable, y afirmó debía sostenerse que la anticipación notable era pecado grave. [14]

A pesar de esta teoría de S. Alfonso, la doctrina de los Salmanticenses que él en un principio seguía, prevaleció hasta nuestros días, llegando a ser esta sentencia en verdad la más común y probable. [15]

No hay ningún género de duda que cuando haya alguna razón suficiente, será permitido adelantar la hora de la comida cuanto tiempo uno desee, como sería en el caso de tener que emprender un viaje; en este caso, uno podría tomar la comida principal por la mañana, si de esta suerte podía guardarse la sustancia del ayuno. [16] Si en algún lugar

---

11 Cf. Nicolas, **Compendium Salmant.**, n. 1545, quien dice ya los Salmanticenses enseñaban esta doctrina. Noldin, **De praeceptis**, n. 684; Ferreres, **Th. M.**, I, n. 616.

12 Cf. Merkelbach, **obra cit.**, n. 953.

13 Cf. S. Alfonso, **Th. M.**, IV, 1016.

14 Cf. S. Alfonso, **Th. M.**, IV, n. 1016, y en **Homo Ap.**, tr. 12, n. 21.

15 Cf. Salmanticenses, **Cursus Th. M.**, tr. 23, c. 2, nn. 87-89; Laymann, **Th. M.**, c. 3, n. 10, quien cita otros. Ball.-P., **Th. M.**, II, 1118.

16 Cf. Aertnys-Damen, **Th. M.**, I, 1045.

o ciertas personas tomando la refección principal por la mañana pudieran guardar la ley del ayuno que de otro modo no observarían de ninguna manera, podría hacerse sin pecado alguno, y sobre todo si existiera costumbre.

Como la comida ha de ser única, también se viola esta ley tomando varias refecciones o partes de refección, puesto que la comida debe ser *moraliter unica.* Para que esta regla se cumpla, no deberá *interrumpirse,* es decir, no se habrá de dividir la refección en diferentes partes de tiempo, pues entonces vendrían a resultar varias comidas, y no una moraliter continua. [17]

Según la mayoría de los autores, la interrupción bastante mayor a *una hora* sin causa alguna, es *notable* interrupción, viniendo a constituir dos comidas, y es pecado grave. [18] Mas, la interrupción notable de dos o tres horas ex *justa causa,* no impide el que después se continúe la misma comida sin cometer pecado, puesto que la Iglesia no intenta privar a nadie del sustento necesario. [19]

La interrupción será *leve,* si no excede la media hora. Esta, aunque no exista causa justa, no contradice a la ley del ayuno. [20]

También se opone a que la comida sea única, el *prolongarla* por muy largo espacio de tiempo, pues entonces virtualmente se multiplicaría. Según los tratadistas, si esta prolongación durara más de dos horas continuas ,ya no sería única refección, a no ser que dicha prolongación se de-

---

17 Cf. S. Alfonso, **Th. M.,** IV, 1020; Ferraris, **Prompta Bibliotheca,** Noldin, **De praeceptis,** n. 682; Tanquerey, **Th. M.,** II, n. 1100; Nicolas, **Compendium Salmant.,** n. 1536; Bouusert-Simenon, **Manuale J. Canoninci,** III, n. 63; Prümmer. **Manuale Th. M.,** II, n. 654; Vermeersch, **Th. M.,** III, n. 873B.

18 Cf. Scavini, **Th. M.,** I. 302; Noldin. **ob. cit.,** n. 682; Aertnys-Damen, **Th. M.,** I, n. 1044; Nicolas, ob. cit., n. 1537; Colli-Lanzi, **Th. M. Universa,** III, 1863.

19 Cf. Genicot, **Th. M.,** I, n. 439; Cocchi, **Commentarium,** L. 3, n. 84; Nicolas, **ob. cit.,** n. 1537.

20 Noldin, **De Praeceptis,** n. 682.

biera a alguna causa justa; donde haya costumbre, podía prolongarse por tres o cuatro horas. [21]

La ley del ayuno es un precepto grave, según consta por la proposición condenada por Alejandro VII:

"Frangens ieiunium ecclesiae non peccat mortaliter... nisi ex contemptu vel inobedientia hoc faciat. [22]

Si alguno tomara más de dos comidas completas en día de ayuno, no pecaría mortalmente varias veces contra este precepto, sino que sería *un solo pecado* grave, por urgir esta ley "modo indivisibili" durante todo el día, y una vez violada la ley del ayuno que urge en tal día, se ha quebrantado ya por todo el día, de ahí el axioma: "Semel fractum, semper fractum." [23]

ART. III—*COLACION* y *PARVEDAD*

§1—*Colación*

Al comenzar la costumbre de tomar en día de ayuno la comida hacia el mediodía, también fué introducida la coenula o *collatio,* i.e., una pequeña refección que suele tomarse al anochecer, basada en manjares ligeros, generalmente vegetables; de manera que el Código al permitir la colación, no ha introducido nada nuevo, tan solo ahora es ley escrita lo que era simplemente costumbre.

Dos corrientes han prevalecido entre los autores hablando de la *cantidad* de manjares que podían tomarse en la colación: Algunos permitían una cantidad indeterminada, y

---

21 Cf. Lacroix, Th. M., L. 3, p. 2, n. 1283; S. Alfonso, Th. M., IV, 1020; Homo Ap., n. 10; Marc. Th. M., I, n. 1222; Merkelbach, ob. cit., n. 949; Prümmer, Manuale Th. M., II, n. 654; A Coronata, De locis et temporibus sacris, n. 301.

22 Prop. 23 — Denzinger, n. 1123.

23 Cf. Salmanticenses, Cursus Th. M., tr. 32, c. 2, n. 46; S. Alfonso, Th. M., IV, 1030; Scavini, ob. cit., n. 303; Noldin, ob. cit., n. 679; Ferreres, Th. M., I, 607; Nicolas, ob. cit., n. 1537, "De numerica peccatorum ratione in violatione ieiunii," Periodica, XI (1923), (25 y 26); Vermeersch, Th. M., III, n. 881; A Coronata, ob. cit., n. 301; Berthier-Arquer, Consultorio del Clero, n. 3005.

otros la señalaban casi matemáticamente. La que predominó por más largo tiempo y fué tenida como más común, es la que afirma, que no se puede dar una regla fija acerca de la cantidad permitida en la colación; ésta se ha de determinar *relative,* que permite la quinta o cuarta parte de una refección, según la condición individual de la persona, y según sus ocupaciones, etc. De manera que era lícito el tomar cuanto es necesario a cada individuo según sea su complexión, trabajo y región. [24]

S. Alfonso y varios autores, que llegaban a formar la inmensa mayoría, indicó que esta regla era obscura e indeterminada, y que daría pie a muchos escrúpulos; y en su lugar, determinó cierta cantidad *absoluta,* diciendo que en la colación se pueden tomar *ocho onzas,* i.e., media libra (240-250 gramos) de comida sólida.

La cantidad de ocho onzas vino a ser tan común y general, que ya en tiempo del mismo S. Alfonso este número se permitía indistintamente a todos. [26]

Hay que hacer notar que esta cantidad podía aumentarse si existía *causa justa.* De ahí el que los autores excusaran de pecado a quienes tomaran diez onzas por necesitar más nutrición, como a los Alemanes y a quienes tienen *stomachum germanum.* [27] Si alguien necesitaba más de diez onzas,

---

24 Cf. Ferraris, **Prompta Bibliotheca.** v. "ieiunium", a. 1, n. 44; Noldin, **De praeceptis,** n. 683; Bucceroni, **Institutiones, II,** n. 1593; Scavini, **Th. M.,** I, 308; Konings, **Th. M.,** n. 563; Gury-Ferreres, **Th. M.,** I, 498.

25 Por onza debe entenderse una cantidad más o menos equivalente a 30 gramos. Según parece, la mayoría de los moralistas entendían que la libra equivalía a 500 gramos, y por consiguiente, la onza, que es la dieciseisava parte de una libra, sería 31, 25 gramos. La libra más usada es la Avoirdupois. Esta se divide en 16 onzas, y la libra Troy en 12 onzas. La libra Avoirdupois equivale a 453'59 gramos, y por consiguiente la onza pesa 28'349 gramos. Mas, como dice Genicot, **Th. M.,** I, n. 437: en el ayuno eclesiástico, ¿de qué vale el rigor matemático? Merkelbach, **Th. M., II,** n. 952, nota 2, critica a Genicot.

26 Cf. S. Alfonso, **Th. M., IV,** n. 1025. Los autores disputan muy al detalle cómo se deben contar las ocho onzas, si han de ser de cantidad nutritiva, o según el análisis químico, etc. Pero no hay duda, que estas deben entenderse "de aquello que, según la común estimación de los hombres, es comida". Cf. Merkelbach, **Th. M. II,** n. 952.

27 Cf. S. Alfonso, **Th. M., IV,** 1025; Ballerini, **Th. M., II,** 1124; Genicot, **ob. cit.,** n. 437; Merkelbach, **ob. cit.,** n. 952.

podía tomarlas, especialmente durante Cuaresma, para así soportar este largo ayuno.[28]

Esta regla específica de onzas señaladas o determinadas es la que ha prevalecido.[29]

El determinar la cantidad que se puede tomar, tanto en la Colación como en la Parvedad, tiene el bien de que evita escrúpulos al individuo, y a veces, al confesor. Mas, ya era admitido por muchos autores que no debe contarse el número de onzas permitido de un modo matemático, pues se debe tener presente que la facultad de tomar estas dos colaciones menores es a fin de hacer llevadera la ley del ayuno. Por lo tanto, la cantidad relativa es, en la mayoría de los casos, la que hay que tener en cuenta, o sea, según las necesidades de cada individuo, aunque la absoluta, i.e., de ocho onzas, puede servir como regla general. De todos modos, siempre hay que cuidar de que la Colación no se convierta en comida.

Ultimamente predomina la tendencia de abandonar la computación antigua, o mejor, la del número de onzas, y en su lugar fijar la cantidad en conformidad a la comida normal de una persona tomada en día que no es ayuno, señalando la cantidad en proporción al individuo, siendo por lo tanto permitido el tomar cuanto uno necesite para cumplir sus obligaciones sin mucho incómodo; esto se determina en la práctica, reduciendo la Colación a la tercera parte, y la Parvedad a la mitad de la cantidad acostumbrada a tomarse en los días en que no se ayuna.[30]

---

28 Cf. Genicot, ob. cit., I, 437. En algunas diócesis de Estados Unidos se permiten en Cuaresma hasta doce onzas. Véase Ecclesiastical Review, (Jul.-Dec., 1932), 407.

29 Cf. Noldin, **De praeceptis**, n. 683; Prümmer, **Manuale Th. M.**, II nn. 655-656; Merkelbach, ob. cit., n. 952; Ferreres, **Compendium Th. M.**, n. 610; Colli-Lanzi, **Th. M. Universa**, III, n. 1869; Aertnys-Damen, **Th. M.**, I, n. 1047.

30 Entre los primeros que tratan de sostener esta práctica es **L'Ami du Clergé** 1921), pp. 593-602. En 1924, Creusen aprueba esta determinación del **L'Ami du Clergé** en **Nouvelle Revue Theologique**, LI (1924), 155. En 1927 el canónigo Cougnard, trató esta cuestión largamente en "A Propos du Careme," **Ephemerides Theologicae Lovanienses**, IV (1927), 207-211, aduciendo mayor número de pruebas. Y en 1931 **Collectiones Brugenses** (1931) pp. 296-306, viene a dar las mismas conclusiones. Bouuaert-Simenon, **Manuale J. Canonici**,

Por la costumbre introducida desde muy antiguo, en la Colación de la Vigilia de la Navidad, puede lícitamente duplicarse la cantidad; y como esto se permite, según el mismo S. Alfonso afirma, por razón de la alegría de la solemnidad, suele llamarse: "ieiunium gaudiosum". [31]

El comer en la Colación más de *dos* onzas de lo permitido comunmente, los autores juzgan sería materia leve, pues para que exista pecado grave en este punto se requiere que se tome *cuatro* onzas. [32]

Uno puede pecar *gravemente* contra la ley del ayuno tomando fuera de la refección principal unos 120 gramos más de lo permitido en la Colación vespertina y en la Parvedad matutina, a pesar de que en tal caso todavía se guarda la esencia del ayuno. Por lo tanto, en este caso, una persona podría pecar mortalmente dos veces, si con dos actos distintos de voluntad tomara dos veces ilícitamente la misma cantidad. Mas, si alguien hiciera el propósito por la mañana de no guardar la ley del ayuno en tal día, solo un pecado grave cometería, aunque comiese varias comidas y varias refecciones: "semel fractum semper fractum"; mientras que el mismo propósito hecho con intención de violar la *abstinencia,* no impediría el que cometiera tantos pecados cuantas refecciones ilícitas tomara. [33]

III, n. 63; Blaton, en Collationes Gandavenses (1933) pp. 16-25; Mahoney, "Why do Thy Disciples not Fast?", The Clergy Review, V (1933), 125-138, este estudio se reimprimió en el Acolyte, X (1934) nn. 4, 5 y 6; Koch-Preuss, Handbook of Moral Th., IV, pp. 365 y 366 y 367.

31 Cf. Salmantincenses, Cursus Th. M., tr. 23, c. 2, n. 73; S. Alfonso, Th. M., IV, 1025; Ballerini, Th. M., II, 1125; Marc, Th. M., I, n. 1223; Lehmkuhl, Th. M., I, 1469, 4; Aertnys-Damen, Th. M., I, n. 1047; Ferreres, Th. M., I, n. 612; Prümmer, Manuale Th. M., II, n. 656; Vermeersch, Th. M., III, n. 873, 3; Colli-Lanzi, Th. M., Universa, III, n. 1871; A Coronata, De locis et temporibus sacris, n. 302; Busquet-Bayon, Thesaurus Confessarii, n. 620; Berthier-Arquer, Consultorio del Clero, n. 3012; Tanquerey, Th. M., II, n. 1101.

32 Cf. S. Alfonso, Th. M., IV, 1025; Genicot, ob. cit., n. 440; Noldin, ob. cit., n. 678; Cocchi, Commentarium, L. 3, n. 84; Ferreres, ob. cit., nn. 494 y 498; Ubach, Compendium Th. M., I, n. 369; A Coronata, De locis et temporibus sacris, n. 306; Ferreres, Th. M., I, n. 607.

33 Cf. Periodica XI (1923), (25); A Coronata, De locis et temporibus sacris, n. 306; Tanquerey, sin embargo, afirma, que el estado psicológico del individuo puede hacer que no haya más que un solo pecado aún en día de abstinencia, es decir, la primera vez que se viola la abstinencia con intención de no guardarla en todo el día. Tanquerey, Th. M., II, 1106.

Calidad.—Hubo algunos autores antiguos que afirmaban que en la Colación solamente había que tener en cuenta la *cantidad* no la *calidad,* siendo lícito el tomar en la Colación, de todos los manjares que se podían comer en la refección de un día de ayuno. Esto enseñaban principalmente en Alemania.[34]

S. Alfonso no aprueba esta regla, y establece que en la Colación podía usarse manjares que *no nutran mucho,* como pan, fruta, confituras, etc.; con el resultado que en general, se permitía todo, menos los huevos, carne y lacticinios.[35]

En la práctica, ante todo hay que determinar la calidad, en conformidad a las varias *costumbres* de cada lugar.[36] Como quiera que no existe lugar donde de hecho el tomar carne en la Colación sea ya costumbre, no hay duda que se prohibe en tal refección, como declaró el Presidente de la Comisión Intérprete del Código.[37]

Al hablar el Código, en este parágrafo de la *costumbre,* no se ha de entender solamente de la costumbre formal que llega a formar nueva ley y según la debida prescripción de tiempo, sino también de los usos aceptados por los pueblos, pudiendo muchos de estos usos ser originados por algún indulto que anteriormente se les concedió.[38]

---

34 Véanse los autores citados en los Salmanticenses, **Cursus Th. M.,** tr. 23, c. 2, n. 77; y en S. Alfonso, **Th. M., IV,** 1026; y en Ballerini, **Th. M.,** II, 1127, donde se citan estas palabras de Sporer: "Ego miror Patrem Paulum Laymann (L. 4, tr. 8, c. 1, n. 9) alias tam bonum Germanum, in hac sola materia patriotis suis fuisse tam austerum".

35 **Th. M., IV,** nn. 1026-1028.

36 Cf. Ferraris, **Prompta Bibliotheca,** v. "Ieiunium", a. 1, n. 43; Billuart, **De Ieiunio,** a. 5, §4, n. 3; Ballerini, **ob cit.,** n. 1128; A Coronata, **De Ipcis et temporibus sacris,** n. 302; Ferreres, **ob. cit.,** n. 612; Prümmer, **Manuale Th. M.,** II, n. 656; Ubach, **Compendium Th. M.,** I, n. 367 y 368.

37 El 29 de oct. 1919 — AAS XI (1919), 480. En algunos lugares se permite tomar huevos en la Colación, como en Estados Unidos y en Alemania; en otros, también lacticinios, como en Francia y también en la América Latina y Filipinas. En España solamente están permitidos los peces entre los Gallegos y Asturianos. Véanse: Vermeersch, **Th. M.,** III, 873; Sabbetti-Barrett, **Compendium Th. M.,** n. 333; Ferreres, **ob. cit.,** nn. 612 y 613; Merkelbach, **ob. cit.,** n. 952. Para saber la costumbre en las regiones de Italia acerca de este punto, véase **Il Monitore Ecclesiastico,** XVIII (1906), 421-424 y XIX (1907), 34-36.

38 Vermeersch, **Epitome,** II, 566.

El violar en día de ayuno la ley de la *calidad* de comida tomada en la Colación, es pecado grave, en caso que sea notable cantidad, v.g. una onza si es carne, mayor cantidad se necesitaría si se tratara de pescado, etc. Mas, *Periodica* dice, que no consta (pues nadie ha dicho nada sobre esta cuestión) de la grave violación en este punto, ya que la ley de la calidad hoy día es tan accesoria al ayuno. [39]

§2—*Parvedad*

Por primera vez el Código ha sancionado la costumbre de tomar en día de ayuno, algo por la mañana, llamado Parvedad (o desayuno), puesto que hasta la codificación, no existió ley alguna escrita acerca de este particular, aunque la Sagrada Penitenciaría había declarado, a mediados del siglo pasado, en una respuesta dirigida al Canadá, "non esse inquietandos" a quienes en día de ayuno tomaban por la mañana chocolate con un poco de pan. [40]

Mucho antes de esta respuesta ya S. Alfonso aprobó con muchos otros autores el que en día de ayuno se tomara por la mañana un pequeño pedazo de pan, i.e. frustulum. [41]

Muy pronto el permiso concedido al Canadá se extendió a otras naciones, aunque sin concesión alguna expresa de la Santa Sede; de todos modos, por ser costumbre tan generalizada, los moralistas permitían semejante uso. [42]

Lo que en muchas regiones era costumbre, el nuevo Código lo ha extendido como ley escrita a todo el mundo, concediendo el que se tome algo por la mañana.

Nada determina el Código sobre la cantidad y calidad de comida que es lícito tomar por la mañana, o mejor, en esta Parvedad, mas sanciona la costumbre recibida. [43]

---

39 "De numerica peccatorum ratione in violatione ieiunii," Periodica XI (1923), (26).

40 S. Poenitentiaría, 21 nov. 1843.

41 Cf. Homo Ap., tr. 12, n. 11.

42 Cf. D'Annibale, Th. M., III, n. 134; Genicot, ob. cit., I, n. 437; Lehmkuhl, ob. cit., n. 1211.

43 Cf. Vermeersch, Epitome, II, n. 566.

Los autores generalmente permiten que en la Parvedad se tome *dos* onzas de chocolate, café con leche, té, frutas, etc., y aún el pan en sopa, según la costumbre de cada lugar, con casi dos onzas de pan (o algo que haga sus veces), no debiendo exceder, todo junto, de las *cuatro* onzas.[44]

Los condimentos de grasa también son admitidos como lícitos en el desayuno, aún en los lugares en que antes del Código no eran permitidos.[45]

Escolio.—Fuera de la Refección, Colación v Parvedad, se prohibe tomar toda clase de *comida*, es decir, todo aquello que tiene por objeto el nutrir el cuerpo, ya sea sólido ya líquido, según aquel dicho: "Extra permissas refectiunculas ieiunantibus prohibentur ea quae manducantur", a no ser que se tome en pequeña cantidad mezclado con la bebida, pues en este caso, según la común estimación lo sólido se liquida y se toma como verdadera bebida, v.g. limonada, etc. Aunque es lícito, al menos una o dos veces al día, no toties quoties, el tomar algo de comida antes de beber: "ne potus noceat."[46]

De manera que es lícito tomar en día de ayuno: 1) Las *Bebidas* o líquidos, que según el uso general se toman como tales, los cuales están ordenados de sí a apagar la sed y a ayudar la digestión, v. gr. el vino, cerveza,[74] té, café, malta, los licores en general, limonadas, refrescos, etc. En este sentido es como se introdujo el común principio: "Liquidum non frangit ieiunium".[48] El chocolate en general, no se toma como bebida, por lo tanto no está permitido si se

44 Cf. D'Annibale, **ob. cit.**, n. 134; Noldin, **ob. cit.**, n. 683; Genicot, **ob. cit.**, n. 437; Lehmkuhl, **ob. cit.**, n. 1211; A Coronata. **De locis et temporibus sacris**, n. 303, n. 1; Prümmer, **ob. cit.**, n. 657; Vermeersch, **Th. M.**, III, n. 873, 3; y "De Frustulo et Coenula Quadragesimale", **Periodica** XXII (1933), 66.

45 Jardí, **Tratado práctico de la ley del ayuno y de la abstinencia**, n. 33.

46 Cf. S. Alfonso, **Th. M.**, IV, 1018; **Homo Ap.**, tr. 12, n. 11; Scavini, **ob. cit.**, n. 303; Ferreres, **ob. cit.**, n. 493; Nicolas, **Compendium Salmant**, n. 1538.

47 Prümmer, **Manuale Th. M.**, II, n. 662, admite solamente "cerevisiam levem"; mas la mayoría de los autores no hacen distinción, admitiendo el que se tome toda clase de cerveza.

48 Cf. **Summa**, 2, 2, q. 147, a. 6, ad 2; S. Alfonso, **Th. M.**, IV, nn. 1021 y 1022; Marc, **Th. M.**, I, n. 1225.

toma en cantidad notable.[49] También rompe el ayuno la leche, miel y además bebidas que principalmente están destinadas para la nutrición, o se toman para nutrimiento.[50]

2) Las *Medicinas,* entre estas se enumeran los electuarios, aunque estos son medicinas en sentido lato, v.g. las pastillas, confites, caramelos, etc.[51]

ART. IV—*PROMISCUACION DE CARNES Y PECES* EN UNA MISMA COMIDA.

Al permitir el Código en este parágrafo 2 el que se promiscue la carne y el pez en una misma comida, se introduce un nuevo cambio.

Benedicto XIV fué quien prohibió el tomar en día de ayuno las carnes y peces en una refección,[52] a aquellos que por dispensa érales lícito el tomar carne en día de ayuno.[53] Esta nueva ley obligaba bajo pecado grave, según declaró el mismo Pontífice en una carta al Arzobispo de Compostela.[54]

Casi a mediados del siglo pasado, la prohibición de no promiscuar peces y carnes en día de ayuno todavía conservaba su vigor.[55] A fin de la última centuria, la S. Penitenciaria quitó parte del rigor de esta ley al permitir mez-

---

49 Cf. Ferraris, ob. cit., nn. 40 y 41; S. Alfonso, Th. M., IV, 1023; Tanburini, Th. M., II, L. 4, c. 5, nn. 9-14; Nicolas, Compendium Salmant., n. 1540; Merkelbach, ob. cit., n. 952, nota 2.

50 Cf. Cocchi, Commentarium, L. 3, n. 84.

51 Cf. Laymann, Th. M., L. 4, tr. 8, c. 1, n. 7, quien cita otros varios autores. Colli-Lanzi, Th. M. Universa, III, n. 1866; Marc, Th. M., I, n. 1225. Acerca de lo tratado en este Escolio, se puede consultar St. Willems en Collationes Brugenses, XXX (1930), 418-423.

52 Bajo el nombre de pez se incluía aquí, todos aquellos animales que en los días de abstinencia podían comerse lícitamente, aún testacea marina, ostras y cangrejos. S. Poenitentiaria, 16 en. 1834.

53 Benedicto XIV, ep. encicl. "Libentissime", 10 jun. 1745, §3 — Fontes, n. 358; ep. encicl. "Non ambigimus", 30 mayo 1741, §4 — Fontes, n. 308; y principalmente la ep. encicl. "In Suprema", 22 ag. 1741, §1, 2 — Fontes, n. 314.

54 Benedicto XIV, ep. "Si Fraternitas", 8 jul. 1744, §1 — Fontes, n. 342.

55 S. off. 23 enero 1875 - Collect., n. 2076.

clar carnes y pescados *in die ieiunii* a aquellos que *vi morbis* les era lícita la carne.[56]

De manera que a comienzos del presente siglo tan solo a quienes *ex indulto* les era lícito comer carne les vedaba mezclar carne y pescado en la refección del día de ayuno.[57]

Otra de las particularidades que contenía esta prohibición, era que además de vigir en todos los días de ayuno, lo mismo debía guardarse los domingos de Cuaresma.[58]

Un paso más decidido contra la costumbre de no mezclar manjares en días de ayuno se dió con la respuesta de la S. C. del Concilio permitiendo la promiscuación a aquellos que tuvieran indulto de carnes.[59]

El Código actual abroga por completo en toda la Iglesia la ley anteriormente dada; y de esta manera, simplifica la ley del ayuno grandemente el establecer, como ley universal, que no está vedado el promiscuar carnes y peces en una misma refección.

ART. V—*PERMUTACION DE LA COLACION,* COMIDA Y PARVEDAD

Al permitirse en la segunda parte del canon 1251, §2, que se permute la refección principal y la Colación, se declara legal, sin condición alguna, lo que ya anteriormente no excedía de pecado venial si se quebrantaba sin causa alguna, soliendo permitirse cuando existía causa racional o costumbre, pues esto no infringía esencialmente la ley del ayuno.[60] En tiempo de Sto. Tomás, como la hora de la co-

56 S. Poenitentiaría, 9 en. 1899 — ASS XXXII, 563. Esta respuesta es contraria a la que la misma Penitenciaría había promulgado el 8 de enero de 1834 — ASS I (1865), 428.

57 Cf. Genicot, Th. M., I, n. 444; Ball.-P., Th. M., II, n. 1111; Noldin, ob. cit., n. 678a; Ferreres, Razon y Fe XXVI (1910), 244.

58 Benedicto XIV, ep. "Si Fraternitas", 8 jul. 1744 par. 1, ad V — Bullarium, t. 1, pp. 356-358.

59 S. C. Concilii, 6 ag. 1916, al Obispo de Barcelona: "Jusculum carnis diebus ieiunii in unica comestione una cum piscibus ab iis tantummodo adhiberi posse qui indultum obtenuerint pro esu carnis", En AAS II (1910), 952-959.

60 Cf. Layman, Th. M., L. 4, tr. 8, c. 11, n. 10; Lehmkul, ob. cit., n. 1468, 3; Ferreres, ob. cit., n. 505.

mida en día de ayuno era tenida como parte esencial del ayuno y obligaba bajo pecado grave, el intercambio de la comida con la colación no estaba permitido de ninguna manera. [61]

El más importante documento que se encuentra acerca de este punto es la respuesta que la S. Penitenciaría dió al decir que no debía inquietarse a quienes tomaban la cena entre las diez y once de la mañana, y la refección principal a las cuatro o cinco de la tarde. [62]

Casi en los mismos términos el S. Oficio respondió a Suecia al establecer que *rationabili de causa,* se podía permutar la colación con la comida. [63]

Con las palabras de este canon, no hay lugar a ningún género de duda que hoy día es lícito, sin causa alguna, el tomar la colación en la hora de la comida y viceversa.

Mas, nada absolutamente dice el Código acerca de permutar la *colación* con la *parvedad,* pero no hay porqué dudar que si en algún lugar existiese tal costumbre ésta puede seguirse, y también la doctrina de los autores anteriores a la nueva ley.

D'Annibale mantuvo que si existía causa racional, se podía tomar la cena por la mañana, la comida al mediodía y el desayuno por la noche. [64] Ballerini se adhiere a la opinión del anterior autor al afirmar que siempre que haya causa justa será lícito hacer este cambio, y si esta no existiese sería solamente pecado venial, por no violar la sustancia del ayuno. [65]

Después del Código, puede hacerse el intercambio de la colación con la parvedad, y de la comida con la parvedad,

---

61 Summa, 2, 2, q. 147, a. 6 y 7.

62 S. Poenitentiaria, 10 en. 1834 — ASS I (1865), 424. El S. Oficio el 17 de sept. 1862, reafirmó esta respuesta — Collect. n. 1230.

63 S. Off. 29 jul. 1857 — Fontes n. 944.

64 Th. M., III, n. 134, nota 34.

65 Th. M., II, 1121. Lehmkuhl, ob. cit., n. 1468, 3 — aunque parece contrario a la opinión de D'Annibale, dice que aún en el caso que se hiciera esta permutación, no sería pecado grave. Noldin concuerda con la opinión de los dos primeros tratadistas en De Praeceptis, n. 684.

puesto que esto no impide que se guarde la sustancia del ayuno.[66]

Quien advertida o inadvertidamente hubiere tomado por la mañana lo equivalente a una comida o una cena, estará obligado, *per se,* a invertir las horas de las refecciones, absteniéndose respectivamente de una seguna comida o cena; mas cuando exista cualquier molestia grave, estará excusado.[67]

66 Cf. Vermeersch, Epitome, II, n. 566; A Coronata, De locis et temporibus sacris, nn. 301 y 302; Bouuaret-Simenon, Manuale J. Canonici, III, n. 63; Aertnys-Damen, Th. M., I, n. 1046; Ubach, Compendium Th. M., I, n. 370; Tanquerey, Th. M., II, n. 1114; Koch-Preus, Handbook of Moral Th., IV, p. 372.

67 Noldin, De praeceptis, n. 679; Vermeersch, Th. M., III, n. 881.

CAPITULO VI.

CUANDO URGE LA LEY DE LA ABSTINENCIA Y DEL AYUNO.

Canon 1252 — §1: Lex solius obstinentiae servanda est singulis sextis feriis.

§2: Lex abstinentiae simul et ieiunii servanda est feria quarta Cinerum, feriis sextis et sabbatis Quadragesimae et feriis Quatuor Temporum, pervigiliis Pentecostes, Deiparae in caelum assumptae, Omnium Sanctorum et Nativitatis Domini.

§3: Lex solius ieiunii servanda est reliquis omnibus Quadragesimae diebus.

§4: Diebus dominicis vel festis de praecepto lex abstinentiae vel abstinentiae et ieiunii, vel ieiunii tantum cessat, excepto festo tempore Quadragesimae, nec pervigilia anticipantur; item cessat Sabbato Sancto post meridiem.

Siendo actualmente una ley de la abstinencia y otra la del ayuno, en correspondencia a esta distinción existen días en que obliga el precepto de la abstinencia, y otros en que obliga el del ayuno; como también, días en que vigen ambos al mismo tiempo. Bueno será notar que este canon determina los días [1] en que existe esta ley de ayuno y abstinencia en la Iglesia en general, mas los Indultos y privilegios concedidos a diversas regiones, lo modifican notablemente. Sin embargo, aun cuando los privilegios e indultos concedidos por la Santa Sede conservan su vigor después del Código, las leyes particulares en virtud del canon que ahora nos ocupa, perdieron su valor (c. 6, I), como puede

1 Por el c. 1246: "Suputatio diei... abstinentiae et ieiunii facienda est a media nocte usque ad mediam noctem..." sabemos que la suputación del día de ayuno y abstinencia debe hacerse de media a media noche. Véase el c. 32. La manera de computar las horas del día en lo referente a estas leyes se tratará en el artículo V de este capítulo.

verse en la siguiente consulta hecha a la Comisión Intérprete del Código: "Utrum canon 1252 iam ubique obligandi vim habere inceperit, non obstantibus legibus particularibus?" Responsum: "Affirmative".[2]

ART. I—*DIAS DE SOLA ABSTINENCIA*

En el primer párrafo de este canon se da la regla terminante de que en todos los *viernes* del año hay obligación estricta de observar *abstinencia* de carne y caldo de carne, en conformidad con el c. 1250.

De hecho, esta práctica es la más antigua. Desde los principios de la Iglesia se introdujo el que se ayunara todos los viernes y miércoles, lo que se conocía por Ayuno de las Estaciones, siendo guardado con tanto rigor o más si cabe en Oriente, que en Occidente.

El ayuno del miércoles poco a poco fué cayendo en desuso, y desde el siglo undécimo quedó en olvido, pero el del viernes se mandó fuera observado por todos los fieles. Desde entonces, la abstinencia del viernes cada vez tomó mayor incremento, llegando a ser universalmente practicada hasta el nuevo Código.

La razón de guardar abstinencia en tal día, es porque el viernes siempre ha sido tenido como día de especial mortificación y tristeza, por conmemorarse en él la pasión y muerte del Salvador.

Al decir el Código "solius abstinentiae servanda est singulis sextis feriis", establece una regla general, puesto que inmediatamente, en el párrafo siguiente, se advierte los viernes que *no solamente* son días de abstinencia *sino también* de ayuno; y en el párrafo 4 del mismo canon, se dan

2 Pont. Com. 3 enero 1918—Archiv für katholisches Kirchenrecht XCIX (1919), 63. Parece, de todos modos, que por esta respuesta no se dice claramente si los días obligatorios por una ley particular son abolidos por esta ley común de la Iglesia; A Coronata, De Locis et Temporibus Sacris, n. 315, y Arciv für katholisches Kirchenrecht, 1. cit., sostienen que los días de ayuno y abstinencia establecidos por ley particular están abrogados.

las varias excepciones a esta regla, es decir, los viernes del año que están exentos de semejante obligación.

De manera que *per se,* todos los viernes son días de abstinencia, y *solamente* abstinencia.

Esta ley obliga bajo pecado mortal; pero como se dijo en el capítulo I, todos los moralistas están de acuerdo en que no excederá de pecado leve si se toma carne en pequeña cantidad.

ART. II—*DIAS DE ABSTINENCIA Y AYUNO JUNTAMENTE*

En este párrafo segundo, el Código nos da la enumeración taxativa de los días en que el ayuno conserva su antigua forma, o sea, en que hay obligación de guardar abstinencia y ayuno *per modum unius,* aunque pudiendo quebrantarlo doblemente según la estimación moral.[3] Estos días son los siguientes: 1) el miércoles de Ceniza; 2) los viernes y sábados de Cuaresma;[4] 3) (las ferias): miércoles, viernes y sábados de las Cuatro Témporas; 4) las Vigilias de): a) Pentecostes; b) Asunción de la Virgen; c) Todós los Santos; y d) Navidad.

Como puede apreciarse, el Código ha reducido el número de días en que obliga la abstinencia y ayuno juntamente.

El rigor del antiguo ayuno *cuaresmal,* también ha sido mitigado al establecer que el precepto de ayuno y abstinencia obliga únicamente en el primer día de Cuaresma,[5] y en los viernes y sábados de la misma.

Algo conviene advertir sobre la expresión que usa el Código al decir *"et feriis Quatuor Temporum".*

---

3 Blat, Commentarium, L. III, n. 115.

4 En muchas naciones, la abstinencia de los sábados de Cuaresma se traslada a los miércoles, como en Estados Unidos, (—mírese donde tratamos de los Indultos existentes en dicha nación—); en Irlanda, por concesión renovada el 12 de enero de 1933, publicada en IER XLI (1933), 198, y puede leerse la explicación de este indulto en IER XXXIX (1932), 299-300; en Bélgica, y otras regiones.

5 Que ya desde el siglo octavo tenía indistintamente el nombre de "Caput Ieiunii, o "Dies cinerum".

Esta expresión puede dar lugar a duda, pues parece indeterminada.

Atendiendo al sentido literal, los sábados de las Cuatro Témporas, no serían días de ayuno y abstinencia, por no serr *ferias.* Pero no queda género alguno de duda que la expresión que aquí usa el Código se refiere no solo a la feria cuarta y sexta, sino también al sábado de Cuatro Témporas, pues aunque es verdad que en ningún lugar del Código se nombra cuales sean estas ferias, por la liturgia se ve muy claramente que esta expresión *et feriis* implica al mismo tiempo los sábados de C. Témporas.[6] De modo que el legislador en este lugar, usa la palabra "et feriis" en sentido litúrgico.

Además, la historia del ayuno de Cuatro Témporas, quita cualquier duda sobre esto, pues como puede verse en las fuentes del Código, siempre se comprendió en tres días de ayuno las Cuatro Témporas, a saber: el miércoles, viernes y sábado. Y caso que el Código con esta expresión no diese la claridad debida a este punto, sería dudoso saber si el legislador hace realmente un cambio o no, y entonces, atendiendo al c. 6, §4, donde se dice que en caso de duda si algo prescripto por los cánones actuales discrepa del antiguo derecho, "a veteri jure non est recedendum", habrá de concluirse que la palabra *et feriis,* entraña los tres días: las ferias cuarta, sexta y sábado.

Finalmente, puede aducirse que según la *universal aceptación,* todos los autores y fieles han entendido por días de Cuatro Témporas los tres mencionados.[7]

De manera que la expresión *et feriis,* como muy bien dice Blat,[8] en este lugar está usada en contraposición a "dies dominicos".

---

6 Mírense cómo en las ediciones del Misal Romano anteriores y posteriores al Código se usa esta expresión incluyendo los sábados de Témporas; y lo mismo el Breviario. Cf. Missale Rom., De anno et eius partibus; Brev. Rom., De anno et eius partibus.

7 Cf. Motry, "Fast and Abstinence on Ember Saturdays", Eccl. Rev. XCII (1935), 419-420.

8 Commentarum, L. III n. 115.

ART. III—*DIAS DE SOLO AYUNO*

Como quiera que el primer canon de este título dice lo que se entiende por *abstinencia* y en el segundo lo que se entiende por *ayuno,* parece que hubiera sido más lógico que el Código una vez dicho en el §1 de este canon en qué días obliga *sólo la abstinencia,* hubiese puesto en el §2 en qué días obliga *sólo el ayuno,* y en el §3 en qué días obligan ambos al mismo tiempo, o sea, la abstinencia y el ayuno juntamente; mas con seguridad, una de las razones por que el legislador pone en tercer lugar los días en que obliga solamente el ayuno fué para simplificar la redacción del canon, pues estando ya enumerados en el párrafo 2 los días en que además de abstinencia vige el ayuno, en el párrafo 3 bastó decir que los días de solo ayuno son los de Cuaresma no mencionados en el §2.

Este párrafo es una mitigación a la ley que regía anterior al Código, según la cual, en todos los días de Cuaresma obligaba al mismo tiempo la abstinencia y el ayuno, a no ser en caso de especial privilegio.

Se dice: "solius ieiunii", es decir, días en que solamente una comida entera se permite según el c. 1251, §1, pero en los que se puede tomar carne.

Estos días son: Todos los de Cuaresma, a saber, los comprendidos entre el Miércoles de Ceniza y el Sábado Santo, con excepción de: a) el Miércoles de Ceniza; b) los viernes y sábados de Cuaresma; y c) los miércoles de Cuatro Témporas, pues según el §2, en estos días vige la ley de abstinencia y ayuno juntamente. Y finalmente los domingos, que ya desde el siglo cuarto no son considerados como días de penitencia. [9]

---

9 También es día de ayuno, la vigilia de la consagración de una Iglesia, pero este ayuno es extraordinario y particular, pues solo ha de observarlo el que consagra y quienes piden sea la Iglesia consagrada, aunque ha de guardarse conforme a la ley común de la Iglesia regulada en el c. 1251, según declaró la Comisión Intérprete del Código. Pont. Com. 20 de Julio, 1929 — AAS XXI (1929), 573. Cf. C. 1166. §2; Pontificale Rom., tit. de ecclesiae dedicatione seu consecratione y S. C. Concilio, 3 jul., 1909 — AAS I (1909), 624.

Con la mitigación que el Código hace en este lugar a todos los fieles sujetos a la ley del ayuno, les es lícito el tomar carne y caldo de carne todos los días durante Cuaresma, aunque les está permitido hacerlo sólo una vez al día, pues en cuanto a la Parvedad y Colación, hay que observar la costumbre de cada lugar; [10] ahora bien, en ningún lugar se ha introducido la costumbre de tomar carne en tales refecciones. [11]

ART. IV—*DIAS EN QUE CESA LA ABSTINENCIA Y EL AYUNO*

Una vez descritos los días en que obliga la ley de la abstinencia, los del ayuno, y los de abstinencia y ayuno juntamente, el Código pone a continuación las excepciones debidas a las reglas generales mencionadas.

Las determinaciones de los tres párrafos anteriores no obligan ni en los domingos ni en las fiestas de precepto. [12]

La ley del ayuno y abstinencia no vige en ningún domingo del año, ni siquiera en los de Cuaresma, pues no pone restricción alguna este párrafo, más bien esto es una restricción referida especialmente a lo que el párrafo anterior establece, de que hay ayuno, todos los días de Cuaresma. [13]

Al decir *fiestas de precepto,* se comprenden las enumeradas en el c. 1247, §1.

---

10 Cf. C. 1251, §1.

11 Pío XI, el 11 de feb. de 1922, permitió a las diócesis de Alemania el que en ciertos días de ayuno se tomaran carnes no solamente en la comida principal, sino también en la Colación. Cf. A Coronata, Institutiones Canonicae, II, p. 144, nota 4. Con el tiempo, este privilegio puede llegar a ser costumbre.

12 La frase "en los domingos", parece no habría necesidad de ponerla, puesto que ya el c. 1247, §1 dice que la frase "festis de praecepto" incluye todos los domingos del año. Mas, también en otros varios lugares del Código se usa como aquí o indistintamente, por ejemplo, en los cc. 1332, 1344, 1345, etc.

13 Como el domingo ha sido tenido siempre como día de alegría desde el principio fué exento del ayuno; y así vemos que a pesar de las exhortaciones de los Concilios y Santos Padres para mantener rigurosamente el ayuno cuaresmal, siempre exceptuaron los domingos de Cuaresma. La ley de abstinencia que vigió más tarde en los Domingos de Cuaresma, ya no obliga.

La mutuación de que no haya ni ayuno ni abstinencia en los días de precepto, fué introducida por Pío X, quien en el Motu Proprio acerca de los días festivos, decretó lo siguiente:

> "Quod si in aliquo ex festis quae servata volumus, dies incidat abstinentiae vel ieiunio consecratus, ab utroque dispensamus". [14]

Así que el Código no hace más que confirmar esta misma ley. No es una ley completamente nueva, en cuanto ya en las Decretales de Gregorio IX se menciona la fiesta de Navidad en la que, aunque cayera en viernes, era lícito comer carne, "propter festi excellentiam". [15]

Para que se esté dispensado de la ley del ayuno y abstinencia, se requiere que tal día sea fiesta *de precepto en el lugar;* de manera que si existe en alguna región indulto para que una de estas fiestas no sea día de obligación en determinado lugar, en tal día vige la ley del ayuno y abstinencia. Este es el argumento: Si tal día es fiesta de precepto en el lugar, no hay ayuno; de otro modo, sí.

Por esto la Comisión Intérprete del nuevo Código respondió a una pregunta particular de Francia, que no cesaba la ley de la abstinencia en aquella nación, en los días que aún cuando en la Iglesia Universal son de precepto, por concesión de la Santa Sede no eran tenidos como tales en Francia. [16]

La fiesta del *Patrón del lugar,* no es día de precepto eclesiástico, [17] por lo tanto, no excluye la ley del ayuno o abstinencia, en virtud del c. 1252, §4. Sin embargo, según el

---

14 Pius X, motu proprio, "Supremi disciplinae", 2 jul. 1911, n. V-AAS, III (1911), 306.

15 C. 3, X, de observatione ieiuniorum, III, 46.

16 Com. Pont. 17 feb. 1918 — AAS X (1918), 170. Esta respuesta es análoga a la dada a Bélgica el 28 de ag. 1911, referida en Ephemerides Liturgicae XXXI (1917), 628-632; Véase también Eccl. Rev., LXXI (1924), 636-638.

17 Véase c. 1247, § 2.

c. 1244, 2, y 1245, 2, el Ordinario del lugar puede dispensar *per modum tantum actus.* [18]

Cessat.—

Aquí, el legislador no usa la palabra *cesar* en su sentido técnico legal, pues al decir que la ley de abstinencia y ayuno cesa, implicaría que existiendo la ley, pierde su vigor ya intrínsicamente, o sea, po rla cesación del fin, ya exrínsicamente, o sea, por revocación del superior, ya finalmente, por haberse introducido una costumbre contraria o por mero desuso. Ahora bien, el primer caso en que según el c. 1242, §4, *cesa* la ley, son los domingos, y consta por la historia que esta ley nunca vigió en tales días. En cuanto al *Sábado Santo,* sí se podría decir que la ley de abstinencia y ayuno ha perdido su vigor, puesto que ahora sólo obliga hasta mediodía. Por consiguiente, el sentido de la palabra *cesar,* es simplemente que no hay tal obligación en tales días.

Excepto festo tempore Quadragesimae.—

Esta frase ha dado pie a varias dudas, causadas seguramente por las mutaciones que ha sufrido el texto de este párrafo cuarto.

En la primera edición oficial del nuevo Código publicada

---

18 Ya en el siglo pasado el Santo Oficio decidió que los Obispos podían dispensar de la abstinencia y el ayuno en caso que una solemnidad cayese en uno de los días en que estas leyes debían observarse, si hubiese un gran concurso de fieles. S.C.S. Off., 5 dic. 1894 — Collectanea S. C. de P. Fide, n. 1884; Idem, 18 marzo, 1896 — Fontes, n. 1176. En 1912, la Santa Sede concedió a los Ordinarios la facultad de dispensar del ayuno y abstinencia si caían en una de las fiestas suprimidas, pero que se continuaba celebrando con gran multitud de fieles. S.C. Concilio, 3 mayo, 1912 — AAS (1912), 340-341. Véase también sobre la festividad del Patrón del lugar en Ecclesiastical Review, LX (1919), 188-189; y LXV (1921), 303-304; LXXIV (1926), 408-409, LXX, (1924), 189; LXXXVI (1932), 190. Su Santidad Pio XI, en la audiencia concedida el 15 de oct. de 1931 al Delegado Apostólico en los Estados Unidos otorgó a todos los Ordinarios de los Estados Unidos la facultad de dispensar a sus súbditos de la ley del ayuno o abstinencia cuando cualquiera de las fiestas nacionales o civiles (civil holidays) ocurra en día de ayuno o abstinencia. Esta facultad la concedió ad quinquennium. Cf. Eccl. Review, LXXXVI (1932), 65.

en Roma el 27 de Mayo, día de Pentecostés de 1917, esta frase está omitida por completo, inscribiéndose de esta manera el párrafo 4:

> "Diebus dominicis vel festis de praecepto lex abstinentiae, vel abstinentiae et ieiunii, vel ieiunii tantum cessat, nec pervigilia..."[19]

En las correcciones a la edición oficial del Código, el día 17 de octubre del mismo año se corrige este párrafo, mandando que se lea de esta manera: "cessat, excepto tempore Quadragesimae, nec pervigilia".[20] En las ediciones del nuevo Derecho del mismo año y siguiente (1918), se añade una palabra más, poniendo así: "cessat, excepto *festo* tempore..."; y lo mismo continúa imprimiéndose en las ediciones posteriores; con la particularidad de que en las ediciones de 1919 y siguientes se omite la coma, después de la palabra Quadragesimae.

En el caso que se leyera "excepto tempore Quadragesimae", daría a entender el texto, que la ley del ayuno y abstinencia cesaba, menos en los domingos o fiestas de precepto que cayeran dentro de Cuaresma. Debiendo entenderse en tal caso, que los domingos de Cuaresma habrían de ser días de ayuno sin abstinencia, pues en el párrafo 3 dice que *todos los días* de Cuaresma no mencionados en el párrafo 2, son días de ayuno; y por consiguiente, durante Cuaresma, el domingo sería día de ayuno, lo mismo que en cuantas fiestas de precepto acontecieran en tiempo cuaresmal.

Mas, si tomamos la versión "excepto festo tempore Quadragesimae" que es la última y la que debe seguirse, indica claramente que se refiere a la fiesta de S. José que siempre cae en Cuaresma, y es la única de las enumeradas como fiestas de precepto en el c. 1247, §1, que tiene lugar en tiempo cuadragesimal.

De esta manera, se entiende perfectamente que en todos

---

19 AAS IX (1917) pars II, 244.
20 AAS IX (1917), 557.

los domingos, caigan dentro de Cuaresma o no, cesa la ley de abstinencia, de abstinencia y ayuno, o de ayuno solo, pues la única excepción que se hace es a la *fiesta* del tiempo de Cuaresma. En esta fiesta, aunque es de precepto, obliga el ayuno solo, o el ayuno y abstinencia juntamente, según en qué día de la semana caiga.

Dada la claridad actual del texto de este párrafo, se comprende fácilmente la respuesta que dió la Comisión Intérprete del Código, atestiguando que no cesa la ley del ayuno ni la de la abstinencia el día de S. José lo mismo caiga en Cuaresma como en las Cuatro Témporas. [21]

Ni se adelantan las vigilias.—

Esto es una nueva mutuación al derecho antiguo; pues terminantemente escribía Inocencio III en 1213 al Arzobispo de Braga que, en el caso de las vigilias de los santos cuyas festividades caían en lunes, el ayuno debía anticiparse al sábado precedente, por estar excluidos los domingos de la ley del ayuno. [22]

Al decir las vigilias, debe entenderse las enumeradas en el párrafo segundo, i.e.: Las de Pentecostés, Asunción, Todos los Santos y Navidad. Cuando cualquier de estas vigilias tengan lugar en un día de precepto de los señalados

---

21 Pontif. Com., 24 nov. 1920 — AAS XII (1920) 576. Sartori, Enchiridion Canonicum, p. 173, dice que esta duda quizá fué enviada a la Comisión inmediatamente después de la primera edición del Código actual, antes de que se añadiera las palabras "excepto festo tempore Quadragesimae". A pesar de que este autor cita el número de Acta A. Sedis en que esta frase se añadió, el autor no la copia exacta, no obstante las comillas que la acompañan, sino con la palabra festo, palabra que en el lugar que cita no existe. Además dice, que la omisión de esta frase tal vez fué debido a un descuido de los tipógrafos; pero parece más bien ser otra la causa, pues según dice Vermeersch, Epitome, II 568, dada la confusión del texto de este párrafo, tuvo que ser corregido para adoptarlo a la mente del legislador. Augustine. Commentary, VI, pp. 179-180, entendió el sentido actual de este canon desde antes de que se le hiciera la corrección, como puede verse en las ediciones de la obra del mismo autor de 1921 y 1923 en las cuales usa como texto del canon la redacción de mayo de 1917, en que se omitía la frase "excepto tempore Quadragesimae".

22 C. 2, X, de observatione ieiuniorum, III, 46.

en el c. 1247, §1, nunca se anticipará, [23] ni aún en tiempo cuaresmal, en conformidad también a la resolución dada por la Comisión Pontificia, afirmando que no solo no se anticipan las vigilias de Cuaresma, sino tampoco las restantes del año. [24] De manera que ahora no se ayunará ni se abstendrá el sábado anterior por caer la vigilia en día de precepto; y no todos los años habrá el número de vigilias determinadas en el párrafo 2, sino que según éstas caigan en día de obligación, serán o no serán observadas todas en un año.

También cesa en el Sábado Santo después de mediodía.—

Con estas palabras el Código establece una nueva modificación o derogación al ayuno cuadragesimal, pues antes duraba este ayuno y abstinencia todo el día, como en los demás de Cuaresma. Esta norma que aquí se da, es una excepción a la regla general de que la ley del ayuno prescribe una sola comida al día, i.e., durante 24 horas (c. 1251, §1); por esto A Coronata [25] dice que este ayuno del sábado Santo, solo en sentido lato, puede llamarse tal.

La observancia del ayuno en Sábado Santo, según Blat, [26] "pari gressu ac liturgica lex procedit". Más aún; habiendo comenzado ya litúrgicamente el tiempo pascual y terminada la Cuaresma, sería incongruo el continuar el ayuno hasta la media noche.

La natural interpretación de esta nueva disposición es,

23 Esto mismo confirma la respuesta de la Comisión Intérprete del Código a una pregunta seguramente basada en la ley litúrgica, de que se anticipan las vigilias cuando cayeren en domingo o fiesta de precepto. Mas esta ley litúrgica queda revocada por el Código en cuanto es contraria al mismo, (c. 2); Pont. Com. 24 nov. 1920 — AAS XII (1920), 576.

24 Pont. Com. 24 nov. 1920 — AAS XII (1920), 576. Esta duda puede ser a causa de que el texto del párrafo 4 según se lea, es algo confuso. Sartori dice que quizá es por no haber coma después de Quadragesimae y antes de "nec pervigilia", mas en las correcciones hechas por la Secretaría de Estado, había coma. Además, en las ediciones del Código del año 1918 también se halla la coma; donde está omitida es en otras ediciones, como en las de 1919 y siguientes.

25 De locis et temporibus sacris, n. 296.

26 Commentarium, Liber Tertius, n. 135.

que debe guardarse la ley durante toda la mañana del Sábado Santo como en los demás días de ayuno; y llegado el mediodía, o sea las 12, cesa la obligación. Por consiguiente, en la mañana no será lícito tomar sino la Parvedad; y si, por justa causa, se anticipa la comida, habrá que hacerlo guardando la práctica establecida para ello en los demás sábados de Cuaresma.[27] En aquellas regiones en que la abstinencia del sábado se traslada al miércoles, en la mañana del Sábado Santo se podrá tomar carnes;[28] mas, como en la mañana de tal día es ayuno aunque se haya trasladado la abstinencia al Miércoles Santo, y en ningún lugar se ha introducido la costumbre de tomar carne los días de ayuno por la mañana, resulta que de hecho, hasta el presente, en ninguna región se podrá comer carne en la mañana del Sábado Santo aun dado el caso de anticiparse la abstinencia en otro día.

ART. V — *MANERA DE COMPUTAR LAS HORAS DEL DIA.*

La computación de los días de ayuno y abstinencia, debe hacerse de media noche a media noche.[29]

En todo asunto eclesiástico es obligatorio computar las horas conforme al sistema comunmente usado en el lugar.[30] Mas, para algunos actos privados, el Código permite el uso de otras suputaciones, con tal que sean *legales;*[31] entre los casos para los cuales se ha hecho esta concesión se encuen-

---

27 Cf. Vermeersch, Epitome, II, n. 568, quien opina que el que por verdadero incómodo durante la Cuaresma haya permutado la Parvedad por la Colación vespertina, podrá hacerlo también el Sábado Santo; y añade que no pecará gravemente quien haga esto el Sábado Santo; aun cuando no haya especial razón para ello. A este autor siguen, A Coronata y Ubach, Compendium Th. M., I, n. 367.

28 Bouuaert-Simenon, Manuale J. Canonici, III n. 65

29 C. 1246. Cf. C. 32.

30 "In supputandis horis diei standum est communi loci usui". C. 33, §1.

31 Fué preguntado a la Comisión Intérprete del Código: "An ubique terrarum in casibus can. 33, §1, expresis, tempus vulgo zonarium sequi quis possit"; y dió esta respuesta: "Affirmative, dummodo hoc tempus sit legale". Pont. Com. 10 nov. 1925 — AAS XVII (1925), 582.

tran explícitamente enumerados la Abstinencia y el Ayuno, y por interpretación general de los Canonistas se aplica también al ayuno eucarístico.

En la observancia de estos preceptos, puede uno seguir,[32] el tiempo del *lugar*, ya *verdadero*, ya *medio*, o el tiempo *legal*, ya *regional*, ya *extraordinario*.[33]

Actualmente el tiempo *regional* es el más usado, tomándose para ello un meridiano principal según el cual se marca el tiempo en los lugares cercanos o de toda una provincia. Lo más común es tomar como meridianos principales los de lugares que distan quince grados uno del otro, pues de esta manera, la diferencia es de una hora exacta.[34] Para estos meridianos principales, en general, se acepta como base el meridiano de Greenwich, que por lo tanto es el meridiano O°. Según esto, el meridiano de Greenwich marca el tiempo de toda una región de 15°, o sea, 7° 30' al Este y 7° 30' al Oeste. En todos los lugares comprendidos en esta región, el tiempo se señala no conforme al propio meridiano, sino al de Greenwich, y así, tienen todos exactamente la misma hora.

Para saber el tiempo local o del meridiano propio del lugar, bastará saber cuántos grados dista dicho lugar del meridiano de Greenwich, y añadir o sustraer cuatro minutos por cada grado.[35] Habrá que sustraer cuando el lugar se encuentre al Oeste de Greenwich, y habrá que añadir si el lu-

32 C. 33, §1.

33 El tiempo **local**, que se funda en la computación astronómica, tomando como base el meridiano del lugar, y es "**verum**" si no se hace corrección ninguna para hacer que los días sean estrictamente iguales, o "**medium**" si, hechas algunas modificaciones se obtienen días exactamente iguales.

Por disposición **legal** algunas veces en toda una nación no se considera más que el meridiano de un solo lugar, v. gr. del observatorio de Greenvich. Más aún; algunas veces diversas naciones convienen en establecer una unidad artificial más completa; este tiempo se llama tiempo **legal regional**. El tiempo **extraordinario** se establece v. gr. para aprovechar más la luz del día, anticipando los relojes una hora. Cf. Vermeersch, Epitome, I, n. 115.

34 Siendo 360 grados los que el sol tiene que recorrer en 24 horas, resulta que en una hora debe recorrer $\frac{360^\circ}{24} = 15^\circ$.

35 Habiendo 1440 minutos en 24 horas, y teniendo el sol que recorrer 360 grados en dichas 24 horas, se deduce que recorre un grado en cuatro minutos.

gar está al Este. Así por ejemplo, rigiéndose España por el meridiano de Greenwich, en todas las Arquidiócesis se tiene al mismo tiempo exactamente la misma hora, es decir, la hora de Greenwich; pero si se quiere saber el tiempo local de cada una de dichas Sedes, habrá que sustraer cuatro minutos por cada grado, pues todas ellas están al Oeste de Greenwich, excepto la de Tarragona, para la cual se deberán añadir los dichos cuatro minutos por cada grado. De esta manera Zaragoza, que dista un grado de Greenwich, tendrá una diferencia de — 4 minutos, o sea, cuando según la hora regional sean las 12, la hora local de Zaragoza será las 11.56. De semejante manera, cuando según el tiempo regional sean las 12 en Toledo, que dista cuatro grados de Greenwich, habrá una diferencia de—16 minutos, y por consiguiente, serán las 11.44; en Valencia, que está 0° 30', serán las 11.58; en Burgos y Granada, 3° 30', las 11.46; en Valladolid, 5°, las 11.40; en Sevilla, 6°, las 11.36; en Santiago, 8° 30', las 11.26; y en Tarragona, que está a 2° 30' al Este, ya serán las 12.10.

Los relojes marcan siempre el tiempo *medio,* y si se quiere saber el tiempo *verdadero,* habrá que hacer la diferencia conocida con el nombre de Ecuación del tiempo, que llega en el mes de noviembre a 16 minutos; se extingue a fines de diciembre; vuelve aumentar en febrero hasta 14 minutos; se reduce otra vez a 0 en abril; aumenta en mayo a cerca de 4 minutos; vuelve a 0 en junio; crece hasta 6 minutos a fines de julio; se vuelve a extinguir en septiembre; y vuelve a crecer hasta 16 de noviembre. Para saber en cualquier época del año cuál es la Ecuacilón del tiempo, publican los Observatorios Astronómicos unas tablas muy precisas que se tienen que renovar cada año. El "American Nautical Almanac" publica la diferencia que habrá no solo cada día del año, sino cada dos horas del día.

Por vía de ejemplo se pone aquí la siguiente tabla, con la diferencia que hay cada siete días en las nueve Arquidiócesis existentes en España:[36]

Según la opinión más común entre los canonistas, se puede guardar la ley del ayuno atendiendo a la suputación no *obligatoria*, o sea, *opcional*, aun cuando todas las demás obligaciones se observen conforme a la suputación obligatoria. Se disputa, sin embargo, el que se pueda seguir dos suputaciones distintas cuando se trata de obligaciones sobre la misma materia, por ejemplo: el ayuno eclesiástico y el ayuno eucarístico. Vermeersch sostiene que se puede observar el ayuno eclesiástico conforme a la hora *estiva* y comenzar el ayuno eucarístico del día siguiente conforme a la hora ordinaria, quedando por lo tanto, una hora *intermedia* en que la obligación del ayuno eclesiástico ya no rige, y el ayuno eucarístico todavía no comienza; siendo por consiguiente lícito el tomar alimento en ese espacio intermedio.[37]

Esta opinión ha sido generalmente combatida, acusándola de laxa y contradictoria. Creusen,[38] Fray Luis de S. Teresa,[39] Michiels,[40] Ecclesiastical Review,[41] y Van Hove[42] parecen demostrar con suficiente claridad que la opinión de Vermeersch no implica contradicción alguna; y de ahí deducen que supuesto que el legislador (código) no prohibe dicha práctica, pues no pone restricción ninguna a la concesión hecha en el can. 33, esta opinión puede seguirse.

Las principales objeciones contra la opinión de Vermeersch se basan en que dicha práctica supone que es al mismo tiempo media noche y que todavía no es media noche, que el sábado ya comenzó y que el sábado todavía no comienza, que en un mismo momento es sábado y es también viernes; más aún; que si alguno come carne el viernes por la noche, después de haberla comido dice que ha guardado

---

36 Para saber la diferencia de tiempo en los Estados Unidos, véase Hugh C. Mitchell, "True Sun Midnight as Shown on Your Watch", Eccles. Rev. XC (1934), 77-83.

37 Este ejemplo ha sido tan discutido, que ya es comunmente conocido como el caso típico de la "suputación opcional".

38 "Minuit Canonique", Nouvelle Revue Theologique L (1923), 464-474.

39 "De Re Canonica", El Monte Carmelo XXXI (1927), 466-470.

40 Normae Generales II, 140-149.

41 "Reckoning midnight for diverse obligations" LXXXVII (1932) 634-642.

42 De Consuetudine De Temporis Supputatione, pp. 260-264.

Santiago	Sevilla	Valladolid	Toledo	Granada	Burgos	Zaragoza	Valencia	Greenwich
8° 30'	6°	5°	4°	3° 30'	3° 30'	1°	0° 30'	0°
11 28	11 38	11 42	11 46	11 48	11 48	11 58	12 00	12 0
11 32	11 42	11 46	11 50	11 52	11 52	12 02	12 04	12 0
11 34	11 44	11 48	11 52	11 54	11 54	12 04	12 06	12 0
11 37	11 47	11 51	11 55	11 57	11 57	12 07	12 09	12 1
11 38	11 48	11 52	11 56	11 58	11 58	12 08	12 10	12 1
11 39	11 49	11 53	11 57	11 59	11 59	12 09	12 11	12 1
11 40	11 50	11 54	11 58	12 00	12 00	12 10	12 12	12 1
11 40	11 50	11 54	11 58	12 00	12 00	12 10	12 12	12 1
11 39	11 49	11 53	11 57	11 59	11 59	12 09	12 11	12 1
11 38	11 48	11 52	11 56	11 58	11 58	12 08	12 10	12 1
11 36	11 46	11 50	11 54	11 56	11 56	12 06	12 08	12 1
11 34	11 44	11 48	11 52	11 54	11 54	12 04	12 06	12 0
11 32	11 42	11 46	11 50	11 52	11 52	12 02	12 04	12 0
11 30	11 40	11 44	11 48	11 50	11 50	12 00	12 02	12 0
11 28	11 38	11 42	11 46	11 48	11 48	11 58	12 00	12 0
11 26	11 36	11 40	11 44	11 46	11 46	11 56	11 58	12 0
11 24	11 34	11 38	11 42	11 44	11 44	11 54	11 56	11 5
11 23	11 33	11 37	11 41	11 43	11 43	11 53	11 55	11 5
11 22	11 32	11 36	11 40	11 42	11 42	11 52	11 54	11 5
11 22	11 32	11 36	11 40	11 42	11 42	11 52	11 54	11 5
11 22	11 32	11 36	11 40	11 42	11 42	11 52	11 54	11 5
11 22	11 32	11 36	11 40	11 42	11 42	11 52	11 54	11 5
11 23	11 33	11 37	11 41	11 43	11 43	11 53	11 55	11 5
11 25	11 35	11 39	11 43	11 45	11 45	11 55	11 57	11 5
11 26	11 36	11 40	11 44	11 46	11 46	11 56	11 58	12 0
11 28	11 38	11 42	11 46	11 48	11 58	11 58	12 00	12 0
11 29	11 39	11 43	11 47	11 49	11 49	11 59	12 01	12 0
11 30	11 40	11 44	11 48	11 50	11 50	12 00	12 02	12 0
11 31	11 41	11 45	11 49	11 51	11 51	12 01	12 03	12 0
11 32	11 42	11 46	11 50	11 52	11 52	12 02	12 04	12 0
11 32	11 42	11 46	11 50	11 52	11 52	12 02	12 04	12 0
11 31	11 41	11 45	11 49	11 51	11 51	12 01	12 03	12 0
11 31	11 41	11 45	11 49	11 51	11 51	12 01	12 03	12 0
11 29	11 39	11 43	11 47	11 49	11 49	11 59	12 01	12 0
11 27	11 37	11 41	11 45	11 47	11 47	11 57	11 59	12 0
11 25	11 35	11 39	11 43	11 45	11 45	11 55	11 57	11 5
11 23	11 33	11 37	11 41	11 43	11 43	11 53	11 55	11 5
11 21	11 31	11 35	11 39	11 41	11 41	11 51	11 53	11 5
11 18	11 28	11 32	11 36	11 38	11 38	11 48	11 50	11 5
11 16	11 26	11 30	11 34	11 36	11 36	11 46	11 48	11 5
11 14	11 24	11 28	11 32	11 34	11 34	11 44	11 46	11 4
11 12	11 22	11 26	11 30	11 32	11 32	11 42	11 44	11 4
11 10	11 20	11 24	11 28	11 30	11 30	11 40	11 42	11 4
11 9	11 19	11 23	11 27	11 29	11 29	11 39	11 41	11 5
11 10	11 20	11 24	11 28	11 30	11 30	11 40	11 42	11 4
11 10	11 20	11 24	11 28	11 30	11 30	11 40	11 42	11 4
11 11	11 21	11 25	11 29	11 31	11 31	11 41	11 43	11 4
11 12	11 22	11 26	11 30	11 32	11 32	11 42	11 44	11 4
11 15	11 25	11 29	11 33	11 35	11 35	11 45	11 47	11 4

la abstinencia y el ayuno eucarístico. Para resolver estas objeciones, los que siguen a Vermeersch atienden al principio de contradicción: "Non datur vera contradictio nisi affirmando simul et negando idem de eodem secundum idem", diciendo que es media noche y no media noche, no según el mismo reloj sino según relojes diversos.

En general, los adversarios de Vermeersch admiten el uso *simultaneo* de varios sistemas horarios en todas las circunstancias, excepto en la "concurrencia" de la ley del ayuno o abstinencia con el ayuno eucarístico, diciendo que en este caso particular, existiría verdadera contradicción. A primera vista, en este caso particular hay contradicción, pero no es más que aparente; más aún; esta aparente contradicción no existe solamente en la concurrencia mencionada, sino que se halla siempre que se usan dos sistemas horarios para computar la media noche de un mismo día.

En efecto:

> *"In supputandis horis diei standum est communi loci usui; sed in privata Missae celebratione, in privata horarum canonicarum recitatione, in sacra communione recipienda et in ieiunii vel abstinetiae lege servanda, licet alia sit usualis loci supputatio, potest quis sequi loci tempus aut locale siveverum sive medium, aut legale sive regionale sive aliud extraordinarium"*. Can. 33, §1.

De este párrafo se deducen algunas conclusiones que parece deben admitirse:

CONCLUSION I:

Podemos en algunos casos dejar legítimamente la suputación obligatoria o comunmente admitida en el lugar.

a) *Podemos* — Pues es facultativo; sin embargo, hay que observar que esta libertad no es una mera facultad de elegir entre el tiempo usual y el tiempo extraordinario, sino más bien, una facultad de añadir una *segunda* suputación sin abandonar la primera, y por consiguiente, es una libertad de atender al mismo tiempo dos suputaciones, aunque no para la misma materia. En verdad, si se considera esta libertad únicamente con respeto a las materias para las cuales se ha hecho la concesión, es en realidad una mera facultad de *elegir* entre el tiempo usual y el tiempo opcional; pero si se considera con respecto a las materias para las cuales no se ha hecho la concesión, entonces aparece que consiste más bien en una facultad de *añadir otra* suputación.

b) *En algunos casos* — Aquí aparece nuevamente que no se trata de una mera facultad de elegir o no elegir, de manera que si una se elige la otra tenga que abandonarse, sino de atender a una segunda computación reteniendo la primera. Los seguidores de Vermeersch hacen notar con énfasis esta simultaneidad y pluralidad de suputaciones, pues casi todas las objeciones se fundan, por lo menos en el modo de argumentar, en la excelente doctrina de Lugo [43] propuesta para demostrar que no es lícito atender a dos relojes cuando la suputación permitida no es más que una.

c) *Dejar legítimamente* — Y a la verdad tan legítimamente, que la suputación opcional es también *legal:* de tal manera, que ahora se puede decir que en virtud del can. 33, §1, *está permitido usar al mismo tiempo dos suputaciones legales diversas,* aunque no para una misma obligación.

d) *La suputación obligatoria* — Esta suputación se puede considerar o en *concreto,* como el término de diez días concedido para apelar de una sentencia, o en *abstracto,* o sea, en cuanto que es perpetua y continua (puesto que el tiempo es por su misma naturaleza contínuo). Ahora bien; de una y otra consideración se puede concluir que el Código permite el uso simultáneo de dos suputaciones.

Pues, en *concreto:* El que computa los diez días que se le conceden para apelar, puede al mismo tiempo atender a la suputación opcional para observar la ley del ayuno y abstinencia, y por lo tanto, usar al mismo tiempo dos suputaciones. Y también en *abstracto,* pues si es cierto que cada uno

43 De Eucharistia, Disp. XV, nn. 46-54.

de nosotros no está obligado a llevar cuenta continua de las horas, no obstante las horas legales corren sin cesar, de tal manera que cuantas veces necesitamos atender a ellas las debemos tomar tal como las está marcando el reloj.[44] Y así, atendiendo a la suputación opcional, inconscientemente, pero con toda verdad, atendemos a dos suputaciones.

De esto se deduce que:

Corolario I. Al dejar la suputación obligatoria y atender a la suputación opcional para alguna de las materias mencionadas en el can. 33 usamos al mismo tiempo dos suputaciones.

Corolario II. Si hacia la media noche resolvemos atender a la suputación opcional, o sea, atender a dos suputaciones, necesariamente sucederá que es al mismo tiempo media noche y todavía no es media noche, que el sábado ya comenzó y todavía no comienza, que en el mismo momento es viernes y es también sábado, es viernes según la suputación usual o común del lugar, es sábado según la suputación extraordinaria. Por consiguiente, hay que decir que quien introdujo la contradicción aparente es el mismo Código, pues:

Corolario III. Hay que admitir que el Código ha hecho una innovación:

Ya que antiguamente no era lícito seguir al mismo tiempo dos relojes discrepantes, y con toda razón, pues entonces el modo legal de computar las horas no era más que uno. Lo que se permitía era escoger arbitrariamente cualquier reloj probable, pero solamente *uno;* en cambio ahora: "Podemos en algunos casos dejar legítimamente la suputación obligatoria o comunmente admitida en el lugar" *(Conclusión I)*, y por lo tanto, mientras dejamos la suputación obligatoria usamos dos suputaciones *(Corolario I)*, y así, podemos para una obligación usar el reloj *A* que indica que la media noche ya pasó, y para otra obligación usar el reloj

44 "... hosae enim diei continuo supputandae dicuntur. Et cum non dies tantum sed mensis et annus horis conflentur, omne tempus per se continuo supputandum est" Toso, Commentaria Minona, p. 102.

B que indica que la media noche todavía no llega *(Corolario II)*. Pueden deducirse otros corolarios estrechamente ligados a los tres precedentes; conviene sin embargo, pasar ya a la conclusión segunda, que no es más que el aspecto práctico de la conclusión primera:

CONCLUSION II:

Puedo observar la obligación A según la suputación obligatoria, y para la obligación B que rige el mismo día, puedo atender a la suputación extraordinaria. De aquí se sigue que:

Corolario I — Si esto se hace v. gr. en jueves, al llegar a media noche, mientras el reloj del tiempo extraordinario indica las doce de la noche, el reloj del tiempo usual indicará que son las once, y por consiguiente, según el primer reloj, el viernes ya comenzó y la obligación B ya no rige, por el contrario, según el otro reloj es todavía jueves y la obligación A aún no termina.

Corolario II — Si el jueves tengo que cumplir la obligación A y el viernes la obligación B, y atiendo al tiempo usual para A y al tiempo extraordinario para B, el jueves, a media noche ,al apuntar el reloj las once de la noche, comenzará a urgir la obligación B, pues según el tiempo extraordinario el viernes ya comenzó; sin embargo, la obligación A seguirá urgiendo todavía durante una hora, pues aún es jueves; por consiguiente, durante una hora será al mismo tiempo jueves y viernes.

De aquí se sigue, que supuesto que hay verdadera simultaneidad de días. [45] se deduce legítimamente que el can. 33, §1, introdujo un tiempo *común* [46] entre dos días.

Corolario III — Si el jueves tengo que cumplir la obligación A y el viernes la obligación B, y uso el tiempo extraordinario para cumplir A y el tiempo usual para B, el jueves

---

45 Es decir, que al mismo tiempo es jueves y viernes.

46 La expresión tiempo común usada por Vermeersch ha sido muy combatida. Véase "Reckoning Midnight for Divers Obligations," Ecclesiastical Review, LXXXVII (1932), 634-636.

por la noche, cuando el reloj del tiempo extraordinario indica las doce de la noche cesará la obligación A, puesto que según el tiempo extraordinario el jueves ya terminó, y sin embargo, la obligación B no comenzará todavía, pues según el tiempo usual el viernes no habrá llegado y mi intención fué observar la obligación B según el tiemepo usual, y por lo tanto, por lo que toca a las obligaciones A y B durante una hora no será ni jueves ni viernes.

De aquí se sigue que supuesto que hay verdadera discontinuidad de días, se deduce legítimamente que el can. 33, §1, introdujo un tiempo *neutral.*[47]

Corolario IV — El *tiempo común* del cual se habló en el Corolario II y el *tiempo neutral* del que se habló en le Corolario III, no pueden llamarse estrictamente *tiempo común* o *tiempo neutral,* sino más bien *quasi-commune* y *quasi neutrale* y significan una misma cosa. Pues, si fuera tiempo estrictamente neutral, o sea, que no perteneciera a ninguno de dos días, el oficio recitado en esa hora *neutra* no valdría ni para el día anterior ni para el siguiente. Y viceversa, si el miércoles me obliga la abstinencia y el jueves el ayuno eucarísitico y tomo carne el miércoles en la noche durante la hora *común* a ambos días, quebranto la abstinencia del miércoles y el ayuno eucarístico del jueves. Por consiguiente, si la intención del individuo se hizo conforme al Corolario II, se puede decir que hay un *tiempo común* pero no estrictamente común, y si la intención estaba hecha conforme al Corolario III, se puede decir que hay un *tiempo neutral* pero no estrictamente neutral.

Por lo tanto, hay que afirmar que el Código introdujo un tiempo que según las necesidades de los fieles puede ser ya

47 La locución tiempo neutral es más impugnada todavía que la locución tiempo común: Vermeersch-Creusen en su **Epitome** en las ediciones segunda, tercera y quinta retienen la expresión tiempo común que usaban en la primera, pero desde la edición tercera omiten la locución .**tiempo neutral**; igualmente Vermeersch en la primera edición de su **Teología Moral** habló del **tiempo neutral**, no así en la segunda y tercera; el mismo Creusen disiente de Vermeersch en cuanto a este modo de expresarse, y Vermeersch viendo que su expresión ha sido mal interpretada, ya no quiere usarla. Véase Creusen, "Minuit Canonique", **Nouvelle Revue Théologique** L (1923), 470-471; y Vermeersch, **Theol. Mor.**, 2da. ed., I, n. 383.

común ya *neutral,* o que introdujo un tiempo *quasi-commune* que también puede ser *quasi-neutrale,* y vice versa.

CONCLUSION III.

El que deja la suputación obligatoria puede volver a regirse por ella, o lo que es lo mismo: el que sigue la suputación opcional puede abandonarla.

Hasta aquí se ha tratado del uso simultáneo de dos suputaciones de tal manera que no importe el que tomada la suputación opcional sea o no lícito el dejarla para volver a tomar la suputación obligatoria. Mas ahora, para tener idea más completa de la concesión del can. 33 se aduce esta tercera Conclusión que aunque es de todos admitida, hay que recordarla, pues facilita el camino para la Conclusión cuarta.

CONCLUSION IV.

El que sigue la suputación opcional para uno de los cuatro casos de que trata el can. 33 no está por ello obligado a seguirla en los otros tres.

En el presente estudio se ha tenido cuidado de presentar en abstracto el uso simultáneo de dos suputaciones para que la mente, libre de dificultades que suelen surgir en algunos casos concretos, admita el principio general.

En verdad, aunque la Conclusión IV, que acaba de enunciarse, fuera falsa, sin embargo, las tres precedentes con sus Corolarios serían absolutamente ciertas. Pues de suyo bastaría que la concesión se hubiera hecho para una sola de las materias enumeradas en el can. 33 para que se siguiera lógicamente todo lo que se ha dicho hasta aquí; es decir, mientras cumplíamos todas las obligaciones según la hora comunmente usada en el lugar, cumpliríamos la otra anticipando o retardando las horas, y por consiguiente, los días.

Mas, la verdad de la Conclusión IV aparece primero por la naturaleza misma de los casos exceptuados, pues son obligaciones completamente diversas. Además, porque en la práctica son tan independientes que si alguno está obligado a cumplir alguna de ellas no por eso lo está a cumplir las demás; si Ticio está hoy obligado a la abstinencia, no por ello está obligado a rezar el oficio o a guardar el ayuno eucarístico, etc.

Por lo tanto, supuesto que son obligaciones diversas, hay que procurar que cada una de ellas sea totalmente observada; más aún; si *per accidens* concurren y por quedar unidas sobreviene una carga especial, habrá que sobrellevarla si no existe más que una suputación, pero siempre habrá que reconocer que esa unión vino *per accidens* y que esa nueva carga no es *de suyo obligatoria;* y por consiguiente, si el modo prescripto por el Código para que cada una de dichas obligaciones se guarde totalmente permite el evitar esa unión *accidental* y librarse de una carga *no obligatoria*, será enteramente lícito el proceder así. Por lo tanto:

CONCLUSION V.

Si podemos legítimamente usar al mismo tiempo dos suputaciones [48] *de tal manera que observemos la obligación A usando una computación y la obligación B usando otra suputación distinta* [49] *y podemos intercalar un tiempo neutral entre las obligaciones A y B,* o sea, un tiempo en el cual no urgen ni la obligación A, ni la obligación B, y conforme a lo dicho en la *Conclusión IV* el que usa una suputación opcional para uno de los cuatro casos enumerados en can. 33 no está por ello obligado a seguirla para los otros tres, se deduce que en verdad: "...nihil prohibet quin, secundum tempus verum, recites breviarium, legem abstinentiae secundum tempus medium observes et secundum tempus legale ad ieiunium eucharisticum attendas". [51]

---

48 Véase el **Corolario II** de la **Conclusión I.**

49 Véase la **Conclusión II.**

50 Véanse los **Corolarios III y IV** de la **Conclusion II.**

51 Vermeersch-Creusen, **Epitome,** I, 115. Además se sostiene esta misma doctrina en los siguientes lugares: Vermeersch, **Theol. Mor.,** I ed., I, 382; 2 ed., I, 383, quaeritur 2; 3 ed., I, 352; Cocchi, **Commentarium,** I, 98; Chelodi, **Jus de Personis,** n. 89, ad 3, nota 3; Creusen, "Minuit Canonique", **Nouvelle**

Las opiniones que más o menos restringen la libre elección de la suputación opcional no se fundan en una positiva distinción introducida por el Código la cual indudablemente se aduciría, sino en el principio fundamental: *Que la suputación opcional no debe usarse cuando por hacerlo se violaría algún precepto.* Pero más que en el principio mismo, que evidentemente debe admitirse, los argumentos presentados para introducir restricciones se fundan en las *condiciones* que cada autor cree necesarias para que el principio se salve.

Las condiciones que suelen proponerse como necesarias no han sido expuestas ni uniformemente, ni con claridad; sin embargo, todas parecen fundarse en la doctrina de Lugo:

> "Hoc ergo ipsum dicendum est, quando probabilitas oritur ex diversis horologiis, nam licet quodlibet possimus sequi ad observanda praecepta, non possumus tamen variari in praejudicium praecepti, quia sicut praeceptum obligat certo ad opus injunctum sic obligat ad non mutandam sententiam cujus mutandae libera facultas impediret praecepti observantiam...
> Nam stante illud duplici praecepto, ego debeo *ex complexione utriusque praecepti* abstinentiam a cibo post comestionem unicam diei praecedentis seu post refectiunculam serotinam, usque ad Missam vel communionem diei sequentis, et Superior habet jus vi utriusque praecepti ad hoc totum: Ergo habet jus ad prohibendam variationem horo-

---

Revue Theologique L (1923), 464-474; Mercier, citado por Creusen, ob. cit., p. 470; Eichmann, **Lehrbuch des Kirchenrechts**, p. 44, nota 4; De Meester, **Compendium**, I, 286; Ferland, **Seminae Religieuse de Quebec** XXV (1923), 280-283, 294-298, 567-570, 600-605; Coronata, **Institutiones**, I, 51, ad c; Cance, **Le Code de Droit Canonique**, I, 71, nota 1; Postíus, **El Código Canónico aplicado a España**, n. 422; Ramos, "Uso de tiempos distintos", **Ilustración del Clero** XXI (1927), 113-114; Fray Luis de S. Teresa, "De recanonica", **El Monte Carmelo** XXXI (1927), 466-470; Michiels, **Normae Generales**, II, 140-149; **The Ecclesiastical Review** LXXXVI (1932), 532-533, LXXXVII (1932), 634-644; G. Kieffer, "Ueber Anwendung zweier verschiedener Probabilitaten un Zeitsysteme", **Pastor Bonus** XL (1929), 280-295; Woywod, "Standard Time, Daylight Saving Time and the Eucharistic Fasting", **The Homiletic and Pastoral Review** XXIII (1923), 1301-1303; **Nuntius Aulae**, VI (1931); Ubach, **Compendium Th. M.**, I. p. 352, nota 1.

logii ex que impediatur observantia et redditio totius illius debiti ad quod certum habebat jus." [52]

Mas, no todos toman esta doctrina directamente de Lugo, sino que algunas veces mediante Genicot, quien explícitamente habla de un *acto moralmente único:*

> "Si agitur de *actu moraliter unico* non licet eodem tempore utramque (opinionem probabilem) usurpare... quoniam ita... certo aliqua lex violatur... ex. gr. sacerdos in Pervigilia Pentecostes... unius horologii probabilitate utitur ad copiose cenandum, alterius autem probabilitate uti statuit ad mane celebrandum quasi a media nocte ieiunus. Ut enim ait Lugo: "Stante illo duplici praecepto, ego debeo..." [53]

Viniendo pues a los autores que hablan del *acto moralmente único,* se ve que Maroto lo toma *tal vez* como *acto negativo,* al menos así lo debe tomar, puesto que en ese sentido lo hace Genicot. [54]

Teodori usa el argumento de Maroto y toma el *acto moralmente único* en sentido *positivo.* [55] Además, mientras Maroto dice que la suputación opcional es siempre lícita, "con tal, sin embargo, de que no se pretenda obtener con *un acto único* dos efectos juntamente, si cada uno de ellos *exige tiempo diverso*", Capello dice que la suputación opcional es siempre lícita mientras no se trate de *actos* u *obligaciones* que vigen *al mismo tiempo;* Capello pues, no arguye del *único acto,* sino de *varios actos* u *obligaciones.* [56]

Para resolver estas objeciones basta decir que en el caso típico no se trata de *un acto único,* sino de *dos actos nega-*

---

52 Lugo, **De Eucharistia,** disp. XV, nn. 52-53.

53 Genicot, **Institutiones Th. M.,** I, 81.

54 Maroto, **Institutiones,** I, 252, 2.

55 Teodori, "De Teporis Supputatione," **Apollinaris,** III (1930), 618 y en **Consultationes Juris Canonici,** I, 19.

56 Capello, **Summa Juris Canonici,** I, 179; Claeys Bouuaert-G. Simenon, **Manuale Juris Canonici,** I, 191, ad 2, parece argumentar del mismo modo que Capello.

tivos: [57] la abstinencia y el ayuno eucarístico, que no rigen al mismo tiempo, y que el *único acto positivo* es el comer carne, pero este acto no se pone para obtener ningunos efectos legales como suponen Maroto y Teodori. La *condición* puesta por Cigognani [58] consiste en que no deben hacerse lícitos con el uso de dos suputaciones los actos que existiendo una sola suputación no podrían ser lícitos simultáneamente. Esta condición casi coincide con la propuesta por Toso, [59] de la cual ya se habló al principio, pues Toso dice que el uso de dos suputaciones no debe permitir el poner actos que serían ilícitos existiendo una sola suputación.

Ya al principio se hizo notar que el uso de dos suputaciones simultáneas fué introducido precisamente para hacer lícitos algunos actos que existiendo una sola suputación serían ilícitos, como el diferir el rezo del oficio divino hasta más allá de media noche. En cuanto a la condición puesta por Cicognani, hay que advertir, que en el caso típico no se convierten en lícitos dos actos simultáneos, sino que hay tres actos perfectamente separados, que son: el abstenerse de comer carne hasta la media noche de una suputación, el comer carne cuando la abstinencia ya no rige ni ha comenzado el ayuno eucarístico, y el guardar el ayuno eucarístico desde la media noche de otra suputación.

Hay que notar que Cicognani, como también Maroto y Teodori, fundan su argumentación en la doctrina del probabilismo, diciendo que así como no se puede usar al mismo tiempo dos probabilidades contrarias, tampoco pueden usarse dos suputaciones distintas simultáneamente, al menos en ciertas materias. Si se traen argumentos del probabilismo, en primer lugar habrá que distinguir entre lo que es *probabilidad* y lo que es *certidumbre* para poder proceder legítimamente. Lugo y Genicot usaron de esta seme-

57 El mismo Ojetti (Commentarium, I, 197) confiesa que se trata de dos actos que moralmente forman uno, como ya antes lo habían dicho Lugo y Genicot.

58 Commentarium, II, 191.

59 Commentaria Minora, I, 104.

janza, pues antiguamente sólo se podía decir: "probablemente ya es la media noche, pero probablemente todavía no lo es"; mas ahora, en virtud del can. 33 puede decirse: con toda certeza el viernes ya terminó, y, con toda certeza el sábado todavía no empieza, pues según una suputación con toda certeza son las doce y según la otra suputación no son sino las once; por consiguiente, en tiempo de Lugo y Genicot la abstinencia del viernes y el ayuno eucarístico del sábado eran en verdad *un acto moralmente único*, y no era lícito usar *dos relojes probables*, pues se violaría alguna de las dos leyes; mas ahora, puede uno seguir *dos relojes ciertos* aun cuando difieran considerablemente, pues en virtud del can. 33: "potest quis sequi loci tempus aut locale sive verum, aut legale sive regionale sive aliud extraordinarium"; o uno hoy, y otro otro día; o uno en el primer caso, otro en el segundo, otro en el tercero, otro en el cuarto, etc., como el mismo Maroto enseña. [60]

60 Maroto, Instituciones, I, 258, 2. Están también contra Vermeersch, aunque sin dar argumentación alguna, los siguientes: Lacau, De Tempore, p. 40; Dignant, De vera religione, p. 61.

CAPITULO VII

RELACION ENTRE LA LEY ANTIGUA DEL AYUNO Y ABSTINENCIA Y LA MODERNA

Canon 1253: His canonibus nihil immutatur de indultis particularibus, de votis cuiuslibet personae physicae vel moralis, de constitutionibus ac regulis cuiusvis religionis vel instituti approbati sive virorum sive mulierum in communi viventium etiam sine votis.

Señalados en los cánones anteriores el objeto del ayuno y de la abstinencia y los días en que vigen, en el presente canon se limita la fuerza de estas leyes comunes al excluir de ellas los indultos particulares, los votos, Reglas y Constituciones religiosas; permitiéndose de esta suerte, ya las leyes que suelen ser más amplias y benignas como los indultos, ya también las más estrictas, como son los votos.

ART. I—*RESPECTO A LOS INDULTOS PARTICULARES*

El canon 1253 hace tres excepciones a todo el título XIV, diciendo que los cc. 1250-1252 nada inmutan en cuanto a indultos particulares, votos de personas ya físicas ya morales, Constiutciones y Reglas.

Atendiendo a la etimología de la palabra, *indulto* significa una mitigación de la ley; es, por consiguiente, un privilegio o ley privada más benigna que la ley general.

El indulto, es un término medio entre el *privilegio* y la *dispensa;* puesto que el privilegio es un favor concedido a perpetuidad, [1] y la dispensa, es una relajación de la ley, concedida para algún caso particular. Ahora bien; el indulto, aunque en general no es perpetuo, sino para cierto

1 Véase el c. 70; Michiels, Normae Generales, I, p. 71.

período de tiempo, nunca es meramente transitorio como la dispensa.

El indulto, más que considerarse como una dispensa concedida para largo tiempo, debe ser tenido como un privilegio no perpetuo sino temporal. El concepto de indulto difiere del de dispensa no solo en lo que toca a tiempo, sino también en cuanto al favor concedido, pues la dispensa es siempre una mera relajación de la ley, mientras que el indulto suele tomarse en sentido más amplio, por ejemplo, suele llamarse indulto la facultad concedida por determinado espacio de tiempo para absolver de pecados reservados.

En el Derecho Canónico, privilegio e indulto suelen usarse indistintamente; sin embargo, el mismo Código insinúa su distinción, así por ejemplo, en el c. 4 se dice: "iura aliis quaesita, itemque privilegia atque indulta . . . "

Según varios autores, la distinción entre indulto y privilegio insinuada por el Código, está basada principalmente en que el privilegio es en general un favor otorgado a perpetuidad, mientras que el indulto indica más bien una facultad o gracia temporalmente concedida; pero observan, que hay indultos concedidos para tiempo ilimitado. [2]

Según todo lo dicho, es conveniente advertir, que los indultos con frecuencia se toman en el mismo sentido que las *facultades habituales.* [3]

En este estudio solamente se tratarán los indultos acerca del ayuno y abstinencia vigentes en España, Portugal, América Latina e Islas Philipinas, y Estados Unidos. [4]

---

2 **Normae Generales**, I, 71, nota 2; y II, 433-434; A Coronata, **De locis et temporibus sacris**, 318; Capello, **Sunuma C.** I, n. 57; Toso, **Commentaria Minora**, I, p. 16; Bouuaret-Simenon, **Manuale J canonical**, n. 147.

3 C. 66 §1: "Facultates habituales quae conceduntur vel in perpetuam vel ad praefinitum tempus aut certum numerum casuum, accensentur privilegiis praeter ius." Maroto **Instituciones**, I, n. 294; Augustine. **A Commentary**, VI, p. 181; Michiels, **Normae Generales**, II, 441-442; Toso, **Commentaria Minora**, I, p. 16; Capello, **Summa** J. C., I, n. 57.

4 Para saber el indulto sobre ayuno y abstinecia concedido a Escocia, mirese **AAS** III (1011), 58. En India, Ceylón y Burma son días de sole **Abstinencia**: Todos los viernes del año; todos los miércoles de Cuaresma; y la vigilia de la Asunción. Son días de **Abstinencia** y **ayuno juntamente**. Los sie-

§1—*La Bula de Cruzada en España.*

Bula de Cruzada es un diploma pontificio en el que se otorgan muchas gracias, privilegios e indultos, concedido desde muy antiguo a los Reyes Católicos de España en concepto de subsidio para la guerra contra los infieles, mas ahora, para promover las obras de pieded y beneficencia, y también el culto divino.[5]

Se llamó Bula de la Santa Cruzada, porque en ella se concedían a los que en España luchaban contra la morisma las mismas gracias espirituales otorgadas a los que tomaban la insignia de la Cruz y formaban parte de aquellas expediciones militares llamadas Cruzadas, que iban a reconquistar los Santos Lugares.

La primera Bula española la expidió Urbano II, el 1 de julio de 1089 para la reconquista de Tarragona.[6] Luego, repetidas veces fué concedida para casos determinados con ocasión de las guerras que los reyes españoles sostenían contra los moros que ocupaban la península.

Desde el tiempo de los Reyes Católicos, las gracias de la Bula vinieron a concederse con regularidad, y se fueron renovando en períodos; estas prórrogas fueron constantes, sin interrupción alguna.

En tiempo de San Pio V, la Bula se prorrogaba de bienio en bienio. Gregorio XIII primeramente la concedió por un solo año; luego, la prorrogó para seis; y desde entonces, por más de dos siglos continuó prorrogándose de seis en seis años. Pio IX concedió tres prórrogas por doce años cada una; y por iguales plazos León XIII, Benedicto XV, y Pio XI.[7]

---

te viernes de Cuaresma y la vigilia de Navidad. Cf. "Rules of Fasting and Abstinence" in India, Ceylon and Burma, Catholic Directory of India,, and Ceylon, p. 1, año 1934. Los indultos concedidos a Italia, pueden verse en Il Monitore Ecclesiastico, XXXIV (1922), 175-181.

5 Este diploma pontificio como todos los más insignes, las primeras veces llevaba el sello de plomo como garantía de la autenticidad del mismo; de ahí el nombre de Bula. Aunque más tarde esta concesión se hizo por medio de Breves, continuó con el mismo nombre.

6 La Fuente, Historia Eclesiástica, L. 4, c. 2, p. 59.

7 Para saber toda la exposición histórica de la Bula de la Santa Cruzada

Debe distinguirse entre las prórroga, y la *publicación o promulgación* de la Bula. La publicación debe hacerse de año en año, según lo mandó ya Gregorio XIII el 13 de febr., de 1576.

El año se computa desde el día anterior al que se publica, hasta el día que se hace la nueva promulgación, aunque ésta tenga lugar después de varios meses de la precedente; y así, si uno toma la Bula en Madrid, donde se acostumbra promulgar la dominica primera de Adviento, y después se traslada a Oviedo, donde se acostumbra promulgar el domingo de Quincuagésima, la Bula tomada en Madrid servirá hasta que al año siguiente se promulgue en Oviedo; y después aún se prorroga, para mayor comodidad de los fieles, ad unum integrum mensem.

La Bula de Cruzada comprende siete indultos, a saber: 1) el de Indulgencias; 2) el de los Divinos Oficios y Sepultura; 3) el de la Confesión y Conmutación de Votos; 4) el de la Dispensa de Irregularidades y de los Impedimentos de Afinidad y Crimen; 5) el de Convalidación de Beneficios y el de Composición; 6) el de la Abstinencia y del Ayuno; 7) el de los Oratorios Privados. Aquí solamente se tratará sobre el Indulto de la Abstinencia y del Ayuno.

El Indulto actual del Ayuno y Abstinencia que todavía vige, está contenido en la prorrogación hecha por S. S. Pio XI por el Breve "Providentia opportuna", el día 15 de agosto de 1928. [8]

I Que a todos absolutamente les es lícito, en cualquier

---

pueden consultarse entre otros, los siguientes autores: Sánchez, **Expositio Bullae Santae Cruciatae,** pp. 3, 107; 285-308; Tamburini, **Th. M., II, Tractatus de Bulla Cruciate,** pp. 298-303; 305-308; Ferraris, **Prompta Bibliotheca,** v. "Bulla Cruciatae", nn. 91-102; y para explicación de las antiguas Bulas, desde el n. 1-89; y Salmaticenses, **Cursus Th. M.,** nn. 38-41; Ferreres, **La Nueva Bula de Cruzada,** nn. 30-75; La Croix, **Th. M.,** L. 8, tr. unicus, cc. 1-5; Castro Palao, **Opus Morale,** IV, tr. 25, punct. 1-8.

8 **AAS XXI** (1929), 12-21. En este último Breve se hacen muy pocas modificaciones al anteriormente concedido "ut praesense periculum," del 12 de agosto de 1915 — **AAS** VII (1915), 557-565. Para comprender más perfectamente estos dos Breves, pueden consultarse los comentaristas siguientes: Arregui, **Th. M.,** nn. 950-778; Ubach, **Compendium Th. M.,** I, n. 372; Mach-Ferreres, **Tesoro del Sacerdote,** II, n. 513-517; Busquet-Bayón, **Thesaurus Confessarii,** nn. 1183-1193; P. Evaristo, **El Monte Carmelo,** XVI (1915), 425-428; 465-468;

día y en cualquier refección, comer lacticinios, huevos y pescado.

Según el vigente indulto de Cruzada sobre el Ayuno y Abstinencia, se concede:

II. La *abstinencia* de carne y de caldo de carne, solamente ha de guardarse: a) en los viernes de Cuaresma; b) en los de las Cuatro Témporas, y c) en las tres vigilias de Pentecostés, de la Asunción de la V. María y de la Natividad del Señor.

III. El *ayuno* se debe guardar únicamente: a) los miércoles, viernes y sábados de Cuaresma, y b) en las tres vigilias indicadas en el párrafo anterior.

Hay que advertir que la abstinencia y el ayuno de la vigilia de Navidad se traslada y anticipa al sábado de las Témporas inmediatamente anterior; y si la Natividad del Señor cayere en lunes, aquel año se omiten la abstinencia y el ayuno.

Por *ayuno* se entiende la prescripción de no hacer al día más que una comida propiamente dicha, según el c. 1251, § 1.

Condiciones para disfrutar de este Indulto.

1ra. Que se adquiera el Sumario General de Cruzada, de la clase que corresponde a la categoría de cada cual.

2da. Que se tome, además este Sumario (de la Abstinencia y del Ayuno).

3ra. Satisfacer la correspondiente limosna fijada para cada uno de los Sumarios.

Los fieles han de tomar los Sumarios en territorio español, comprendiendo bajo esta denominación, las casas de los Embajadores de España y las Naves Españolas. Quien tomare la Bula, aunque se marche luego a otras naciones,

---

XVII (1916), 110-112; 147-152; Jardí, Tratado práctico de la ley del ayuno y abstinencia, nn. 72-88; Ferreres, La Nueva Bula de Cruzada, nn. 207-253, Postius, El Código Canónico aplicado a España, nn. 528 y 837; y en Ilustración del Clero, X, pp. 6, 35, 55, 102, 123, 152; P. Alonso, La Ciencia Tomista, XL (1929), 378-379; Ferreres; Theologia Mor., nn. 1054-1066; P. Nicolas, Th. M., II, nn, 2586-2606.

puede gozar este Indulto de Ayuno y Abstinencia igualmente en el extranjero, siempre que se evite el escándalo.[9]

Dos son las clases de este Indulto, uno *individual* y otro *colectivo*. El individual sirve solamente para una persona, y se divide en clases correspondientes a las diversas categorías de personas que han de adquirirlo. El *colectivo* sirve para quien lo toma y para toda su familia, mientras esta no esté integrada por más de seis individuos, y se extiende a los familiares, huéspedes y comensales. Si la familia pasa de seis miembros, se ha de tomar otro colectivo, o uno individual por cada uno que exceda al número de seis. La mujer casada ha de tomar el Sumario General de la misma clase que su marido; los hijos de familia sin ingresos propios, el de ínfima clase.

Los *pobres*, i.e., "los que necesitan trabajar para el sustento suyo y de su familia, aunque tengan algunos bienes o no necesiten de todo el salario", por declaración del S. Oficio 7 dic. 1892, para gozar de este indulto, no están obligados a adquirir ni éste ni los demás sumarios, ni a dar ninguna limosna para disfrutar del indulto de la abstinencia y del ayuno, ni han de recitar un Padrenuestro y Ave María como antes prescribía el Comisario en sus edictos.[10]

Los religiosos y religiosas que tomen los indultos de la Bula, o que de ellos estén exceptuados por razón de pobreza, gozan como los demás fieles en la dispensa del ayuno y abstinencia; mas, los *Regulares* que por voto especial, por la Regla o Constituciones, están obligados a comer manjares cuadragesimales todo el año, v.gr. los Carmelitas Descalzos, quedan excluidos de gozar de este indulto en cuanto

---

9 No se requiere que el que toma la Bula escriba en ella su nombre, ni que sea sujeto de nación española, ni esté por mucho tiempo en territorio español, basta se halle personalmente unos pocos días y al salir puede usar de ellos en el extranjero; tampoco se requiere que se conserven ni lleven consigo los Sumarios.

10 Comisario General de la Bula de Cruzada en España, o Ejecutor, es el Cardenal Arzobispo de Toledo, Primado de las Españas.

a la *abstinencia* (pero pueden gozar de él, en cuanto al ayuno).[11]

Si la regla solamente sanciona o confirma la ley eclesiástica, no se excluyen los Regulares de ningún privilegio, pues ni añade más número de días, ni mayor rigor; y en este caso lo accesorio, i.e., la Regla, sigue a lo principal, a saber, a la ley eclesiástica.[12]

Con este privilegio de la Bula Cruzada puede acumularse otro, concedido a los *militares españoles,* según el cual, estos gozan de los siguientes privilegios en cuanto a la abstinencia y al ayuno: Los sargentos, cabos y soldados rasos. en todo el año, no están sujetos a la ley del ayuno ni a la de la abstinencia, gozando dispensa absoluta, sin limitación de tiempos, ni casos; esto, tanto para los soldados de mar como para los de tierra. Igual dispensa tienen los jefes y oficiales del Ejército y de la Armada cuando están en campaña o en actual expedición; si solo están en servicio activo, guardarán: 1) *Abstinencia sola,* ningún día; 2) *Ayuno con abstinencia,* el miércoles de Ceniza, los viernes de Cuaresma y el Sábado Santo (en este último día, cesa al mediodía) ; 3) *Ayuno solo,* los sábados de Cuaresma, y los lunes, martes, miércoles y jueves de la semana santa.

La familia de los militares en actual servicio, los criados y comensales que viven en su compañía y comen de su mesa, incluso los consanguineos y afines en primer grado, gozan también del privilegio de los militares, mas, sola-

---

11 Esta regla concuerda con lo que decidió la S. Congregación de Religiosos el 1 de sept. de 1912 — AAS VI (1912), 626, de que este indulto de abstinencia y ayuno es aplicable a los relgiosos en cuanto a los ayunos y abstinencias prescritos por la ley eclesiástica, pero no en cuanto a los que sólo están prescritos por la Regla y Constittuciones de los mismos. Para los Frailes Menores en España, la S. C. de Religiosos, el día 1 de feb. 1917 — AAS IX (1917), 135, decretó que: "la Bula de Cruzada en España no deroga la ley acerca de los días de ayuno prescritos en su Regla a los Frailes Menores. Y en particular, acerca de la Cuaresma de la Iglesia, no se aparten los Frailes de la práctica universal de la Orden. Con todo, pueden, servatis servandis, aún en días de ayuno de Regla, usar de los indultos de la Bula respecto de la abstinencia o cualidad de los alimentos."

12 Arregui, Summarium Th. M., n. 975; Jardí, Derecho de los Religiosos, pp. 328-330.

mente en cuanto a la ley de la *abstinencia;* si el militar se ausenta por más de tres días, cesa este privilegio.[13]

§2—*La Bula de Cruzada en Portugal.*

La Cruzada, como se ha dicho, se concede directamente al Rey de España para su nación y sus dominios, y así, cuando un país queda separado de los dominios de España, cesa allí generalmente la Bula. Hoy día, fuera de España, puede decirse que sólo en Portugal se conserva.

En Portugal, además de la Cruzada propiamente dicha, antes existían otros indultos dependientes de ella, como el del Breve de Leon XIII *"illustris vir"*, del día 12 de agosto de 1898, sobre la abstinencia de los sábados, prorrogado en 1910; el llamado *Indulto de la Nunciatura,* según el cual se podía comer carne los sábados de Cuaresma y Adviento, con excepción de las C. Témporas, y de ciertas Vigilias; y finalmente, el *Indulto Cuadragesimal* contenido en el Breve de León IIII "Admotae nobis", del 12 de ag. 1898.[14]

El día 31 de diciembre de 1914, Benedicto XV, por el motu propio *Romanorum Pontificum,*[15] abrogó enteramente todos y cada uno de los privilegios y gracias contenidos en la Cruzada e Indultos, concediendo a Portugal y sus dominios otros indultos que comenzarían a regir desde el 1 de enero de 1915, duraderos por 10 años. Estos indultos contenidos en el Breve citado, son casi idénticos a los de la Bula de Cruzada Española, pues contiene el mismo número, y las mismas condiciones para gozarlos, que las de la Bula Española, y todo está expuesto casi con las mismas palabras. De estos indultos es Ejecutor o Comisario General, el Eminentísimo Cardenal Patriarca de Lisboa.

El indulto relativo a la ley del Ayuno y Abstinencia, es

---

13 Cf. Postíus, El Código Canónico aplicado a España, n. 518; Gury-Ferreres, Th. M., II, nn. 1128 y 1129; Arregui, Summarium Th. M., n. 976; Mach-Ferreres, Tesoro del Sacerdote, II, n. 519; Ubach, Compendium Th. M., I, n. 372.

14 Cf. Gury-Ferreres, Th. M., II, n. 1155.

15 AAS VII (1915), 549-556.

casi exactamente igual que el de la Bula de Cruzada de España. Estas son las únicas diferencias: que se añade, además de los días anotados en la Bula española, como días de *abstinencia* los viernes de Adviento y la vigilia de Todos los Santos, y también el *ayuno* de la vigilia de Todos los Santos.

Todas las demás reglas y concesiones de la Cruzada Española en lo referente al Ayuno y Abstinencia, se aplican igualmente a Portugal.[16]

§3—*La Bula de Cruzada en América Latina y en las Islas Filipinas.*

Al perder España el dominio de la América Latina y Filipinas, la Bula de Cruzada española fué sustituida por otros Indultos.

Los Padres del Concilio Plenario de la América Latina, celebrado en Roma en 1899, vieron la necesidad de que existiese uniformidad en lo relativo a la observancia del ayuno y abstinencia en todas las provincias de la América Latina; con este fin, pidieron a la Santa Sede otro Indulto que regulara esta ley.[17] S. S. Leon XIII benignamente accedió a ello, aunque sin abrogar el privilegio poco antes concedido a la misma América Latina en la Const. "Trans Oceanum", el 18 de abril de 1897. De manera que, el Indulto que en realidad sustituyó a la Bula de Cruzada y que uniformó la ley del ayuno y Abstinencia en toda la América Latina fué concedido el 6 de julio de 1899 ad decennium.[18] El 1 de enero de de 1910, este mismo indulto fué renovado y extendido a las Islas Filipinas,[19] siendo este renovado y modificado el 10 de noviembre de 1919, con el

16 Véase el estudio de la Nueva Bula de Cruzada concedida a Portugal, en Razón y Fe, XLIV (1916), 223-227.

17 Cf. Acta et Decreta C. Pl. Americae Latinae, n. 428.

18 Cf. Apuendix ad C. Pl. Americae Latinae, n. 121.

19 AAS II (1910), 215-217.

cual, las concesiones anteriores vienen a ser más amplias, y es prorrogado durante otro decenio.[20]

He aquí las normas que se establecen en este indulto. En los mencionados lugares debe guardarse:

I. *Abstinencia,* En las cuatro vigilias de las fiestas de: a) la Natividad de N. S. Jesucristo; b) Pentecostés; c) Asunción de la Virgen; d) de los SS. AA. Pedro y Pablo, *o* de Todos los Santos.[21]

II. *Ayuno,* El Viernes de las C. Témporas de Adviento; los miércoles de Cuaresma y el Jueves Santo.

III. *Abstinencia y Ayuno juntamente,* El día de Ceniza, y los viernes de Cuaresma.

Los lacticinios y huevos siempre son lícitos, y pueden tomarse en cualquier refección, excepto en el desayuno o parvedad, en que se permiten los lacticinios con exclusión de los huevos.

Tanto en la América Latina como en las Islas Filipinas, en adelante no podrá imponerse taxa alguna pecunaria, ni limosna alguna, por el uso de este indulto; ni tampoco la petición de este indulto ha de hacerla cada individuo o jefe de familia, mas el Ordinario lo hará advertir cada año a los fieles.

Los *Religiosos* de ambos sexos, aunque sean del Orden de Menores, pueden usar este indulto con el consentimiento de sus Superiores, mientras no estén obligados por el voto especial, aún en lo que se refiere a los *ayunos* y *abstinencias* prescritas en la *propia regla* o estatutos.[22]

La Constitución de León XIII *Trans Oceanum,* del día

---

20 **AAS** XI (1911), 462. Por rescripto de la S. C. del Concilio, del 21 de enero de 1930, el S. P. Pio XI se dignó prorrogar por diez años más este indulto. Véase **Gaceta Oficial del Arz. de México,** Sexta Epoca. XXXI (1934), 42. Bajo la denominación de "América Latina" se comprende también todas las Antillas, y las demás islas del mar de los Caribes. Cf. S. C. pro Neg. Ecc. Extr., 10 dic. 1912: **AAS** IV (1912), 730.

21 El Obispo, en cada diócesis, decidirá cuál de las dos últimas es elegida.

22 Con todo, los Superiores regulares, deben procurar, en las medidas de sus fuerzas, abstenerse del uso de este indulto **intra claustra.** Pio X, 1 de enero, 1910: **AAS** II (1910), 215-217.

18 de abril de 1897, [23] (valedera por treinta años, tanto para la América Latina como para Filipinas) [24] permanece en vigor. Y según ella, los *indios* y *negros* [25] han de *ayunar* solamente en los viernes de Cuaresma; además, pueden tomar carne todos los días vedados por la Iglesia, menos los viernes de Cuaresma y en la Vigilia de Navidad.

§4—*La Bula de Cruzada en los Estados Unidos.*

La Bula de Cruzada que vigió en varios Estados de la América del Norte antes pertenecientes a España, perdió su vigor a medida que estos Estados fueron adquiriendo su independencia, lo mismo que sucedió en América Latina, Filipinas, etc., pues cada prórroga, regularmente concedida, de la Bula Española, ha sido otorgada nuevamente tan solo para España y sus posesiones.

Por la respuesta negativa que la Santa Sede dió a la pregunta

> "si la abrogación de los indultos de abstinencia y ayuno, bajo el título de la Bula de la Cruzada y de Sumarios, declarada por las Letras Apostólicas del 1 de enero de 1910, había de extenderse a aquellas regiones que pertenecieron en otro tiempo a la Nueva España y luego fueron anexionados a los Estados Unidos de América",

parece que podría deducirse que en estas regiones todavía puede usarse la Bula; mas, en esta respuesta la Santa Sede simplemente responde, que los indultos de América Latina y Filipinas, no deben aplicarse a los Estados Unidos. Sin embargo, en la práctica, en las regiones que anteriormen-

---

23 Fontes, n. 633.

24 Cf. AAS II (1910), 220.

25 Bajo este nombre se comprenden también los mixtos o mestizos, i. e., los que tienen una mitad de sangre india o negra, o sea, aquellos cuyo padre o madre es india o negro. S. C. pro Neg. Eccl. Extr., 15 sept. 1909 — AAS I (1909), 176. Y también están comprendidos en este nombre los africanos, asiáticos y oceánicos mientras no sean de sangre europea y vivan en América Latina o Islas Filipinas, aunque no hayan nacido en estos lugares. Cf. Appendix ad Conc. Pl. Americae Latinae, n. 104.

te pertenecían a España, se continuó la costumbre de gozar de la Bula, y tras un número de años, esta práctica causada por el privilegio de Cruzada que gozaban cuando estaban bajo dominio español, puede decirse que tomó forma de ley, con el resultado que ahora es ya costumbre inmemorial; y no habiendo sido nunca expresamente reprobada por los Ordinarios, por razón del c. 5, puede continuarse esta práctica, como de hecho se continúa, ex. gr., en las diócesis de El Paso, Tucson, Nuevo México, etc. [26]

De todos modos, en muchos Estados de antiguo dominio español, como ha disminuido en gran número el elemento de habla española, el uso de la Bula de Cruzada también está desapareciendo. [27]

§5 — *Otros Indultos existentes en los Estados Unidos.*

En los Estados Unidos existían los siguientes Indultos Particulares. En el Indulto del 3 de agosto de 1887, concedido por el S. Oficio y ratificado por León XIII, se permitía:

I. Tomar carne, huevos y lacticinios, todos los domingos de Cuaresma en todas las comidas; y los lunes, martes, jueves y sábados de Cuaresma en la comida principal, salvo los sábados de Témporas y Semana Santa. [28]

II. Lacticinios y huevos en la comida principal y en la refección, en todos los días de Cuaresma que no está permitida la carne.

III. En la parvedad puede tomarse pan, con café, té o chocolate.

IV. Intercambiar la comida y la refección.

---

26 Cf. "The observance of fast and abstinence in the U.S.", Eccle. Rev. L. (1909), 495; LVIII (1918), 314; LXXII (1925), 87-89.

27 En las Regulaciones para Cuaresma, que suele dar cada Obispo, en las de la diócesis de Tucsón se lee: "En virtud de un antiguo privilegio, los fieles de esta diócesis de Tucsón no están obligados a guardar abstinencia en los días de viernes durante el año, excepto los de Cuaresma y los de la C. Témporas". Este antiguo privilegio sin duda es el de Cruzada, pues contiene la misma dispensa.

28 También se prohibía la promiscuición de manjares, mas ya está abolida por el c. 1251, § par. 2.

V. Manteca de cerdo y grasa (lard or fat) para cocinar.

VI. A quienes están exentos del ayuno permíteseles tomar carne, huevos y lacticinios varias veces, en cada uno de los días permitidos a los fieles.

También se concedía en este indulto el que la ley de la abstinencia del *sábado* se observara el *miércoles* en su lugar, menos en las Témporas y Semana Santa, pues en estos casos, son días de abstinencia: los miércoles, viernes y sábados. Este indulto fué concedido para 10 años, debiendo ser recordado a los fieles todos los años por Cuaresma. [29]

Como se ve, todas las concesiones de este indulto particular, desde la promulgación del Código, se han convertido en ley general, excepto el anticipar al miércoles la abstinencia del sábado de Cuaresma.

Su Santidad Benedicto XV concedió ad biennium, que en todos los Estados Unidos la ley de abstinencia de los sábados de Cuaresma se trasladara al miércoles, como ya era costumbre por vigor del Indulto Apostólico dicho: excepto en el sábado de Cuatro Témporas. [30] Actualmente, cada Obispo en particular pide esta concesión para su diócesis. En la práctica, la concesión queda hecha para todas las diócesis de los Estados Unidos. Mas, en algunas diócesis, como en la de Chicago, en la Semana Santa no se anticipa el ayuno y abstinencia del sábado al miércoles; de ahí el que siempre hay que atenerse a las regulaciones que cada Obispo, en conformidad con las facultades que le de la Santa Sede, determina observar en su diócesis. [31]

Pío IX concedió a los *militares* y *marinos*, el indulto todavía vigente, por el que se les dispensa de la abstinencia durante todo el año, menos en estos días: el miércoles de Ce-

---

29 Cf. Augustine, A Commentary, VI, 180-181; Slater, Manual of M. Th., pp. 567-569; Koch-Preuss, Handbook of Moral Theology, IV, 378.

30 S. C. del Concilio, 14 de enero de 1919: Eccl. Rev., LX (1919), 574; Sabetti-Barrett, Th. M., Addenda, p. 1087, n. 5.

31 Acerca del traslado de la abstinencia de los sábados de Cuaresma a los miércoles, pueden verse: Woywod, "Law of the Code on Fast and Abstinence", en HPR. XXVI (1926), 1051, y en la misma revista: XXVII (1927), 1100; XXVIII (1928), 1104; XXXIII (1932-33), 296; Lydon, Ready Answers in Canon Law, p. 13.

niza, en los tres últimos días de Semana Santa, [32] y en las vigilias de la Asunción de la Virgen y de Navidad. Las familias que coman con ellos, también gozan de este indulto. Aunque el militar se ausente, mientras esté en servicio activo, la familia puede igualmente continuar usando este indulto. [33]

De mayor importancia es el *Indulto para los Trabajadores,* concedido el 15 de marzo de 1895 por diez años, y renovado, según el cual, se autoriza a cada Ordinario del lugar individualmente (pues no es indulto general que ipso facto dispense en todos los Estados), conceda según le plazca, aunque dentro los límites del indulto, la dispensa que contiene el mismo. [34]

Por este indulto se concede a los Ordinarios del lugar el permitir a todos los *trabajadores* (operarii) y sus familias, el que tomen una vez al día carne en todos los días de ayuno y abstinencia, con excepción de los viernes del año, miércoles de Ceniza, viernes y sábados de Semana Santa (c. 1252, §2) y la vigilia de Navidad. [35]

Bajo el nombre de *trabajadores* deberá entenderse, según se deriva del fin de la concesión y del pensar de quienes la pidieron, solamente aquellos que en general se ocupan en labores manuales, o trabajos serviles (workingmen), no en

---

32 Ahora, por la nueva ley del Código, sólo el Viernes Santo y Sábado Santo hasta el mediodía.

33 Woywod. "Answers to Questions", HPR, XXVIII (1928), 1105, contra Augustine, A Commentary, VI, 183. La S. Sede concedió también otra facultad especial en la que solamente se prescribía cuatro días de ayuno y abstinencia en todo el año, para militares y marinos; mas, esta fué valedera solamente durante la guerra europea. Cf. Woywod, The New Canon Law, n. 1097; Sabetti-Barrett, Th. M., n. 338; Slater, Manual of M. Th., I, p. 569..

34 Este indulto está publicado en Eccl. Rev., XII (1895), 425-426; y fué reimpreso en la misma, tomo LXXX (1929), 187-190.

35 Si una persona está exenta del ayuno, puede tomar carne varias veces al día, pues este privilegio presupone que uno no está exento del ayuno. Cf. "The Workingmen's Indult", Eccl. Rev., LXII (1920), 309-312. Las personas que gozan de este privilegio, generalmente están excusadas del ayuno, por su trabajo incompatible con éste. Woywod, "Answers to Questions" HPR XXVII (1927), 1100.

trabajos profesionales, como los abogados, doctores, sacerdotes, etc.[36]

Para saber fijamente la concesión de este indulto, debe guiarse cada diócesis según las claúsulas que el Ordinario del lugar ponga en las Regulaciones anuales de Curesma.[37] Bueno será notar, que para gozar de este privilegio, basta con que cualquier miembro de familia, ya sea varón o mujer, pertenezca a la clase de trabajadores.[38]

ART. II — *RESPECTO A OTRAS EXCEPCIONES.*

El canon 1253 excluye de la regla general, o sea, de los tres primeros cánones de este título, además de los indultos particulares, los votos de cualquier persona ya sea física ya moral, y las Constituciones y Reglas de cualquier religión o instituto aprobado de varones o mujeres que vivan en comunidad en caso de que no tengan votos.

I. *Votos.* Se entiende por voto, una promesa deliberada y libre, hecha a Dios, de un bien posible y mejor.[39]

Para que alguien esté obligado al voto de ayuno y abstinencia, se requiere existan las condiciones que vigen para que un voto sea válido, las cuales están determinadas en los cc. 1307-1315. Según esto, una persona, ya física ya moral,[40] puede obligarse bajo voto a guardar ayuno o abstinencia parcial o total en días no prescritos para ello por el

---

36 Cf. "Who are the Workingmen benefited by the Indult regarding the Law of Abstinence?" Eccl. Rev., LXXXII (1930), 295-301; Sabetti-Barrett, Th. M., n. 338; Woywod, "Answers to Qustions", HPR, XXIX (1928-1929), 188-189; Koch-Preuss, Handbook of Moral Theology, IV, p. 379 y 380; Lydon, Ready Answers in Canon Law, p. 14.

37 Cf. Indult Permitting Laboring Men to Eat Meat on Days of Abstinence," Eccl. Rev., LVVV (1929). 187-190; Woywod, "Answers to Questions" HPR, XXVI (1925-1926), 292-293.

38 Cf. Slater, Manual of Moral Theology, I, pp. 572 sq.

39 C. 1307, § 1.

40 Una provincia puede hacer el voto de ayuno o abstinencia para determinado día, por una causa especial, ex. gr., epidemia, terremoto, etc.; véase el c. 1310, § 2.

con	Militares sin Bula	Familia de Militares con Bula	Familia de Militares sin Bula	EN PORTUGAL
-	——	——	——	——
	ABST. Y AYUN.	AYUNO	ABST. Y AYUN.	AYUNO
-	——	AYUNO	AYUNO	AYUNO
YUN.	ABST. Y AYUN.	ABST. Y AYUN.	ABST. Y AYUN.	ABST. Y AYUN.
	AYUNO	AYUNO	AYUNO	AYUNO
-	——	——	AYUNO	——
-	AYUNO	——	AYUNO	——
-	AYUNO	——	AYUNO	——
	AYUNO	AYUNO	AYUNO	AYUNO
-	AYUNO	——	AYUNO	——
YUN.	ABST. Y AYUN.	ABST. Y AYUN.	ABST. Y AYUN.	ABST. Y AYUN.
	ABST. Y AYUN.	AYUNO	ABST. Y AYUN.	AYUNO
-	——	AYUNO	AYUNO	ABST. Y AYUN.
-	——	AYUNO	AYUNO	ABST. Y AYUN.
-	——	——	AYUNO	ABST. Y AYUN.
-	——	AYUNO	AYUNO	ABST. Y AYUN.
-	——	——	ABSTINENCIA	ABSTINENCIA
-	——	——	AYUNO	——
-	——	——	AYUNO	ABSTINENCIA
-	——	——	AYUNO	——

mérica Latina e Islas Filipinas y Estados Unidos.

nitad de la Refección principal.

Código; estos votos conservan todo su valor, sin sufrir mutación alguna por los cánones 1250-1253.[41]

No hay ningún género de duda que la persona física o moral que al hacer el voto no especifica la manera de observar el ayuno o abstinencia, entiende por ayuno y abstinencia lo que los usos presentes establecen; y por consiguiente, tácitamente admite variaciones en cuanto a la manera de cumplir su voto, puesto que los usos generales, en esta materia, pueden variar.[42] Y así nota Vermeersch,[43] que la ciudad de Roma está obligada bajo voto a guardar ayuno en la vigilia de la fiesta de la Purificación, y que debido a la presente disciplina, cuando la fiesta cae en lunes, no hay que ayunar el sábado.

II. *Constituciones y Reglas.* El conjunto de leyes, por el que las familias religiosas se gobiernan, fué generalmente llamado Reglas o Constituciones.

Propiamente la *Regla* abraza los estatutos fundamentales propuestos por el mismo fundador de la religión, por los que se determinan el fin y los medios principales para conseguir el mismo fin; y las *Constituciones* contienen las determinaciones hechas y aprobadas por la legítima autoridad para poner en práctica la misma regla según los tiempos, lugares y circunstancias.[44]

En el c. 1253 se toman las palabras Constituciones y Reglas en su sentido amplio, o sea, comprendiendo cualquier norma obligatoria,[45] pues expresamente se menciona a los

41 Ya en 1911 la S. C. del Concilio dió una respuesta, según la cual, las vigilias de las fiestas suprimidas por Pío X si se observaban por razón de un precepto particular o voto, debían ser guardadas todavía después de la supresión general. S. C. Concilio, 18 sept. 1911 — **AAS III (1911), 480.**

42 Véase A Coronata, **De locis et temporibus sacris**, n. 319, quien trata este punto ampliamente.

43 **Epitome**, II, n. 569.

44 Fanfani, **De Jure Religiosorum**, p. 16. Casi todas las Religiones de votos solemnes tienen Reglas, aunque también pueden tenerlas las Congregaciones; pero las de votos simples, más comúnmente suelen llamarse Constituciones; y los Institutos religiosos se rigen sólo por Constituciones. Cf. Pejska, **Jus C. Religiosorum**, pp. 20-21; Nicolás, **Manuale J. Regularium**, n. 380.

45 Blat, **Commentarium**, L. III, n. 116.

varones y mujeres no propiamente religiosos por no tener votos,[46] pero que viven en Institutos religiosos aprobados por autoridad eclesiástica, al menos del Ordinario del lugar.

Por consiguiente, si las Constituciones y Reglas prescriben otros días de ayuno o abstinencia además de los mandados por el Código, o diferente manera de guardar el ayuno o abstinencia, obligarán, sin recibir modificación alguna por la ley general del Código.[47] Igualmente, como nota A Coronata,[48] si las Constituciones y Reglas no determinan otra cosa, la ley del Código deberá regir el ayuno prescrito por las Constituciones o Reglas, y así observa Sartori,[49] que para los Terciarios Franciscanos que están obligados a guardar ayuno la vigilia de la fiesta de S. Francisco y de la Inmaculada, debido a la presente forma del ayuno, este no incluye la abstinencia.

Por lo tanto, los miembros de las religiones o Institutos religiosos que guardan la ley de la abtinencia y del ayuno de la Iglesia, pero no la de su Regla o Constituciones, cometerán pecado venial o mortal, y podrán ser castigados, según la fuerza de las Constituciones o Reglas, y las determinaciones particulares sobre este punto, en ellas inscritas.[50]

---

46 C. 488, 1o.

47 -Así los Carmelitas Descalzos deben guardar abstinencia todos los días del año, y un número mucho mayor de ayunos a los que señala el Código, y en la Vigilia de la Santísima Virgen del Carmen se han de abstener también de huevos y lacticinios. **Cf. Regula et Constitutiones Fratrum Discalceatorum**, pp. 8, 32-34. Los Franciscanos han de observar los días de ayuno contenidos en su Regla, aun cuando caigan en Fiestas de Precepto "extra Quadragesimam", según respuesta de la S.C. de Religiosos, 22 de marzo de 1921 — **Acta Minorum XL** (1921), 125. Acerca de otros puntos sobre la ley del ayuno y abstinencia en la Orden Franciscana, léase la "disquisitio moralis circa ieiunia regulae Fratrum Minorum" **Acta Minorum**, XL (1921), 263-265, por A. Iglesias.

48 **De lous et Temporibus sacris**, 307, nota 1, y 320.

49 **Enchiridion Canonicum**, p. 174.

50 Cf. Augustine, **A Commentary**, VI, 184; Goyeneche, **Commentarium pro Religiosis**, VIII (1927), 299; Sabetti-Barrett, **Th. M.**, n. 335. Puede también verse acerca de este punto, la respuesta de la S. C. de Religiosos, 30 ag. 1912 — **Fontes**, n. 4414. Mothon, **Institutions Canoniques**, I, art. 1422, dice que los ayunos y abstinencias prescritas por la ley eclesiástica obligan bajo pecado, mas no los prescritos por las Constituciones de un Instituto, lo cual no es del todo correcto.

CAPITULO VIII.

SUJETOS A LA LEY DE LA ABSTINENCIA Y DEL AYUNO.

Canon 1254 — §1: Abstinentiae lege tenentur omnes qui septimum aetatis annum expleverint. §2: Lege ieiunii adstringuntur omnes ab expleto vicesimo primo aetatis anno ad inceptum sexagesimum.

Con seguridad en los primeros siglos de la era cristiana no hubo legislación alguna acerca de los miembros obligados a la observancia del ayuno y abstinencia; todos según parece guardaron esta ley, sin distinción de clases, sexo, ni edad.

San Basilio claramente dice, que nadie se eximía del ayuno: ni los navegantes, marineros, militares o negociantes; en todas las islas y lugares se publicaba el edicto del ayuno; y amonesta a los niños, ancianos, pobres y mujeres a su observancia. [1]

El Papa S. León, predicando sobre el ayuno de Cuaresma, se dirige al auditorio en esta forma:

> "Appropinquante enim festivitate paschali, adest maximum sacratissimumque ieiunium quod observantiam sui universis fidelibus sine exceptione denuntiat." [2]

Sin embargo, hubo cierta distinción que hacía evadir a algunos fieles esta práctica penitencial, pues S. J. Crisóstomo, mientras exhortaba enérgicamente a darse por completo al ayuno en los días señalados, excusa a aquellos que estaban enfermos, [3] lo cual antes ya había sido insinuado por

1 Serm. 10 — MPG 32, 1246.
2 Serm. 49, c. 1 — MPL 54, 301.
3 Homil. 4 de ieiunio et temperantia — MPG 63, 597-598.

el Concilio Gangrense en esta frase: "absque necessitate corporea;" [4] y también los Cánones Apostólicos, que inferían penas a quienes quebrantaran la ley del ayuno, ponen esta misma excepción: "Praeterquam se propter inbecillitatem corporalem impediatur." [5]

Quien da una legislación clara y terminante sobre los sujetos a la ley del ayuno es el Concilio VIII de Toledo (a. 653), cuando después de favorecer vehementemente la práctica del ayuno, señala tres causas por las que podían ser excluidos: "Quos aut aetas incurvat, aut langour extenuat, aut necessitas arctat," [6] Esta norma del C. Toledano, fué la base de toda ley del ayuno en este particular, siendo luego explicada y más ampliada por los autores eclesiásticos.

Niñez. Los Teólogos, pronto determinaron que los *niños* debían ser excluidos de la ley del ayuno, mas con alguna diferencia de opinión sobre la edad en que estos debían eximirse de esta práctica. Sto. Tomás fué el primero que fijó en veintiún años la edad en que estos debían someterse al imperio de esta ley:

> "Quamdiu sunt in statu augmenti quod est in pluribus usque *ad finem tertii septenii*, non tenentur ad ecclesiastica ieiunia observanda;"

y da como razón de ello, el que los jóvenes antes de llegar a esa edad, necesitan comer frecuentemente, y no mucho de una vez; y porque a causa del crecimiento necesitan mucho alimento. [7]

Esta sentencia del Angélico muy pronto fué aceptada por la inmensa mayoría de los doctores, y consolidada por la costumbre, teniendo fuerza de ley hasta nuestros días. [8]

---

4 Can. 19 — Harduinus 1, 538.

5 Can. 69 — MPG 137, 175.

6 Can. 9 — Harduinus 3, 964.

7 Summa, 2, 2, q. 147, art. 4, ad 2.

8 Cf. Hostiense, Commentaria in III Librum Decretalium, tit. 46, c. 2, n. 6; Laymann, Th. M., L. 4, tr. 7. c. 3, n. 1; Pasqualigo, Praxis Ieiunii, decis. 247, n. 2; Rocafull, Opus Morale, L. 3, n. 89; Reiffenstuel, Th. M., tr. 10, dist. 2, n. 41; Billuart, Summa S. Thomae, V, 189; Salmaticenses, Cursus Th. M., tr. 23, c. 2, n. 117; Sánchez, De Matrimonio, L. 2, disp. 24, n. 23; Ferraris,

Vejez. El C. Toledano había determinado como causa excusante del ayuno la *vejez,* y así continuó varios siglos sin fijarse la edad exacta en que uno se libraba de este precepto. Sto. Tomás no mencionó término alguno para la cesación de esta ley por causa de vejez; y todavía en el siglo XIV Ricardo de Mediavilla no se atrevió a dar una regla acerca de la edad en que finalizaba esta ley, diciendo solamente que los muy ancianos estaban dispensados. [9] Mas, poco después se señaló para los varones los sesenta y setenta años, como la edad en que uno sufría gran disminución de fuerzas y debía considerarse anciano, y por lo tanto, exento del ayuno, aunque lo dejaban más bien a juicio de cada caso individual, según cuando una persona fisiológicamente llegaba antes o más tarde, a la vejez; y para las mujeres, a causa de su mayor debilidad física, solía bastar con cincuenta años. [10]

En el nuevo Código claramente se define quienes están sujetos a la ley del ayuno y abstinencia y quienes no, tomándose como única norma la *edad.*

El canon 1254, al dar esta norma, no atiende a las causas excusantes, pues siendo el ayuno y abstinencia ley eclesiástica, claro está que a veces los fieles quedarán exentos de ella ya por existir grave incómodo, ya por haberse obtenido legítima dispensa. Para saber si el incómodo sufrido es suficiente para estar exceptuado de la ley, habrá que atender a las doctrinas de los moralistas.

Prompta Bibliotheca, v. 'ieiunium", art. 2, n. 4; Fagnanus, **Commentaria in III Librum Decretalium,** c. 4, n. 81.

9 **In IV Sentent.,** dist. 15, art. 3, q. 7.

10 Cf. La Croix, **Th. M.,** L. 3, n. 1318; Laymann, **ob. cit.,** L. 4, tr. 8, c. 3, n. 2; Sánchez, **De Matrimonio,** L. 7, disp. 32, n. 17; Salmaticenses, **Cursus Th. M.,** tr. 23, c 2, n. 128-134; Pasqualigo, **ob. cit.,** decis, 256, nn. 3-8, y decis. 257, nn. 1 y 2; S. Alfonso, **Th. M.,** IV, nn. 1036-1039; Ferraris, **Prompta Bibliotheca,** v. "ieiunium", art. 2, nn. 10-17; Reiffenstuel, **ob. cit.,** tr. 10, dist. 2, nn. 61 y 62; Schmalzgrueber, **Jus Ecclesiasticum,** L. 3, tit. 46, n. 97; Fagnanus, **Commentaria in III Librum Decretalium,** c. 4, n. 94.

ART. I — *EN CUANTO A LA ABSTINENCIA.*

El párrafo 1 de este canon establece terminantemente que la ley de la abtinencia explicada en los cánones precedentes, obliga a cuantos tengan los siete años cumplidos.

Aunque fué sentencia unánime de los Doctores que hasta los veintiún años no obligaba la ley del ayuno, varios autores ya anotaron que se debía guardar la prohibición de tomar carnes y manjares vedados inmediatamente que uno llegara al uso de razón, o sea, al contar los siete años. [11] Esta doctrina continuó siendo la costumbre universal admitida por los Doctores, y el Código, en este párrafo 1 del c. 1254, la confirma, estableciendo precepto obligatorio el de sujetarse todos los mayores de siete años a la ley de la abstinencia.

Aunque en este canon se usa la palabra *todos,* en cuanto la ley de la abstinencia es puramente eclesiástica, en conformidad con el c. 12, solo obliga a quienes recibieron el bautismo, y dado el caso que uno ya tuviera el uso de razón, tampoco vigirá antes de los siete años; y si alguien, aún teniendo siete años completos no hubiese todavía obtenido suficiente uso de razón, no estará sujeto a su observancia. De todos modos, mientras no se pruebe que cierta persona no ha desarrollado suficientemente el uso de razón, de ningún modo estará exenta de esta ley de la abstinencia, pues esta ley presupone que al llegar uno al septenio, ya está dotado de la razón. [12] Esta determinación, como es ley general, obliga a los que han cumplido el septenio, en todas las partes de la tierra. [13]

La computación de los años, debe hacerse según el calen-

11 Cf. Salmaticenses, Cursus Th. M., tr. 23, c. 2, n. 118; La Croix, Th. M., L. 3, p. 2, n. 1364; S. Alfonso, Th. M., IV, n. 1012; Ferraris, Prompta Bibliotheca, v. "ieiunium", art. 2, n. 9; Scavini. Th. M., Universa, I, n. 299; Lehmkuhl, Th. M., I, n. 1457; Noldin, De Praeceptis, n. 674; Gury-Ferreres, Compendium Th. M., I, n 502.

12 · Vermeersch, Epitome, II, 570; Aertnys-Damen, Th. M., I, n. 1052; Jardí, Tratado Práctico de la Ley del Ayuno y Abstinencia, n. 11.

13 C. 13.

dario,[14] y la obligación empieza desde media noche;[15] de manera que para quienes nacen después de media noche, la obligación de abstenerse empieza pasado el día que se cumple el séptimo aniversario. Así, quien ha nacido el 28 de febrero de 1935, no estará obligado a la ley de la abstinencia sino hasta el 1 de marzo de 1942.[16]

ART. II — *EN CUANTO AL AYUNO.*

Por el párrafo segundo del canon 1254, la ley del ayuno obliga a quienes han cumplido veintiún años y no hayan empezado el sexagésimo.

El Código no hace innovación alguna señalando el término fijo de veintiún años como la edad en que uno queda sujeto a la ley del ayuno, pues fué ya determinado primeramente por Santo Tomás y unánimente aceptado por los demás autores posteriores.

Con respecto a la segunda parte de este párrafo sobre la edad en que cesa de obligar el ayuno, se establece categóricamente una norma cierta y exacta, la de los sesenta años, la misma que, en general, era requerida por los autores antiguos.

La computación de los veintiún años se hace de la misma manera que lo dicho para quienes cumplen el septenio y han de guardar abstinencia.

Como quiera que el canon dice, el ayuno obliga hasta empezados los sesenta años, esta obligación cesará, pasado el día en que se cumpla cincuenta y nueve años, o sea, en el que empieza el sexagésimo.[17] Por lo tanto, todos, antes de los veintiún años y desde que empiezan los sesenta, están

14 C. 34, §3, 1o.
15 C. 34, § 3, 3o.
16 Las causas excusantes de la abstinencia, y quienes pueden otorgar dispensas, se dirán en los artículos siguientes.
17 Blat, Commentarium, L. III, n. 117; Cocchi, Commentarium, L. III, n 88; Merkelbach, Th. M.. II, n. 959.

exentos del ayuno, ya sean débiles, ya se hallen robustos.[18]

Al no hacer distinción este párrafo definiendo que la ley del ayuno obliga a *todos,* una vez cumplidos los veintiún años. hasta empezados los sesenta, la sentencia que antes del Código algunos sostenían de que las mujeres quincuagenarias estaban exentas de la ley del ayuno, ha perdido su valor, como consta no solamente por el texto claro del canon "adstringuntur *omnes* ab expleto vigesimo primo aetatis anno, ad incoeptum sexagesimum", sino también, por la respuesta dada por el Presidente de la Comisión Intérprete del Código, afirmando que la palabra *omnes* se aplica lo mismo a las mujeres que a los varones.[19]

Sin embargo, Ferreres, aunque no pone en duda que las mujeres quincaugenarias están comprendidas en la *letra* de la ley del ayuno, sostiene que conforme al *espíritu* de esta misma ley, no lo están. Ferreres se funda en la disciplina anterior al Código, en la cual, sin que hubiera edad claramente definida para estar dispensado del ayuno, los ancianos en general eran excusados de esta ley, siendo muy aceptada la opinión de que las mujeres quincuagenarias estaban comprendidas entre los ya dispensados del ayuno por razón de su debilidad; y arguye diciendo, que esta causa excusante, fundada en la naturaleza fisiológica de la mujer, no pasó inadvertida al legislador, puesto que era opinión de todos conocida; y así, según Ferreres, el Código prescribió la edad de sesenta años para hombres y mujeres teniendo

---

18 Noldin, **De Praeceptis,** n. 681; A Coronata, **De locis et temporibus sacris,** n. 307; Merkelbach, **Th. M.,** II, n. 962.

19 Presidente de la C. Pont., 13 de enero, 1918 — **Il Monitore Ecclesiastico** XLI (1929), 158; Vermeersch, **Epitome,** II, 570, y **Th. M.,** III, n. 875; Aertnys-Damen, **Th. M.,** I, n. 1052; Cocchi, **Commentarium,** L. III, n. 88; A Coronata, en **De locis et temporibus sacris,** n. 307, parece que no se atreve a negar del todo la teoría de que aún con el nuevo Código las mujeres quincuagenarias no se equiparan a los varones respecto a la edad en que obliga la ley del ayuno; mas, en **Institutiones,** II, n. 829, ya lo niega absolutamente. Merkelbach, **Th. M.,** II, n. 959; Bouuaert-Simenon, **Manuale J. Canonici,** II, n. 66; Busquet-Rayón, **Thesaurus Confessarii,** n. 619; Ramos, **Ilustración del Clero,** XXIII (1929), 249; Jardí, **Tratado Práctico de la ley del Ayuno y Abstinencia,** n. 57.

en cuenta que habría muchas causas excusantes, entre otras, la natural debilidad de las mujeres quincuagenarias.

Indudablemente, en la práctica, la mayoría de las mujeres quincuagenarias estarán libres de la ley del ayuno por estar *excusadas,* y por consiguiente, en realidad, el espíritu de la ley no las comprende; pero hay que tener en cuenta, que el ayuno no les obliga, no por estar exentas de esta ley, sino porque, por razones de debilidad, estarán imposibilitadas; y por consiguiente, cualquier mujer que pasados los cincuenta años no sufre debilidad tal que sea verdadero incómodo en el cumplimiento de esta ley, *deberá sujetarse a ella, i. e., cumplirla.*

Según parece, el preclarísimo Ferreres, atendiendo con toda precisión a las doctrinas de Sánchez y sus seguidores, llega a la conclusión muy aceptable de que todas las mujeres quincuagenarias deben considerarse excluidas del ayuno, o presumirse que todas, a dicha edad, están imposibilitadas de cumplir la ley; pero no atiende a la diferencia introducida con la promulgación del Código, pues éste determina la edad en que la ley del ayuno cesa de obligar, mientras que antiguamente, no se determinaba la edad en que la ley cesaba de obligar, sino que se apuntaban las razones por las que los fieles podían quedar excusados, enumerándose entre ellas, para hombres, la edad de sesenta años, y para las mujeres, que son siempre más débiles que los hombres, los cincuenta.[20]

COROLARIOS.

I. En cuanto a los *Religiosos,* así los propiamente dichos, como los demás varones y mujeres que viven en comunidad, habrá que notar, que sus Constituciones y Reglas pueden

20 Léase la larga argumentación sobre este punto, en Ferreres, **Razón y Fe**, LXIX (1924), 253-371; 469-478. En la edición de 1928 de su **Theologia Moralis**, I, n. 619, todavía sostiene la misma opinión y manera de argumentar que cuando lo hizo en **Razón y Fe.** Igualmente opina Ubach, **Compendium Th. M.**, I, n. 371.

prescribir ayuno y abstinencia para todos sus miembros, aunque sean menores de veintiún años y mayores de sesenta, o puede existir la costumbre general de hacerlo; y en estos casos, no hay duda que todos estarán obligados a su observancia. [21] De no existir tal prescripción o costumbre, opinan los autores, que podrán seguirse las reglas comunes de la Iglesia en este punto. [22] Sin embargo, Revue des Communautés Religeuses, [23] sostiene que si las Constituciones o Reglas no distinguen edad, se entiende que todos los religiosos están obligados, pues se trata de una obligación particular del instituto, y para estas obligaciones, el instituto no distingue edades prescritas en las leyes generales de la Iglesia. La Revista añade que esto se encuentra expresado en el c. 1253: "Iis canonibus nihil immutatur de... Constitutionibus ac Regulis cujusvis religionis vel instituti approbati....."

II. Los *Herejes,* como quiera que por el canon 87 y 12 están sometidos a las leyes de la Iglesia, estarían obligados a guardar ley de la abstinencia y del ayuno; mas, por la benignidad de la Iglesia, se consideran no estar ligados a esta ley, si nacieran y fueren educados en la herejía. [24]

ART. III — CAUSAS EXCUSANTES Y EXIMENTES.

En los cánones de este título, el legislador ha dado leyes

---

21 Mothon, **Institutions Canoniques**, I, 1423, dice que en muchos institutos, las Constituciones establecen que los religiosos y religiosas que no están obligados a la abstinencia y al ayuno de la Iglesia, tampoco lo están a los prescritos por sus Constituciones.

22 Véanse: Tamburini, **De Jure Abbatum**, II, disp. 125, 4; S. Alfonso, **Th. M.**, IV, nn. 1038-1039; Ballerini-Palmieri, **Th. M.**, II, n. 1139; Noldin, **De praeceptis**, n. 681; A Coronata, **De locis et temporibus sacris**, n. 320; Jardí, **Los Ayunos y Abstinencias de las Religiosos**, n. 99; Busquet-Bayón, **Thesaurus Confessarii**, n. 619; Goyeneche, **Commentarium pro Religiosis**, VIII (1927), 297-301.

23 VI (1930), 198 y 199.

24 Arregui, **Summa Th. M.**, n. 58; A Coronata, **ob. cit.**, n. 307; Cocchi, **Commentarium**, L. III, n. 88; Prümer, **Manuale Th. M.**, II, n. 660; Berthier-Arquer, **Consultorio del Clero**, nn. 318 y 2025.

acerca de el ayuno y abstinencia obligatorias a los fieles en general; mas, no hay duda que el mismo legislador ya concibió que habría cierto número de personas que no podrían guardar, por *causas especiales,* dichas leyes, y que por consiguiente, no intentaba obligarlas.

Hay que distiguir entre causas impedientes y causas eximentes. Son *impedientes,* o simplemente *excusantes,* las que impiden el cumplimiento de una ley a los que de suyo están obligados a ella; y *eximentes,* las que sacan enteramente del dominio de la ley a los que estaban sujetos a la misma. [25]

§I — *Causas excusantes.*

Las causas excusantes del ayuno y abstinencia que han distinguido y discutido los autores ya desde muchos siglos, pueden simplificarse en esta: la *imposibilidad* moral o física.

En un principio, nadie estaba exento del ayuno eclesiástico; luego, intervinieron como causas excusantes la necesidad, enfermedad e imposibilidad física, y últimamente se multiplicaron de tal manera las causas por las cuales uno se libraba de esta ley, que era relativamente inferior el número de quienes la observaban; tanto es así, que Concina asegura que algunos teólogos del siglo dieciocho llegaron a contar entre los que estaban exentos del ayuno, casi cincuenta estados de personas. [26]

I. *Son excusados de la ley de la abstinencia:*

Todos aquellos que no pueden guardarla sin grave incómodo, [27] como son:

1) Los *pobres* mendigos, pues no tienen otra cosa más que lo que reciben de limosna.

---

25 Cf. Ferreres, **Razón y Fe,** LXIX (1924), 255.

26 **De Ieiunio,** c. 11, n. 11.

27 C. 2205, § 2. En general, el incómodo ha de ser más grave o se requiere mayor causa para eximirse de la abstinencia, que del ayuno. A Coronata, **De locis et temporibus sacris,** n. 311.

Ya el Concilio VIII Toledano (a. 653), señaló como causa excusante la pobreza; Sto. Tomás interpretó las palabras de este Concilio: "quos necessitas arctat", [28] como aplicables únicamente a los pobres que son mendigos, no a quienes tenían lo justo para la refección diaria. [29] Los autores más tarde aprobaron esta misma teoría, aunque más ampliamente. [30]

2) *Enfermos.* De la norma dada por el C. Toledano "quos aut aetas incurvat, aut langour extenuat, aut necessitas arctat", [31] se hizo regla general el que también los enfermos estuvieran exentos del ayuno; y esta regla, al hacerse de uso general, comenzó a aplicarse igualmente a los *convalecientes* y *débiles*. [32]

3) *Trabajadores.* Tampoco los trabajadores estaban sujetos a esta ley eclesiástica, según admitía el Angélico, mien-

---

28 Can. 9 — Harduinus 3, 964.

29 Summa, 2, 2, q. 147, a. 4, ad 4.

30 Cf. Durando, In IV, Sentent., L. 4, dist. 15, q. 10, nn. 4 y 6; Hostiense, Commentaria in III Librum Decretalium, tit. 46, c. 2, n. 9; La Croix, Th. M., L. 3, n. 1307; Laymann, Th. M., L. 4, tr. 8, c. 3, n. 3; Salmanticenses, Cursus Th. M., tr. 23, c. 2, n. 132; Pasqualigo, Praxis Ieiunii, decis, 275, n. 1; Reiffenstuel, Th. M., tr. 10, dist. 2, n. 60; Rocafull, Opus Morale, L. 3, n. 155; Ballerini-Palmieri, Opus Th. M., II, n. 1156; Genicot, Institutiones Th. M., I, n. 449; Scavini, Th. M., Universa, I, n. 312; Lehmkuhl, Th. M., I, n. 1457; De praeceptis, n. 676; Gury-Ferreres, Compendium Th. M., II, n. 507; Marc, Th. M., I, n. 1245; Kenrick, Th. M., I, par. II, n. 49; A Coronata, ob. y l. cit; Prümmer, Manuale Th. M., II, n. 665; Vermeersch, Th. M., III, n. 882; Aertnys-Damen, Th. M., I, n. 1065; Ferreres, Th. M., I, n. 600; Ubach, Compendium Th. M., I, n. 365; Berthier-Arquer, Consultorio del Clero, n. 3027; Tanquerey, Th. M., II, n. 1117.

31 C. 9 — Harduinus 3, 964.

32 Cf. Ricardo de Mediavilla, In IV Sentent., d. 15, art. 3, q. 7; c. 16, D. V., de cons; Durando, ob. cit., L. 4, dist, 15, q. 10, nn. 4 y 5; Hostiense, ob. cit., tit. 46, c. 2, n. 9; La Croix, ob. cit., L. 3, n. 1307; Salmanticenses, ob. cit., tr. 23, c. 2, n. 126; Laymann, ob. y lugar cit.; Pasqualigo, ob. cit., decis. 261, n. 1; Reiffenstuel, ob. cit., tr. 10, dist. 2, n. 58; S. Alfonso, Th. M., IV, n. 1033; Ferraris, Prompta Bibliotheca, v. "Ieiunium", art. 2, n. 18; Schmalzgrueber, Jus Ecclesiasticum, L. 3, tit. 46, n. 43; Rocafull, ob. cit., L. 3, n. 458; Ballerini-Palmieri, ob. cit., II, n. 1156; Genicot, Institutiones Th. M., I, n. 449; Scavini, ob. y lugar cit.; Lehmkuhl, ob. y lugar cit; Noldin, ob. y lugar cit; Gury-Ferreres, ob. y lugar cit; Kenrick, Th. M., I, par. II, n. 49; Prümmer, ob. y lugar cit; A Coronata, ob y lugar cit; Tanquerey, Th. M., II, 1117; Vermeersch, ob. y lugar cit; Ferreres, Th. M., n. 600; Antonelli explica las diferentes clases de enfermedades que requieren el que uno tome carne — Medicina Pastoralis, II, nn. 885-887; Aertnys-Damen, ob. y lugar cit; Ubach, ob. y lugar cit.

tras estos ejercieran oficios pesados. [33] En las centurias posteriores, esta misma opinión imperó; mas, al querer especificar la clase de trabajos que dispensaban de este precepto, los Doctores no estaban concordes. Siempre requerían que los trabajadores estuviesen empleados en artes y oficios que consumieran notablemente las fuerzas y ocasionaran gran fatiga; [34] por esta razón el Papa Alejandro VII enumeró esta proposición entre las condenadas:

> "Omnes officials, qui in republica corporaliter laborant, sunt excusati ab obligatione ieiunii, nec debent se certificare, an labor sit compatibilis cum ieiunio." [35]

De manera que actualmente puede asegurarse, que quienes trabajan en oficios muy fatigosos, o que quitan la gana de comer, o hacen que se repugne el alimento, son excusados de esta ley, entre los cuales pueden contarse quienes trabajan en fundiciones, fábricas de vidrio, minas de metal o de carbón, en maquinarias, en fábricas, los leñadores, etc.

4) *Quienes pueden tener otra comida.* Entre estos se enumeran:

a) los que viven bajo la potestad patria y les obligan a comer carne, ex. gr. las esposas, hijos de familia, criados y demás empleados. [36]

---

33 Summa, 1, cit; Cf. Ricardo de Mediavilla, In IV Sentent., d. 15, art. 3, q. 4.

34 Cf. Durando, ob. y lugar cit; Hostiense, ob. cit., tit. 46, c. 2, n. 9; La Croix, ob. cit; L. 3, nn. 1307-1328; Laymann, Th. M., L. 4, tr. 8, c. 3, n: 3; Salmanticenses, ob. cit., tr. 23, c. 2, nn. 134-136; Pasqualigo, ob. cit; decis, 290, n. 1; Ferraris, ob. cit.. v. "ieiunium", art. 2. nn. 20-26; S: Alfonso, ob. cit.; IV nn. 1041-1046; Peiffenstuel, tr. 10, dist. 2, nn. 68 y 69; Rocafull, ob. cit., L. 3, n. 164; Schmalzgrueber, ob. cit., L. 3. tit: 46, n: 45;; Ballerini-Palmieri, Opus Th. M.. lugar cit; Genicot. ob. y lugar cit; Scavini Th. M. Universa, I, 315; Lehmkuhl, Th. M., I, n. 1471; Noldin, De praeceptis, n. 676; Gury-Ferreres, Compendium Th. M., n. 507; Kenrick, Th. M., I, par. II, nn. 51-53; Vermeersch;, Th. M., lugar cit; Aertnys-Damen, Th. M., I, n. 1065; Prümmer, Manuale Th. M., II, n. 665; Ferreres, ob. y lugar cit.

35 Proposición 30 — Denzinger, n. 1130.

36 Acerca de los trabajadores, hombres profesionales, albañiles, criados, etc., empleados por no-Católicos o Católicos-laxos, el S. Oficio ha decretado

b) Los viajantes que no encuentran en las hospederías sino carne, y no pueden fácilmente buscar otro hospedaje. [37]

c) Los soldados, marinos, etc., si se alimentan en común a expensas del Gobierno.

d) Los huéspedes, que sin esperarlo, encuentran toda la comida preparada de carne, lícitamente pueden tomar carnes si, por otra parte, sin grave incomodo no pueden pedir otro alimento, o marcharse. Mas si uno prevé esto, debe rehusar la invitación, en cuanto pueda hacerse, o pedir dispensa. [38]

II. *Son excusados de la ley del ayuno* por grave incómodo:

1) *Por razón de enfermedad.* quienes no pueden ayunar sin peligro de notable incómodo, como los enfermos, convalecientes, débiles, nerviosos, las mujeres que crían, o en cinta; y también quien no toma suficiente alimento en una

---

esos tales pueden comer carne en días prohibidos, mientras no fuera servida intencionadamente en desprecio de la Iglesia Católica, y mientras no puedan encontrar otro empleo. S. C. S. Oficio, 27 mayo, 1671, y 14 de dic. 1842 — **Fontes**, nn. 744 y 893.

37 En Austria, los viajeros y todos aquellos que comen en restaurant, tienen permitido el comer carne todos los días del año en virtud de un indulto concedido para Austria únicamente. Cf. **Archiv fuer Katholisches Kirchenrecht** CVII (1927), 275. Todos los que se encuentren en Austria como peregrinos, y coman en el restaurant, pueden hacer uso de este indulto local — c. 14, § 1, 3o.

38 Noldin dice que aunque uno prevea que la comida estará preparada con carne, per se, debe rehusar la invitación, y sólo le será lícito aceptarla, si por rehusarla le viniera notable incomodo, como grave ofensa, enemistades. Véase también **Eccl. Rev.**, LXXXVIII (1933), 629-631. Si **por error** o inadvertencia se prepara con manjares vedados, y por otra parte, sin grave incómodo no puede dejarse y preparar otra, lícitamente se puede tomar. Cf. Noldin, **De praeceptis**, n. 676; Genicot, **Institutiones**, **Th. M.**, I, 449; Lehmkuhl, **Th. M.**, I, n. 1457; Kenrick, **Th. M.**, I, par. II, n. 59; Vermeersch, **Th. M.**, III, n. 882; Marc, **Th. M.**, I, n. 1245; Ferreres, **Th. M.**, (1928), I, n. 600; A Coronata, **De locis et temporibus sacris**, n. 311; Aertnys - Damen, **ob. y lugar cit.**; Ubach, **Compendium Th. M.**, 366; Busquet-Bayon, **Thesaurus Confessarii**, n. 624; **Jardí, Tratado Práctico de la Ley del Ayuno y Abstinencia**, nn. 17-20; Tanquerey, **Th. M.**, II, n. 1117.

vez; y a quien el ayuno le ocasione notable dolor de cabeza, o vértigos, o notable privación de sueño.[39]

2) *Por razón de indigencia,* los pobres que no tienen ni pueden tener proporcionada refección, o quienes no tienen más que pan, legumbres y demás manjares poco nutritivos para sostenerse durante todo el día.[40]

3) *Por razón del trabajo,* de suyo, sólo aquellos a quienes el trabajo ordinario corporal es incompatible con el ayuno; entre estos se cuentan, no sólo los que trabajan en fundiciones, minas, etc., que hasta de la abstinencia se excusan, sino también los herreros, cocineros, agricultores, criados, escultores, pintores.

Además, hay *otros trabajos corporales y labores intelectuales* que aunque de suyo no excusan, sí lo hacen *per accidens,* por razón de especiales circunstancias resulta el ayuno muy difícil, como los científicos, los profesores, estudiantes, notarios.[41]

---

39 Salmanticenses, **Cursus Th. M.,** tr. 23, c. 2, n. 124-127; Durando, **in IV Sentent.,** L. 4, d. 15, q. 10, nn. 4 y 5; Laymann, **Th. M.,** L. 4, tr. 8, c: 3, n. 3; Reiffenstuel, **Th. M.,** tr. 10, dist. 2, n. 58; Hostiense, **Commentarium in III Librum Decretalium,** tit. 46, c. 2, n. 9; S. Alfonso, **Th. M., IV,** n. 1033; **Homo Ap.,** tr. 12, n. 23; Rocafull, **Opus Morale,** L. 3, n. 45j; Pasqualigo, **Praxis Ieiunii,** decis. 261, n. I; Ballerini-Palmieri, **Opus Th. M., II,** n. 1136; Genicot, **Institutiones Th. M., I,** n. 445; Scavini, **Th. M. Universa, I,** n. 312; Noldin, **De praeceptis,** n. 687; Gury-Ferreres, **Compendium Th. M., I,** n. 507; Colli-Lanzi, **Th. M. Universa, III,** n. 1884; Prümmer, **Manuale Th. M., II,** n. 665; Vermeersch, **ob. cit.,** 883; Ferreres, **Th. M., I,** n. 618; Pighi, **Cursus Th. M., III,** n. 273; A Coronata, **De locis et temporibus sacris,** n. 310; Aertnys-Damen, **Th. M., I,** n. 1059; Marc, **Th. M., I,** n. 1233; Ubach, **Compendium Th. M., I,** n. 371; Tanquerey, **Th. M., II,** n. 1108.

40 S. Alfonso, **Homo Ap.,** tr. 12, n. 23; La Croix, **Th. M.,** L. 3, n. 1307; Salmanticenses, **ob. cit.,** tr. 23, c. 2, n. 132; Reiffenstuel, **ob. cit.,** tr. 10, dist. 2, n. 60; Laymann, **ob. cit.,** L. 4, tr. 8, c. 3, n. 3; Durando, **ob. cit.,** L: 4, dist: 15, q. 10, nn. 4 y 6; Hostiense, **ob. cit.,** tit. 46, c. 2, n. 9; Genicot, **ob. y lugar cit;** Scavini, **ob. y lugar cit;** Noldin, **ob. y lugar cit;** Gury-Ferreres, **ob. y lugar cit;** Koch-Preuss, **Handbook of Moral Theology, IV,** n. 376; Aertnys-Damen, **Th. M., I,** n. 1059; Prümmer, **ob. y lugar cit;** Ferreres, **ob. y lugar cit;** Ubach, **ob. y lugar cit.;** Pighi, **ob. y lugar cit;** A Coronata, **ob y lugar cit;** Busquet-Bayón, **Thesaurus Confessarii,** n. 626; Bertheir-Arquer, **Consultorio del Clero,** n. 3019; Sabbeti-Barret, **Compendium Th. M.,** n. 338.

41 Salmanticenses, **Cursus Th. M.,** tr. 23, c. 2, n. 186; Pasqualigo, **Praxis Ieiunii,** decis. 290, n. 1, S. Alfonso, **Homo Ap.,** tr. 12, n. 27; Ferraris, **Prompta Bibliotheca,** art. 2, n. 20-26; Schmalzgrueber, **Jus Ecclesiasticum,** L. 3, tit. 46,

Hay que tener en cuenta que muchos de los trabajadores empleados en oficios que los Moralistas antiguos nombran, hoy día, dado el cambio de circunstancias, facilidades, etc., no quedan excusados de esta ley. [42]

4) *Por razón de viaje.* Ya desde muy antiguo los autores permitieron a los viajeros el que no guardaran el ayuno, [43] existiendo divergencias en la determinación de las horas de viaje y de los días requeridos, aunque casi todos concordaban al exigir a los que viajaban a pie estuviesen la mayor parte del día de camino, y a los viajeros en caballo, carro, etc., la jornada había de durar varios días. [44] De ahí la proposición condenada por el mismo Alejandro VII:

> "Excusantur absolute a praecepto ieiunii omnes illi, qui iter agunt equitando, utcumque iter agunt, etiamsi iter necessarium non sit, et etiamsi iter unius diei conficiant". [45]

Actualmente, puede asegurarse que, mientras el viaje cause notable fatiga corporal y al mismo tiempo exista

---

n. 45; La Croix, ob. cit., L. 3, nn. 1307-1328; Reiffenstuel, ob. cit., tr. 10, dist. 2, nn. 68 y 69; Laymann, Th. M., L. 4, tr. 8, c. 3, n. 3; Rocafull, Opus Morale, L. 3, n. 164; Ballerini-Palmieri, Opus Th. M., II, n. 1144-1150; Genicot, Institutiones Th. M., I, n. 446; Scavini, Th. M. Universa, I, n. 315; Marc, Th. M., I, n. 1235; Lehmkuhl, Th. M., I, n. 1471 y 1472; Noldin, De praeceptis, n. 687; Gury-Ferreres, ob. y lugar cit; Prümmer, ob. y lugar cit., n. 665; Vermeersch, ob. y lugar cit; Colli-Lanzi, Th. M. Universa, III, n. 1885; Pighi, Cursus Th. M., III, n. 273; A Coronata, De locis et temporibus sacris — ob. y lugar cit; Aertnys-Damen, Th. M., I, n. 1060-1061; Ubach, ob. y lugar cit.

42 Tanquerey, Th. M., II, 1109. Cf. Ecc. Rev., LXXIX (1928), 201.

43 Ricardo de Mediavilla, les dispensaba si peregrinaban a los Santos Lugares, In IV Sentent., dist. 15, art. 3, q. 4.

44 Cf/ Summa, 2, 2, q. 147, a. 4; Laymann, Th. M., L. 4, tr: 8, c: 3, n. 3; La Croix. Th. M., L. 3, n. 1343-1344; Salmaticenses, Th. M:, tr: 32, c. 2, n 137; Reiffenstuel, Th. M., tr. 10, dist. 2, n. 70; Pasqualigo, Praxis Ieiunii, decis. 84, nn. 1 y 2, decis. 313, nn. 1 y 8; Ferraris, Prompta Bibliotheca, v. "ieiunium", art. 2, nn. 27-33; S. Alfonso, Th. M., IV, n: 1047; Lehmkuhl, Th. M., I, n. 1471; Noldin, De praeceptis, n. 687; Gury-Ferreres, Compendium Th. M., I, n. 511; Kenrick;, Th. M., I, par. II, n: 56; Prümmer, ob: y lugar cit; Aertnys-Damen, ob. y lugar cit; Ubach, Compendium Th. M.; I, n. 371; Tanquerey, Th. M., II, n. 1110.

45 Proposición 31 — Denzinger, n. 1131.

causa racional para emprenderlo, están completamente exentos de esta ley. [46]

5) *La razón de piedad o caridad,* es otra de las causas excusantes admitida por los autores antiguos y los modernos, comprendiendo bajo esta denominación de piedad o caridad, todos aquellos trabajos que de suyo son más agradables a Dios y son moralmente incompatibles con el ayuno, como velar enfermos, predicar casi cada día, etc., pues la Iglesia no pretende que se deje por el ayuno otras obras de piedad y caridad más necesarias. [47]

Advertencias para estar excusado ya de la abstinencia, ya del ayuno

I. Si la causa de la excusa es evidente, uno mismo puede considerarse eximido de estas leyes; [48] si la suficiencia de la causa es dudosa, habrá que seguirse el consejo del párroco, confesor, médico, u otra persona prudente, o habrá que pedirse dispensa.

II. No cualquiera incomodidad o molestia excusa del cumplimiento de estas leyes de la abstinencia y del ayuno,

46 Los que viajan a pie, excúsales seis u ocho millas, y si lo hacen por caminos malos, aun más breve distancia basta. Un viaje de cuatro horas a caballo, será suficiente para estar dispensado; en automóvil por seis horas, sin duda será suficiente; en tren ocho horas, también bastará, a no ser que se viaje con toda comodidad. Hay que tener en cuenta que no se puede señalar un término cierto y único para todos.

47 Cf. Summa, lugar cit., La Croix, ob. cit., L. 3, n. 1307; Salmanticenses, ob. cit., tr. 23, c. 2, n. 142; Laymann, ob. cit., L. 4, tr: 8, c: 3, n: 4; Reiffenstuel, ob. cit.; tr. 10, dist. 2, n. 65; Pasqualigo, ob. cit., decis: 339, n: 1; Ferraris, ob. cit., v. ieiunium, art. 2, n. 34; S. Alfonso, ob. cit., IV, n. 1048-1049; Rocafull, Opus Morale, L. 3, n. 166; Schmalzgrueber, Jus Ecclesiasticum, L. 3, tit. 46, n. 46; Ballerini-Palmieri, Opus Th. M., II, n. 1149; Genicot, Institutiones Th. M., I, n. 447; Scavini, Th. M., Universa, I, n. 317; Lehmkuhl, Th. M., I, n. 1472; Gury-Ferreres, ob. cit., n. 512; Koch-Preuss, Handbook of Moral Theology, IV, p. 377; Kenrick, ob. cit., I, § par. II, n. 58; Marc. Th. M., I, n. 1238-1239; Vermeersch, Th. M., III, n. 883; Ferreres, Th. M., I, n. 622; Colli-Lanzi, Th. M. Universa, III, n. 1889; Pighi, Cursus Th. M., III, n. 273; A Coronata, De locis et temporibus sacris. n. 310; Aertnys-Damen, Th. M., I, n. 1064.

48 Sto. Tomás, Summa, 2, 2, q. 147, art. 4.

pues éstas llevan consigo cierta incomodidad mayor o menor, que de suyo no excusa, antes la tal incomodidad es buscada de propósito por la Iglesia al imponer estas leyes; sólo la incomodidad o molestia grave *extrínseca* a la misma ley, esto es, que sólo accidentalmente se halle unida a la observancia de estas leyes. Una leve debilidad corporal o un pequeño dolor de cabeza, o mayor dificultad que lo ordinario en ejercer el oficio, no excusa de dichas leyes, pues pertenecen al incómodo intrínseco de estos preceptos.

§2 — *Causas Eximentes o Dispensas.*

Dispensa, es la relajación de la ley en un caso especial, hecha por el competente superior, por causa justa y racional. [40]

La dispensa se concede, ya a personas físicas ya a personas morales, ya para un acto determinado, ya para cierto período de tiempo.

Por lo que toca a la ley de la abstinencia y del ayuno, la dispensa puede ser temporal, o sea, mientras dure la causa, y perpetua; puede ser absoluta, condicional y modal, según que se conceda simplemente o bajo condición o modo; puede ser personal y local, según sea concedida inmediatamente a las personas o a algún lugar.

El conceder dispensas de la ley del ayuno, y abstinencia, ya fué cosa frecuente desde la edad media; siendo estas unas veces concedidas ora a alguno individualmente, y entonces eran dispensas particulares, ora a provincias enteras, o sea generales. [50]

---

49 C. 80 y 84.

50 Varias dispensas particulares pueden verse en Thomassin, **Trattato dei Digiuni della Chiesa**, I, c. 17, pp. 99-107; II, c. 13, pp. 310-325. Entre las dispensas generales pueden enumerarse la Bula de la Santa Cruzada en España y sus dominios; la concedida por León XIII, — Litt. Apost. "Trans Oceanum", 18 abril, 1897 — **Fontes**, n. 633, para la América Latina; esta misma luego fué extendida a las Islas Filipinas, el I de en. 1910 — AAS II (1910), p. 220.

Las dispensas eran otorgadas, ya por la Santa Sede, ya por los Obispos, y también por los Párrocos, Confesores, Médicos, Superiores religiosos y Abadesas; existiendo diversidad de pareceres sobre la facultad de dispensar que los últimamente nombrados poseían. [51]

Actualmente, los que están facultados y con potestad ordinaria (y por lo tanto pueden delegarla), para dispensar de la ley del Ayuno y de la Abstinencia, son:

I. *El Sumo Pontífice,* en toda la Iglesia.

II. *Los Delegados Apostólicos,* (Nuncios e Internuncios) reciben, después del Código, entre otras facultades, la de dispensar, si lo creen prudente (quando ita in Domino expedire videbitur), de la ley de la abstinencia en casos particulares, en cualquier tiempo del año, aún cuando sea día de ayuno o de Cuaresma. [52] Para la validez de esta dispensa se necesita causa peculiar, pero no es necesario que haya gran concurso de fieles, ni se trate de salud pública, siendo suficiente el que la dispensa contribuya a aumentar la alegría de alguna festividad. Esta facultad permite a los Delegados Apostólicos dispensar no sólo a individuos o familias en particular, sino a toda una ciudad y aun a toda la nación. [53]

Nótese, sin embargo, que no puede dispensar del ayuno, sino únicamente de la abstinencia, aun cuando sea día de ayuno.

III. *Los Ordinarios del lugar* pueden, habiendo justa causa, dispensar en casos particulares a sus propios súbditos, ya a los individuos en particular, ya a las familias, aún

---

51 Cf. Pasqualigo, **Praxis Ieiunii,** decis. 379, nn. 1 y 2; decis. 388, n. 1; 383, n. 2; 387, nn. 1 y 3; 389, nn. 1, 2 y 4; 391, nn. 1 y 2; Sánchez, **De Matrimonio,** L. 8, disp. 9, n. 27; Reiffenstuel, **Th. M.,** tr. 10, dist. 2, nn. 74-77; Ferraris, **Prompta Bibliotheca,** v. "ieiunium", art. 2, n. 35; S. Alfonso, **Homo Ap.,** tr. 12, c. 1, n. 22; Salmanticenses, **Cursus Th. M.,** tr. 23, c. 2, n. 154-158; Ballerini-Palmieri, **Opus Th. M.,** II, n. 1134 y 1135; Genicot, **Institutiones Th. M.,** I, n. 448; Scavini, **Th. M. Universa,** I, 310 y 311; Lehmkuhl, **Th. M.,** I, n. 1473; Noldin, **De praeceptis,** n. 688; Kenrick, **Th. M.,** I, par. II, n. 48.

52 **Index Facultatum quas** ... n. 10.

53 Cf. **Periodica** XII (1924), (83).

fuera del territorio, y dentro del territorio pueden dispensar aún a los peregrinos. [54] Además, los Ordinarios, habiendo *causa especial de gran concurso de fieles o de salud pública*, pueden dispensar a toda la diócesis o lugar. [55]

El Código requiere causa *peculiar* o *especial* para esta dispensa. Según algunos autores, basta que esta causa sea meramente peculiar, es decir, *ordinaria*. Según otros, esta causa peculiar debe ser *extraordinaria*. Atendiendo al mismo texto del canon, parece preferible la última sentencia, puesto que el Código exige *gran* concurso de gente o salud pública, los cuales son sin duda, casos extraordinarios. Además, la mente de la Iglesia es que estas dispensas no sean demasiado frecuentes.

La primera opinión es sostenida por Ami du Clergé [56] contra Vermeersch. [57]

La Comisión Intérprete del Código respondió, que habiendo concurso extraordinario, aunque sea en una sola parroquia, será causa suficiente para conceder dicha dispensa. [58]

No es necesario que el concurso de gente se deba a afluencia de peregrinos, basta que los mismos habitantes del lugar o parroquia, por causa especial, acudan a un lugar determinado, ya sea religioso, por ejemplo: un Santuario, ya civil. [59]

---

54 C. 1245, §1. A. Iglesias afirma que si el Ordinario del lugar concediese el que en tal o tales días de abstinencia se podía tomar carne, los Franciscanos podrían hacer uso de este indulto, porque in favorabilibus pueden sujetarse al Ordinario del lugar, y porque además, nada obsta por parte de la Regla; esto mismo parece puede aplicarse a las demás Ordenes o Congregaciones religiosas. Cf. "Disquisitio canonico-moralis circa ieiunia regulae Fratrum Minorum", Acta Minorum XL (1921), 264-265. Los Ordinarios del lugar tampoco pueden establecer en sus diócesis días especiales de ayuno o abstinencia, además de los establecidos por ley general, solamente "per modum actus". C. 1244, §2.

55 C. 1245, §2.

56 "Quel est le pouvoir des évéques pour dispenser en matiere de jeune et d'abstinence?", XLV (1928), 793-795.

57 Epitome, II, n. 55.

58 Pont. Com. 12 marzo, 1929 — AAS XXI (1929), 170.

59 Maroto, "De Dispensatione ab Abstinentia et Ieiunio," Apollinaris, II, (1929), 251-252.

IV. *Los Párrocos,* pueden también dispensar en casos particulares a sus propios súbditos, ya individualmente, ya en familia, aún fuera del territorio, y dentro del territorio aún a los peregrinos. [60] Aunque los párrocos no podrán, según esto, dispensar a toda la parroquia en general, puede existir causa justa, para dispensar a varios individuos o familias, en cuyo caso, si los párrocos saben existe causa suficiente en cada uno, pueden conceder en un acto la dispensa, que virtualmente se hace múltiple, como si la concediera succesive. [61]

El Vicario del Párroco, que, absente parrocho, ejerce la jurisdicción de la parroquia, —en este caso es Vicario sustituto—, podrá dispensar de esta ley igualmente; podrá además conceder esta dispensa, si estando presente el párroco, le delega expresamente para ello; [62] pero no podrá hacerlo estando presente el Párroco, si solamente ha recibido delegación ad universitatem causarum, pues en este caso no es Párroco, según la excepción del c. 451, §2. [63]

Lo mismo dicho de los Párrocos, hay que decir de los *Superiores de religiones clericales exentas,* aunque estos no sean Superiores Mayores, teniendo en cuenta que su jurisdicción abarca no sólo a los profesos, sino también a los novicios y a todas las demás personas que día y noche habitan en la casa por razones de servidumbre, educación, hospitalidad, o salud. [64]

---

60 C. 1245, §1. El Párroco puede dispensar a un Religioso miembro de una religión clerical exenta de la ley del ayuno prescrito por ley común, si el Religioso, desde el lugar donde está no puede pedirlo a sus Superiores y si al mismo tiempo existe causa justa, aunque esta causa no ha de ser tan importante que sin tal dispensa ya estuviera excusado del ayuno. Cf. Schafer, **De Religiosis**, n. 425. La S. C. de Religiosos concedió a los Franciscanos que fuera del convento, en tiempo del ayuno de la Orden se acomoden a lo que se toma en los lugares donde se hospedan. Esta concesión es ad quinquennium. S. C. Relig., 30 dec. 1930 — **Acta Minorum**, L. (1931), 39.

61 Cf. **L'Ami du Clergé** XLVIII (1931), 96.

62 Cf. Tanquerey, **Th. M.**, II, 1111.

63 Véase "Potest vicarius delegatus ad universitatem causarum dispensare a ieiunio et ab abstinentia ut a jure habet parrochus?" en **L'Ami du Clergé** XLVI (1929), 364. El Rector del Seminario, puede dispensar "ad modum Parochi", a todos los que habitan en el Seminario, Cf. c. 1368.

64 C. 1245, §3, y 514, §1. Cf. Schafer, **De Religiosis**, n. 111; Fanfani, **De Jure Religiosorum**, p. 220.

V. Por último, pueden dispensar de esta ley, todos aquellos a quienes se les ha otorgado *potestad delegada* para ello.

Los *Confesores*, a no tener potestad delegada, no poseen la facultad de dispensar, sólo puede declarar, si existe causa excusante, como puede hacerlo también el médico, la superiorisa, etc. Si el Obispo diere facultad de dispensar del ayuno y abtinencia a todos los confesores, entonces el confesor puede dispensarse también *a sí mismo;* aunque mejor será en la práctica, que no lo haga, por aquello de "nemo judex in propria causa." Y si en las facultades no se advierte que el confesor goza de tal facultad *in sacramentali confessione* o *in tribunali poenitentiae,* este podrá lícitamente dispensar en la ley del ayuno, *etiam extra confessionale.* [65]

Para conceder estas dispensas, se requiere *causa justa,* la cual puede ser, ya interna, ya externa, según que provenga de la dificultad o incómodo de cumplirla, o de algún fin, como visitar enfermos, etc., cuya consecución es más fácil al que está dispensado de ayunar o abstenerse de comer carne.

El Romano Pontífice puede dispensar *válidamente* aún cuando no exista causa, pues lo hace por potestad propia; los demás Superiores no podrán conceder la dispensa sin justa causa, pues tratándose de dispensar de una ley general, su potestad es vicaria.

Para dispensar *lícitamente* siempre se requiere alguna causa justa, o al menos, probablemente suficiente. [66]

Hay que notar que la causa requerida para la licitud de la dispensa no debe ser *tan notable* que resulte ya de suyo para excusar de la obligación de la ley. [67]

65 Cf. Prümmer, Manuale Th. M., II, n. 644. En la última prorrogación de la Bula de Cruzada en España, se omite este párrafo que contenía la anterior: "Todos pueden, con justo y racional motivo, ser dispensados por los propios Confesores de la ley de la abstinencia y del ayuno." De esta omisión se deduce que ahora se les ha quitado esta facultad a los Confesores. Cf. Bayón, Ilustración del Clero XXV (1931), 123 y 124.

66 C. 84.

67 Cf. Tanquerey, Th. M., II, 1111.

Nótese además, que la S. Penitenciaría ha declarado, que por sola la razón de expensas, no debe extenderse a toda la familia la dispensa obtenida para algún miembro de ella. [68]

Sin embargo, será muy frecuente el caso en que el inconveniente en preparar dos comidas distintas, sea causa suficiente para extender la dispensa a toda la familia. [69]

Por último, como el ayuno y la abstinencia son dos preceptos distintos, la dispensa de uno de ellos, no incluye la dispensa del otro.

COROLARIO: PEREGRINOS.

I. Los peregrinos no están sujetos a las leyes particulares del territorio en que se hallan, pues no se hacen plenamente súbditos del Ordinario del lugar; con todo, deben obedecer algunas de las leyes del territorio en que accidentalmente se encuentran, como son, aquellas cuya violación sería causa de escándalo; y por consiguiente, habrá casos en que los peregrinos tengan que guardar la ley de la abstinencia o del ayuno. [70]

II. Los peregrinos no están sujetos a las leyes particulares de su territorio mientras están ausentes de él, si dichas leyes son territoriales, [71] aunque abandonen el territorio para huir de la ley, [72] y así, estos no están obligados a guardar el ayuno o la abstinencia.

III. Finalmente, los peregrinos están obligados a las leyes generales aunque no estén en vigor en su propio territorio; pero no lo están, si dichas leyes no vigen en el territorio en que actualmente se hallan. [73]

---

68 S. Penitent. 10 en. 1834 — **Collectanae S. C. de P. Fide**, n. 832, en nota:

69 S. Penitent, 16 en. 1834 — **Collectanae S. C. de P. Fide**, n. 832; 29 dic. 1862 — En **ob. cit.**, n. 832, en nota; el 20 de abr. de 1865, y el 27 de mayo de 1868.

70 C. 14, §1, n. 1 y 2.

71 C. 14, §1, n. 1.

72 Maroto, **Instituciones**, I, n. 201.

73 C. 14, §1, n. 3.

Hay ocasiones en que una ley es sustancialmente la misma en el territorio propio del peregrino y en el que actualmente se encuentra, pero el modo de cumplir con esta ley es distinto; en estos casos, por lo que toca al ayuno y abstinencia, el peregrino debe observar la ley en lo sustancial, pero puede hacerlo, conforme a la manera que en su país se cumple la ley, o atendiendo a la costumbre del lugar en que al presente se halla, teniendo siempre obligación de evitar escándalo. [74]

Se puede preguntar si los navegantes al encontrarse en aguas internacionales, están ligados a las leyes generales del ayuno y abstinencia, o a las de su propio territorio. La solución es la siguiente: Supuesto que los viajeros están protegidos bajo la bandera de la nación en que el barco está matriculado, se puede responder que el viajero se encuentra en territorio perteneciente a dicha nación, y por lo tanto, puede seguir las leyes acerca de la abstinencia y del ayuno vigentes en la nación del barco; sin embargo, opina el P. Goyeneche [75] que, supuesto que la nave se encuentra en lugar internacional, dicho lugar de alguna manera pertenece al territorio del peregrino, y que, por consiguiente, puede regirse según las leyes de su propio país. [76]

---

74 La S. C. del Concilio fué preguntada si los peregrinos que iban a Namur podían observar la abstinencia de los sábados de Cuaresma en miércoles, por ser esta la costumbre de Namur y lugares vecinos; y la S. Congregación respondió "teneri alterutra die ad libitum, remoto tamen scandolo" — SCC, 9 feb. 1924, AAS XVI (1924), 94. Por consiguiente, si el peregrino había ya cumplido con la ley en su propio territorio y al llegar a otro lugar encuentra que entonces vige la ley que él ya cumplió, no estará obligado a guardarla por segunda vez, a no ser por razón de escándalo, pues no se está obligado a cumplir un mismo precepto por dos veces. Cf. Bouuaert-Simenon, Manuale J. Canonici, I, n. 164, 4; III, n. 64; Teodori, "Peregrini quoad leges servandos", Consultationes Juris Canonici, I, 18 y 19.

75 "Consultationes," Commentarium pro Religiosos XII (1931), 448.

76 Lo contrario opina Ubach, Compendium Th. M., I, 352, nota 4.

BIBLIOGRAFIA

FUENTES.

Acta Apostolicae Sedis (AAS), Romae, 1909—

Acta et Decreta Conciliorum Recentiorum (Collectio Lacensis), 7 ts., Freiburg in Breisgau, 1870-1890.

Acta et Decreta Concilii Plenarii Americae Latinae in urbe celebrati, A. D. 1899, Romae, 1902.

Acta Sanctae Sedis (AAS), 41 ts., Romae, 1865-1908.

Appendix ad Concilium Plenarium Americae Latinae, Romae celebratum Anno 1899, Romae, 1910.

Biblia, La Santa, Antiguo y Nuevo Testamento, vers. Torres Amat, Bilbao, 1930.

Breviarum Romanum, Ratisbone, 1928.

Bullarium Diplomatum et Privilegiorum SS. RR. Pontificum Taurinensis Editio, 24 ts., Augustae Taurinorum, 1865.

Bullarii Romani Continuatio Summorum Pontificum, 19 ts., Prato, 1756-1883.

Caeremoniale Episcoporum, ed. 3, Taurini (Italia), 1918.

Canones Apostolorum, en Migne, Patr. Gr., t. 137, p. 35 - 218.

Canones et Decreta Concilii Tridentini, 19 ed., Taurini, 1913.

Codex Juris Canonici, Romae, 1918.

Codicis Juris Canonici Fontes, cura Emi, Petri Card. Gasparri ed., 6 ts., Romae, 1925-1932.

Codex Theodosianus, Theodosiani Libri XVI cum Constitutionibus Sirmondianis et Leges Novellae ad Theodosianum Pertinentes, ed. P. Krueger, T. Momsen, P. M. Meyer, 3 ts., Berolini, 1905.

Collectanea S. Congregationis de Propaganda Fide, 2 ts., Romae, 1907.

Constitutiones Apostolorum, en Mansi, t. 1, pp. 257-596.

Corpus Juris Canonici, Editio Lipsiensis II (Richter-Friedberg), 2 ts., Leipzig, 1879 y 1881.

Corpus Juris Civilis, 3 ts., Berolini, 1928.

Denzinger, Henricus, **Enchiridion Symbolorum, Denifitionum et Declarationum,** ed. 10, Friburgi Brisgoviae, 1908.

Didache, Traducción francesa con notas por P. Sabatier, Paris, 1885.

Didascalia, Traducida del Siríaco por F. Nau, en Le Cannoniste Contemporain XXV (1902), pp. 14-26.

Hardouin, J., **Acta Conciliorum et Epistolae Decretales ac Constitutiones Summorum Pontificum**, 12 ts., Paris, 1715.

Mansi, J., **Sacrorum Conciliorum Nova et Amplissima Collectio**, 53 tc., Paris-Arnheim-Leipzig, 1901-1927.

Migne, Jacques, **Patrologiae Cursus Completus Series Graeca (MPG)**, 161 ts., Paris, 1857-1866.

Migne, Jacques, **Patrologiae Cursus Completus Series Latina (MPL)**, 221 ts., Paris, 1844-1855.

Missale Romanum, Ratisbonae, 1920.

Monumenta Germaniae Historica (MGH) Legum Tomus I, (Karoli Magni Capitularia), ed. G. H. Pertz, Hannoverae, 1835, y Leipzig, 1925.

Pontificale Romanum, con notas por Catalano, 3 ts., Parisiiss, 1850.

Rituale Romanum, Ratisbonae, 1926.

AUTORES.

A Coronata Matthaeus Conte, O.M.C., **Institutiones Juris Canonici**, 2 ts., Taurini (Italia), 1928 y 1931.

A Coronata, Matthaeus Conte, O.M.C., **De Locis et Temporibus Sacris**, Augustae Taurinorum (Italia), 1922.

Aertnys-Damen, **Theologia Moralis**, ed. 10, 2 ts., Buscoduci, 1919.

A Lapide, Cornelius, **Commentaria in Scripturam Sacram**, con notas por A. Grampon, ed. nova, 19 ts., Parisiis, 1891.

Antonelli, Joseph, **Medicina Pastoralis**, 3 ts., Romae, 1920.

Antoñana, G. Martínez de, **Manual de Liturgia Sagrada**, 2 ed., 2 ts., Madrid, 1923.

Arregui, Antonio, S.J., **Summarium Theologiae Moralis**, ed. 5, Bilbao, 1920.

Augustine, Charles, O.S.B., **A Commentary on Canon Law**, 8 ts., St. Louis, 1921-1923.

Ballerini, Antonius-Palmieri, Dominicus, **Opus Theologicum Morale**, 7 ts., Prati, 1899.

Baronius, S.R.E. Card., **Annales Ecclesiastici**, 37 ts., Barri-Ducis, 1864-1883.

Bellarminus, Card. Robertus, **De Controversiis**, tom. IV, Neapoli, 1858.

Benedicto XIV, **De Synodo Dioecesana**, 2 ts., Romae, 1806.

Benedicto XIV, **Institutiones Ecclesiasticae**, Prati, 1844.

Bertalazome, G. T., Dissertazione sopra il precepto del Digiuno Quadragesimale, Romae, 1789.

Berti, L., De Theologicis Disciplinis, ed. nov., 10 ts., Bassani, 1742.

Berthelet, Gregoire, Traité Historique et Moral de l'Abstinence de la Viande, Arouen, 1731.

Berthier-Arquer, Consultorio del Clero, Barcelona, 1929.

Billuart, F.C.R., Summa Sancti Thomae, ed. nova, 8 ts., Parisiis-Romae-Bruxellis.

Blat, Albertus, Commentarium Textus Juris Canonici, 8 ts., Romae, 1921-1927.

Breen, A. E., A Harmonized Exposition of the Four Gospels, Rochester, New York, 1904.

Bouuaert-Simenon, Manuale Juris Canonici, ed. 3, 3 ts., Gandae et Leodii, 1930-1931.

Bucceroni, Januario, S. F., Institutiones Theologiae Moralis, ed. altera, Romae, 1893.

Bullarium Smi. D. M. Benedicti Papae XIV, ed. nova, 12 ts., Mechliniae, 1826.

Busquet-Bayón, C.M.F., Thesaurus Confessarii, ed. 9, Madrid, 1934.

Butler, Cuthbertus, Sancti Benedicti Regula Monasteriorum, ed. altera, Friburgi Brisgoviae, 1927.

Butler, Alban, The Moveable Feasts, Fasta and other Annual Observances of the Catholic Church, New York, 1856.

Cabrol, Fernand, Les Origines Liturgiques, Paris, 1906.

Cabrol, Fernand, The Prayer of the early Christians, traducido del Francés por E. Graf, London, 1930.

Cabrol-Leclercq, Dictionnaire d'Archéologie Chrétienne et de Liturgie, ts., 1-11, Paris, 1924.

Callewaert, C., Liturgicae Institutiones, dos tratados, Brugiis (Belgii), 1925-1931.

Cance, Adrien, Le Code de Droit Canonique, 6 ed., 3 ts., Paris, 1930.

Capello, Félix, Summa Juris Canonici, 2 ts., Romae, 1928 y 1930.

Carpo, Aloysius Ma. a, Compendiosa Bibliotheca Liturgica, Bononiae, 1878.

Castro, Palao, F., S.J., Opus Morale, 7 ts., Lugduni, 1649.

Catholic Encyclopedia, 17 ts., New York, 1907-1922.

Chelodi, Joannes, Jus de Personis, Tient, Libr. Edit. Tridnt., 1922.

Cicognani, G., Commentarium ad Librum I Codicis, Romae, 1925.

Cocchi, Guidus, **Commentarium in Codicem Juris Canonici ad Usum Scholarum**, 8 ts., Augustae Taurinorum, 1925-1927.

Colli-Lanzi, **Theologia Moralis Universa**, 4 ts., Taurini-Romae, 1928.

Concina, Daniel, **In Rescriptum Benedicti XIV, P.M., ad postulata septem Arch. Compostellae Ieiunii Legem Spectantia Commentarius Theologicus**, ed. 2a., Venetiis, 1755.

Consultationes Juris Canonici, Auctoribus C. Bernardini . . . t. I, Romae, 1934.

D'Annibale, Joseph, **Summula Theologiae Moralis**, ed 3a., 3 ts., Romae, 1891.

Dallaeus, Joannes, **De Ieiuniis et Quadragesima**, Antverpiae, 1654.

De Herdt, P.J.B., **Sacrae Liturgiae Praxis**, ed. 6a., 3 ts., Lovanii, 1877.

De L'Isle, Joseph, **Histoire Dogmatique et Morale Du Jeune**, Paris, 1741.

De Lugo, **Disputationes Scholasticae et Morales**, ed. nova, 8 ts., Parisiis, 1868.

De Meester, A., **Juris Canonici et Juris Canonico-Civiliis Compendium**, 3 ts., Bruges, 1921-1928.

Dignan, **De Vera Religione**, Brugis, 1921.

Duchesne, L., **Origines du Culte Chriétien**, ed. 5, Paris, 1925.

Durando de S. Porciano, **In Petri Lombardi Sententias Theologicas Commentariorum Libri IV**, Venetiis, 1586.

Edersheim, A., **The Rites and Worship of the Jews**, London, 1890.

Edersheim, A., **The Temple, Its Ministry and Services, as they were at the time of Jesus Christ**, Boston, 1874.

Eichmann, Dr. Edward, **Lehrbuch des Kirchenrechts auf Grund des Codex Juris Canonici**, Paderborn, 1923.

Espasa, **Enciclopedia Universal Ilustrada Europeo-Americana**, 80 ts., Barcelona-Madrid, 1903.

Ewald, Heinrich, **The Antiquities of Israel**, traducido por H. S. Solly, London, 1876.

Fagnanus, Prosperus, **Commentaria in V Libros Decretalium**, 4 ts., Venetiis, 1696.

Fanfani, Ludovicus, O. P., **De Jure Religiosorum**, Augustae Tourinorum-Romae, 1920.

Ferraris, **Prompta Bibliotheca Canonica, Juridica, Moralis, Theologica, necnon Ascetica, Polemica, Rubricistica, Historica**, 8 ts., Venetiis, 1782.

Ferreres, J. B., **La Nueva Bula de Cruzada**, 3 ed., Madrid, 1915.

Ferreres, J. B., **Compendium Theologiae Moralis**, 14 ed., 2 ts., Barcinone, 1928.

Ferreres, J. B., **Historia del Misal Romano**, Barcelona, 1929.

Fillion, S. S., **The Life of Christ**, 3 ts., St. Louis, Mo., — London, W. C., 1928.

Funk, F. X., **Kirchengeschischtliche Abhandlungen und Untersuchungen**, 3 ts., Paderborn, 1897.

Funk, F. X., **Didascalia et Constitutiones Apostolorum**, 2 ts., Paderbornae, 1905.

Genicot, Ed., **Theologiae Moralis Institutiones**, ed. 5, 2 ts., Lovanii, 1905.

Geyer, **Itinera Hierosolimitana saeculi IV-VIII (S. Silviae Peregrinatio ad Loca Sancta)**, Pragae-Vindobonae-Lipsiae, 1898.

Gigot, Francis E., **Outlines of Jewish History**, New York, 1897.

González, M. Téllez, **Comentaria Perpetua in Singulos Textus V. Librorum Decretalium Gregorii IX**, Venetiis, 1699.

Gueranger, O.S.B., **The Liturgical Year**, traducido del Francés por L. Shepherd, 3 ed., London, 1909.

Gunning, (Peter) Bp., **The Paschal or Lent Fast Apostolic and Perpetual**, Oxford, 1845.

Gury-Ferreres, **Compendium Theologiae Moralis**, ed. 7, 2 ts., Barcelona, 1915.

Hefele-Leclerch (HL), **Histoire des Conciles**, 9 ts., París, 1907-1930.

Hostiensis, E. de Segusio Card., **In tertium Decretalium Librum Commentaria**, Venetiis, 1581.

Hummelauer, Francisco de, **Commentarius in Exodum et Leviticum**, Parisiis, 1897.

Ikenio, Conrado, **Antiquitates Hebraicae secundum triplicem judaeorum statum**, etc., Bremae, 1732.

James, A. Charles, **Taboo among the Ancient Hebrews**, Phila., 1925.

Kellner, K. A. Heinrich, **Heortology**, London, 1908.

Kenrick, F. P., **Theologia Moralis**, ed. 2, 2 ts., Mechlin, 1860.

Knabenbauer, Joseph, S. J., **Commentarius in Actus Apostolorum**, Parisiis, 1899.

Knopfler, Luis, **Historia Eclesiástica**, traducción del alemán por Hernández, Friburgo de Brisgovia, 1908.

Koch-Preuss, A., **A Handbook of Moral Theology**, 5 ts., St. Louis-London, 1924.

Kohler, K., **Jewish Theology**, New York, 1918.

Kozma, C., de Papi, **Liturgica Sacra Catholica**, ed. 2, Ratisbonae, 1863.

Jardí, Antonio, **El Derecho de las Religiosas**, ed. 2, Vich, 1927.

Jardí, Antonio, **Tratado Práctico de la Ley del Ayuno y Abstinencia en España y América Latina**, ed. 2, Vich, 1927.

L'Abbé André, M., **Droit Canonique**, Paris, 1844.

Lacau, J., **De Tempore**, Turin, 1921.

La Croix, Claudio, **Theologia Moralis**, Ravennae, 1761.

La Fuente, **Historia Eclesiástica**, Madrid, 1873.

Laymann, Paulus, **Theologia Moralis in V Libris Distributa**, 2 ts., Patavii, 1733.

Lehmkuhl, A., **Theologia Moralis**, ed. 12, Freiburg, 1914.

Lydon, F. J., **Ready Answers in Canon Law**, New York, Cincinnati, Chicago, San Francisco, 1934.

Mach-Ferreres, **Tesoro del Sacerdote**, ed. 16, 2 ts., Barcelona, 1927.

Maldonado, Joannes, **Commentarium in Quatuor Evengelistas**, 2 ts., Moguntiae, 1874.

Many, S., **Praelectiones de Sacra Ordenatione**, Parisiis, 1905.

Marc, C., C.SS.R., **Institutiones Morales Alphonsianae seu Doctoris Ecclesiae S. Alphonsi M. de Ligorio Doctrina Moralis**, ed. 17, 2 ts., Lugduni-Lutetiae Parisiorum, 1922.

Maroto, Felipe, C.M.F., **Instituciones de Derecho Canónico**, 2 ts., Madrid, 1919.

Memoires de Trevoux, Table Methodique des memoires de Trevoux, A, 1701-1775, Paris, 1864.

Michiels, Gommarus, O.M.C., **Normae Generales**, 2 ts., Dublin, 1929.

Migne, J., **Scripturae Sacrae Cursus Completus**, 28 ts., Paris, 1841.

Mothon, J. P., O.P., **Institutiones Canoniques**, 3 ts., Paris, 1922.

Nicolas, O.C.D., **Manuale Juris Communis Regularium et Specialis Carmelitarum Discalceatorum**, Burgos, 1929.

Nicolas, O.C.D., **Compendium Salmaticenses Universae Theologiae Moralis**, 2 ts., Burgos, 1931.

Nilles, Nicolas, **Kalendarium Manuale utriusque Ecclesiae Orientalis et Occidentalis**, 2 ts., Oeniponte, 1896-1897.

Noldin, H., S. J., **Summa Theologiae Moralis**, eds. 9 y 16. Oeniponte, 1911 y 1923.

Ojetti, B., **Commentarium in Codicem Juris Canonici, Lib. 1: Normae Generales**, Romae, 1927.

Pasqualigo, Z., **Praxis Ieiunii Ecclesiastici et Naturalis**, Genuae, 1655.

Pejska, Josephus, C.SS.R., **Jus Canonicum Religiosorum**, ed. 3, Friburgi Brisgoviae, 1927.

Pighi, J. B., **Cursus Theologiae Moralis**, 2 ts., Veronae, 1926.

Pighi, Rev. S.J., **Institutiones Historiae Ecclesiasticae ad vota Leonis XIII in Epistola "Saepe Numero"**... 3 ts., Veronae, 1906.

Plinius II, Cajus, **Epistolarum Libri X et Panegyricus**, Venetiis, 1786.

Postíus, J., C.M.F., **El Código Canónico Aplicado a España**, ed. 5, Madrid, 1926.

Probst, Ferdinand, **Die Kirchliche Disciplin in den drei ersten Jahrhunderten**, Tubingen, 1873.

Prümmer, Dominicus M., **Manuale Theologiae Moralis secundum Principia S. Thomae Aquinatis**, 3 ts., ed. 3, Friburgi Brisgoviae, 1923.

Reiffenstuel, Anacletus, O.F.M., **Jus Canonicum Universum**, Venetiis, 1735.

Reiffenstuel, Anacletus, O.F.M., **Theologia Moralis**, Mutinae, 1758.

Regula et Constitutiones Generales Fratrum Minorum, Ad Claras Aquas (Quaracchi), 1922.

Regula et Constitutiones Fratrum Discalceatorum Ordinis B.V.M. De Monte Carmelo, Romae, 1928.

Reuter, Joannes, S.J., **Theologia Moralis Quadripartita**, 4 ts., Matternich, 1750.

Ricardo de Mediavilla, **Quaestiones super quarto libro Sententiarum**, Venetiis, 1489.

Rocafull, Joseph, **Opus Moralis in Decalogi Praecepta et Ecclesia Mandata**, Valentinea, 1649.

S. Alphonsus Maria de Ligorio, **Homo Apostolicus**, Augustae-Taurinorum, 1890.

S. Alphonsus Maria de Ligorio, **Theologia Moralis**, curavit P. Mich. Heilig, 10 ts., Mechliniae, 1852.

Sabetti-Barrett, **Compendium Theologiae Moralis**, ed. 33, New York, Cincinnati, 1931.

Salmanticenses Collegii FF. **Discalceatorum B. Mariae de Monte Carmeli Primitivae Observantiae Cursus Theologiae Moralis**, 6 ts., Venetiis, 1728.

Sánchez, Thomas, S.J., **De Sancto Matrimonii Sacramento Disputationum**, 3 ts., Lugduni, 1669.

Sánchez, Miguel, Pbro., **Expositio Bullae Sanctae Cruciatae**, Madrid, 1875.

Sartori, Cosmas, O.F.M., **Enchiridion Canonicum, seu Sanctae Sedis Responsiones**, Hankow, 1932.

Scavini, Petrus, **Theologia Moralis Universa**, 4 ts., ed. 5, Parisiiss, Lugduni, 1867.

Shafer, Timotheus, O.M.C., **De Religiosis**, Munster I. W., 1927.

Schmalzgrueber, F., **Jus Ecclesiasticum Universum**, 12 ts., Romae, 1843-1845.

Slater, Thomas, **A Manual of Moral Theology**, ed. 3, New York, Cincinnati, Chicago, 1909.

Sipos, S., **Enchiridion Juris Canonici**, Pecs., 1926.

Smith, W. R., **Lectures on the Religion of the Semites**, London, 1894.

Stanley, A. P., **Lecture on the History of the Jewish Church**, New York, 1884.

Stoz, S.J., **Tribunal Penitentiae**, Dilingae, 1684.

Suetonius, **The Lives of the First Twelve Caesars**, traducido del Latín por A. Thomson, London, 1796.

S. Thomas Aquinas, **Summa Theologica**, tomo III, Parisiis, 1887.

Tacitus, C. **Cornelli Taciti Opera**, recognovit, etc., G. Brotier, 5 ts., Venetiis, 1784.

Tamburini, Thomas, S. J., **Theologia Moralis**, 3 ts., Venetiis, 1748.

Tanquerey, Ad., **Synopsis Theologia Moralis et Pastoralis**, 3 ts., ed. 10, Parisiis-Tornaci-Romae, 1922-1927.

Thomassinus, L., **Vetus et Nova Ecclesiae Disciplina circa Beneficia et Beneficiarios**, Mogantiaci, 1787.

Thomassin, L., **Trattato dei Digiuni della Chiesa**, In Luca, 1742.

Thomassin, L., **Traité des Festes de l'Eglise**, Paris, 1683.

Toso, D. A., **Commentaria Minora**, Liber I & II, Romae-Taurini, 1921.

Ubach, Joseph, S.J., **Compendium Theologiae Moralis**, 2 ts., Friburgi Brisgoviae, 1926.

Ubaldi, Ubaldo, **Introductio in Sacram Scripturam**, 3 ts., Romae, 1887.

Van Hove, A., **De Consuetudine, De Temporis Supputatione**, Mechliniae-Romae, 1933.

Vermeersch, Arthurus, S.J., **Theologia Moralis**, ed. 1a., Bruges, 1922, ed. 2a., Romae, 1926, ed. 3a., Romae, 1933.

Vermeersch, A.,-Creusen, J., **Epitome Juris Canonici**, ed. 2, Malines, 1924.

Watkins, O. D., **A History of Penance**, 2 ts., Longmans, London, 1920.

Wernz, Franciscus, S.J., **Jus Decretalium**, 6 ts., Romae, 1906.

Wilson, H. A., ed. The Gelasian Sacramentary, Oxford, 1894.
Woywod, Stanislaus, The New Canon Law, New York, 1918.

REVISTAS.

Acta Ordinis Fratrum Minorum, Ad Claras Aquas (Quaracchi), 1882—
American Ecclesiastical Review, The, Philadelphia, 1889—
Apollinaris, Romae, 1928—
Archiv für Katholisches Kirchenrecht, Mainz, 1857—
Catholic Directory of India, Burma and Ceylon, A.D. 1934, Madras.
Collationes Brugenses, Bruges, 1896—
Commentarium pro Religiosis, Romae, 1920—
El Monte Carmelo, Burgos, 1899—
Ephemerides Liturgicae, Romae, 1887—
Ephemerides Theologicae Lovanienses, Louvain, 1924—
Gaceta Oficial del Arzobispado de México, México, 1903—
Homiletic and Pastoral Review (HPR), New York, 1900—
Ilustración del Clero, Madrid, 1906—
Irish Ecclesiastical Record (IER), Dublin, 1864—
L'Ami du Clergé, Nancy, 1883—
La Ciencia Tomista, Madrid, 1910—
Le Canoniste Contemporain, Paris, 1878—
Monitore Ecclesiastico (il), Roma, 1879—
Nouvelle Revue Théologique, Paris, 1869—
Pastor Bonus, Trier, 1890—
Periodica de re Canonica et Morali Utili Praesertim Religiosis et Missionariis, Bruges, 1905—
Razón y Fe, Madrid, 1901—
Revue Benedictine (RB), Belgique, 1884—
Revue des Communautés Religieuses, Louvain, 1925—
Revue des Questiones Historiques, Paris, 1866—
Semaine Religieuse de Quebec, 1898—
The Clergy Review, London, 1931—

UNIVERSITAS CATHOLICA AMERICAE

WASHINGTON, D. C.

FACULTAS JURIS CANONICI

No. 92

1935

INDICE ALFABETICO

NOTA BIOGRAFICA

Antonio Parra Herrera nació en Hontoria del Pinar, Provincia de Burgos, España, el día 12 de Junio de 1910. El año 1920 entró en el Colegio Preparatorio de los Carmelitas Descalzos de Cataluña como aspirante al Hábito Carmelitano, y allí estudió las primeras Humanidades; pasando luego al Noviciado de la Orden en Tarragona, donde el 14 de Julio de 1926 hizo su Profesión Religiosa.

Reanudados sus estudios en el Colegio Filosófico de Badalona (Barña.) permaneció en ese lugar hasta 1928, pasando de allí al Colegio Teológico de Barcelona. Después del segundo año de Sagrada Teología fué enviado a terminar sus estudios eclesiásticos al Seminario de la Universidad Católica de América en Wáshington, D. C. En 1932 ingresó a la escuela de Derecho Canónico de dicha Universidad, donde el año 1933 obtuvo el grado de J.C.B., y en 1934 el de J.C.L.

Recibió la ordenación Sacerdotal en "The Shrine of the Immaculate Conception", Washington, D. C., el día 13 de Junio de 1933.

ESTUDIOS CANONICOS

1. **Freriks, Rev. Celestine A., C.PP.S., J.C.D., Religious Congregations in Their External Relations, 121 pp., 1916.**
2. **Galliher, Rev. Daniel M., O.P., J.C.D., Canonical Elections, 117 pp., 1917.**
3. **Borkowski, Rev. Aurelius L., O.F.M., De Confraternitatibus Ecclesiasticis, 136 pp., 1918.**
4. **Castillo, Rev. Cayo, J.C.D., Disertación Histórico-canonica sobre la Potestad del Cabildo en Sede Vacante o Impedida del Vicario Capitular, 99 pp., 1919 (1918).**
5. **Kubelbeck, Rev. William J., S.T.B., J.C.D., The Sacred Penitentiaria and Its Relations to Faculties of Ordinaries and Priests, 129 pp., 1918.**
6. **Petrovitis, Rev. Joseph J. C., S.T.D., J.C.D., The New Church Law on Matrimony, X-461 pp., 1919.**
7. **Hickey, Rev. John J., S.T.B., J.C.D., Irregularities and Simple Impediments in the New Code of Canon Law, 100 pp., 1920.**
8. **Klekotka, Rev. Peter J., S.T.B., J.C.D., Diocesan Consultors, 179 pp., 1920.**
9. **Wannenmacher, Rev. Francis, J.C.D., The Evidence in Ecclesiastical Procedure Affecting the Marriage Bond, 1920. (Not printed.)**
10. **Golden, Rev. Henry Francis, J.C.D., Parochial Benefices in the New Code, IV-119 pp., 1921. (Printed 1925.)**
11. **Koudelka, Rev. Charles, J., J.C.D., Pastors, Their Rights and Duties According to the New Code of Canon Law, 211 pp., 1921.**
12. **Melo, Rev. Antonius, O.F.M., J.C.D., De Exemptione Regularium, X-188 pp., 1921.**
13. **Schaaf, Rev. Valentine Theodore, O.F.M., S.T.B., J.C.D., The Cloister, X-180 pp., 1921.**
14. **Burke, Rev. Thomas Joseph, S.T.B., J.C.D., Competence in Eclesastical Tribunals, IV-117 pp., 1922.**
15. **Leech, Rev. George Leo, J.C.D., A Comparative Study of the Constitution "Apostolicae Sedis" and the "Codex Juris Canonici," 179 pp., 1922.**
16. **Motry, Rev. Hubert Louis, S.T.D., J.C.D., Diocesan Faculties According to the Code of Canon Law, II-167 pp., 1922.**

17. Murphy, Rev. George Lawrence, J.C.D., Delinquencies and Penalties in the Administration and the Reception of the Sacraments, IV-121 pp., 1923.
18. O'Reilly, Rev. John Anthony, S.T.B., J.C.D., Ecclesiastical Sepulture in the New Code of Canon Law, II-129 pp., 1923.
19. Michalicka, Rev. Wenceslas Cyrill, O.S.B., J.C.D., Judicial Procedure in Dismissal of Clerical Exempt Religious, 107 pp., 1923.
20. Dargin, Rev. Edward Vincent, S.T.B., J.C.D., Reserved Cases According to the Code of Canon Law, IV-103 pp., 1924.
21. Godfrey, Rev. John A., S.T.B., J.C.D., The Right of Patronage According to the Code of Canon Law, 153 pp., 1924.
22. Hagedorn, Rev. Francis Edward, J.C.D., General Legislation on Indulgences, II-154 pp., 1924.
23. King, Rev. James Ignatius, J.C.D., The Administration of the Sacraments to Dying Non-Catholics, V-141 pp., 1924.
24. Winslow, Rev. Francis Joseph, A.F.M.. J.C.D., Vicars and Prefects Apostolic, IV-149 pp., 1924.
25. Correa, Rev. Jose Servelion, S.T.L., J.C.D., La Potestad Legislativa de la Iglesia Católica, IV-127 pp., 1925.
26. Dugan, Rev. Henry Francis, M.A., J.C.D., The Judiciary Department of the Diocesan Curia, 87 pp., 1925.
27. Keller, Rev. Charles Frederick, S.T.B., J.C.D., Mass Stipends, 167 pp., 1925.
28. Paschang, Rev. John Linus, J.C.D., The Sacramental According to the Code of Canon Law, 129 pp., 1925.
29. Piontek, Rev. Cyrillus, O.F.M., S.T.B., J.C.D., De Indulto Exclaustrationis necnon Saecularizationis, XIII-289 pp., 1925.
30. Kearney, Rev. Richard Joseph, S.T.B., J.C.D., Sponsors at Baptism According to the Code of Canon Law, IV-127 pp., 1925.
31. Bartlett, Rev. Chester Joseph, A.M., LL.B., J.C.D., The Tenure of Parochial Property in the United States of America, V-108 pp., 1926.
32. Kilker, Rev. Adrian Jerome, J.C.D., Extreme Unction, V-425 pp., 1926.
33. McCormick, Rev. Robert Emmett, J.C.D., Confessors of Religious, VIII-266 pp., 1926.
34. Miller, Rev. Newton Thomas, J.C.D., Founded Masses According to the Code of Canon Law, VII-93 pp., 1926.
35. Roelker, Rev. Edward G., S.T.D., J.C.D., Principles of Privilege According to the Code of Canon Law, XI-166 pp., 1926.
36. Bakalasczyk, Rev. Richardus, M.I.C., J.U.D., De Novitiatu, VIII-208 pp., 1927.

37. Pizzuti, Rev. Lawrence, O.F.M., J.U.L., De Parochis Religiosis, 1927. (Not Printed.)
38. Bliley, Rev. Nicholas Martin, O.S.B., J.C.D., Altars According to the Code of Canon Law, XIX-132 pp., 1927.
39. Brown, Brendan Francis, A.B., LL.M., J.U.D., The Canonical Juristic Personality with Special Reference to its Status in the United States of America, V-212 pp., 1927.
40. Cavanaugh, Rev. William Thomas, C.P., J.U.D., The Reservation of the Blessed Sacrament, VIII-101 pp., 1927.
41. Doheny, Rev. William J., C.S.C., A.B., J.U.D., Church Property: Modes of Acquisition, X-118 pp., 1927.
42. Feldhaus, Rev. Aloysius H., C.PP.S., J.C.D., Oratories, IX-141 pp., 1927.
43. Kelly, Rev. James Patrick, A.B., J.C.D., The Jurisdiction of the Simple Confessor, X-208 pp., 1927.
44. Neuberger, Rev. Nicholas J., J.C.D., Canon 6 or the Relation of the Codex Juris Canonici to the Preceding Legislation, V-95 pp., 1927.
45. O'Keeffe, Rev. Gerald Michael, J.C.D., Matrimonial Dispensations, Powers of Bishops, Priests, and Confessors, VIII-232 pp., 1927.
46. Quigley, Rev. Joseph, A.M., A.B., J.C.D., Condemned Societies, 139 pp., 1927.
47. Zaplotnik, Rev. Ioannes Leo, J.C.D., De Vicariis Foraneis, X-142 pp., 1927.
48. Duskie, Rev. John Aloysius, A.B., J.C.D., The Canonical Status of the Orientals in the United States, VIII-196 pp., 1928.
49. Hyland, Rev. Francis Edward, J.C.D., Excommunication, Its Nature, Historical Development and Effects, VIII-181 pp., 1928.
50. Reinmann, Rev. Gerald Joseph, O.M.C., J.C.D., The Third Order Secular of Saint Francis, 201 pp., 1928.
51. Schenk, Rev. Francis J., J.C.D., The Matrimonial Impediments of Mixed Religion and Disparity of Cult, XVI-318 pp., 1929.
52. Coady, Rev. John Joseph, S.T.D., J.U.D., A.M., The Appointment of Pastors, VIII-150 pp., 1929.
53. Kay, Rev. Thomas Henry, J.C.D., Competence in Matrimonial Procedure, VIII-164 pp., 1929.
54. Turner, Rev. Sidney Joseph, C.P., J.U.D., The Vow of Poverty, XLIX-217 pp., 1929.
55. Kearney, Rev. Raymond A., A.B., S.T.D., J.C.D., The Principles of Delegation, VII-149 pp., 1929.
56. Conran, Rev. Edward James, A.B., J.C.D., The Interdict, V-163 pp., 1930.

57. O'Neil, Rev. William H., J.C.D., **Papal Rescripts of Favor**, VII-218 pp., 1930.
58. Bastnagel, Rev. Clement Vincent, J.U.D., **The Appointment of Parochial Adjutants and Assistants**, XV-257 pp., 1930.
59. Ferry, Rev. William A., A.B., J.C.D., **Stole Fees**, X-107 pp., 1930.
60. Costello, Rev. John Michael, A.B., J.C.D., **Domicile and Quasi-Domicile**, VII-201 pp., 1930.
61. Kremer, Rev. Michael Nicholas, A.B., S.T.B., J.C.D., **Church Support in the United States**, VI-136 pp., 1930.
62. Angulo, Rev. Luis, C.M., J.C.D., **Legislación de la Iglesia sobre la intención en la aplicación de la Santa Misa**, VII-104 pp., 1931.
63. Frey, Rev. Wolfgang Norbert, O.S.B., A.B., J.C.D., **The Act of Religious Profession**, VIII-174 pp., 1931.
64. Roberts, Rev. James Brendan, A.B., J.C.D., **The Banns of Marriage**, XIV-140 pp., 1931.
65. Ryder, Rev. Raymond Aloysius, A.B., J.C.D., **Simony**, IX-151 pp., 1931.
66. Campagna, Rev. Angelo, Ph.D., J.U.D., **Il Vicario Generale del Vescovo**, VII-205 pp., 1931.
67. Cox, Rev. Joseph Godfrey, A.B., J.C.D., **The Administration of Seminaries**, VI-124 pp., 1931.
68. Gregory, Rev. Donald J., J.U.D., **The Pauline Privilege**, XV-165 pp., 1931.
69. Donohue, Rev. John F., J.C.D., **The Impediment of Crime**, VIII-110 pp., 1931.
70. Dooley, Rev. Eugene A., O.M.I., J.C.D., **Church Law on Sacred Relics**, IX-143 pp., 1931.
71. Orth, Rev. Clement Raymond, O.M.C., J.C.D., **The Approbation of Religious Institutes**, 171 pp., 1931.
72. Pernicone, Rev. Joseph M., A.B., J.C.D., **The Ecclesiastical Prohibition of Books**, XII-267 pp., 1932.
73. Clinton, Rev. Connell, A.B., J.C.D., **The Paschal Precept**, IX-108 pp., 1932.
74. Donnelly, Rev. Francis B., A.M., S.T.L., J.C.D., **The Diocesan Synod**, VIII-125 pp., 1932.
75. Torrente, Rev. Camilo, C.M.F., J.C.D., **Las Processiones Sagradas**, V-145 pp., 1932.
76. Murphy, Rev., Edwin J., C.PP.S., J.C.D., **Suspension Ex Informata Conscientia**, XI-122 pp., 1932.
77. MacKenzie, Rev. Eric F., A.M., S.T.L., J.C.D., **The Delict of Heresy in its Commission, Penalization, Absolution**, VII-124 pp., 1932.

78. Lyons, Rev. Avitus E., S.T.B., J.C.D., The Collegiate Tribunal of First Instance, XI-147 pp., 1932.
79. Connolly, Rev. Thomas A., J.C.D., Appeals, XI-195 pp., 1932.
80. Sangmeister, Rev. Joseph V., A.B., J.C.D., Force and Fear as Precluding Matrimonial Consent, V-211 pp., 1932.
81. Jaeger, Rev. Leo A., A.B., J.C.D., The Administration of Vacant and Quasi-Vacant Episcopal Sees in the United States, IX-229 pp., 1932.
82. Rimlinger, Rev. Herbert T., J.C.D., Error Invalidating Matrimonial Consent, VII-79 pp., 1932.
83. Barrett, Rev. John D. M., SS., J.C.D., Comparative Study of the Third Plenary Council and the Code, IX-221 pp., 1932.
84. Carberry, Rev. John J., Ph.D., S.T.D., J.C.L., The Juridical Form of Marriage, 1934.
85. Dolan, Rev. John L., A.B., J.C.L., The Defensor Vinculi, 1934.
86. Hannan, Rev. Jerome D., A.M., S.T.D., LL.B., J.C.L., The Canon Law of Wills, 1934.
87. Lemieux, Rev. Delisle A., A. M., J.C.L., The Sentence in Ecclesiastical Procedure, 1934.
88. O'Rourke, Rev. James J., A.B., J.C.L., Parish Registers, 1934.
89. Timlin, Rev. Bartholomew, O.F.M., A.M., J.C.L., Conditional Matrimonial Consent, 1934.
90. Wahl, Rev. Francis X., A.B., J.C.L., The Matrimonial Impediments of Consanguinity and Affinity, 1934.
91. White, Rev. Robert J., A.B., LL.B., S.T.B., J.C.L., Canonical Ante-Nuptial Promises and the Civil Law, 1934.
92. Herrera, Rev. Anthony P., O.C.D., J.C.L., Legislación Eclesiástica Sobre el Ayuno y la Abstinencia, 1935.
93. Kennedy, Rev. Edwin J., J.C.L., The Special Matrimonial Process in Cases of Evident Nullity, 1935.
94. Manning, Rev. John J., A.B., J.C.L., Presumptions of Law in Matrimonial Procedure, 1935.
95. Moeder, Rev. John M., A.B., J.C.L., The Proper Bishop for Ordination and Dimissorial Letters, 1935.
96. O'Mara, Rev. William A., A.B., J.C.L., Canonical Causes for Matrimonial Dispensations, 1935.
97. Reilly, Rev. Peter, J.C.L., Residence of Pastors, 1935.
98. Smith, Rev. Mariner Th., O.P., S.T.Lr., J.C.L., The Penal Law for Religious 1935.
99. Whalen, Rev. Donald W., Ph.B., A.M., J.C.L., The Value of Testimonial Procedure, 1935.

www.ingramcontent.com/pod-product-compliance
Lightning Source LLC
LaVergne TN
LVHW050241080826
844660LV00012B/571